Uni-Taschenbücher 1480

E ð,—

D1700737

UTB
FÜR WISSEN
SCHAFT

Eine Arbeitsgemeinschaft der Verlage

Wilhelm Fink Verlag München
Gustav Fischer Verlag Stuttgart
Francke Verlag Tübingen
Harper & Row New York
Paul Haupt Verlag Bern und Stuttgart
Dr. Alfred Hüthig Verlag Heidelberg
Leske Verlag + Budrich GmbH Opladen
J. C. B. Mohr (Paul Siebeck) Tübingen
R. v. Decker & C. F. Müller Verlagsgesellschaft m. b. H. Heidelberg
Quelle & Meyer Heidelberg · Wiesbaden
Ernst Reinhardt Verlag München und Basel
K. G. Saur München · New York · London · Paris
F. K. Schattauer Verlag Stuttgart · New York
Ferdinand Schöningh Verlag Paderborn · München · Wien · Zürich
Eugen Ulmer Verlag Stuttgart
Vandenhoeck & Ruprecht in Göttingen und Zürich

Walter Theimer

Geschichte des Sozialismus

Francke Verlag Tübingen

Dr. Walter Theimer studierte zuerst Volkswirtschaft und Politik,
dann Naturwissenschaften. Er ist bereits durch mehrere Fach- und
Sachbücher bekannt geworden. So z. B. "Lexikon der Politik",
"Der Marxismus", "Geschichte der politischen Ideen",
"Was ist Wissenschaft?", "Handbuch naturwissenschaftlicher
Grundbegriffe", "Die Relativitätstheorie", etc.

CIP-Titelaufnahme der Deutschen Bibliothek

Theimer, Walter:
Geschichte des Sozialismus / Walter Theimer. – Tübingen : Francke, 1988
  (UTB für Wissenschaft : Uni-Taschenbücher ; 1480)
    ISBN 3–7720–1745–2
NE: UTB für Wissenschaft / Uni-Taschenbücher

© 1988 · A. Francke Verlag GmbH Tübingen
Dischingerweg 5 · D-7400 Tübingen 5

Einbandgestaltung: A. Krugmann, Stuttgart
Druck: Gulde-Druck GmbH, Tübingen
Verarbeitung: Braun + Lamparter, Reutlingen
Printed in Germany

ISBN 3–7720–1745–2

Vorwort

Dieses Buch ist als kurze Einführung in die Geschichte des Sozialismus gedacht. Es folgt der historischen Reihenfolge von den Frühsozialisten bis zum modernen Kommunismus.

Es wird ersichtlich, daß sich bei dieser weltgeschichtlichen Bewegung immer dieselben Probleme durch die Generationen ziehen: Reform oder Revolution, Freiheit oder Unfreiheit, Krieg oder Frieden, Nation oder Internationalismus.

Das inzwischen in einem großen Teil der Welt erreichte Stadium des realen Sozialismus läßt einen Vergleich zwischen utopischer Vision und politischer Realität zu. Zu den alten Problemen tritt jetzt die praktisch überprüfbare Frage der wirtschaftlichen Leistungsfähigkeit hinzu.

Im übrigen sprechen die Tatsachen für sich selbst.

Walter Theimer

Inhalt

Vorwort   5
Einleitung   9

1. Die französischen Utopisten   14
2. Die englischen Utopisten   38
3. Deutsche Utopisten   47
4. Marx und Engels   54
5. Die Sozialisten organisieren sich   75
6. Die I. Internationale   91
7. Der Anarchismus   96
8. Der Revisionismus   106
9. Der Syndikalismus   113
10. Die Parteien der II. Internationale   120
11. Krieg und Spaltung   128
12. Lenin und sein Werk   138
13. Der Sozialismus in der Zwischenkriegszeit   146
14. Sowjetunion und Kommunismus unter Stalin   167
15. Die sozialistischen Parteien nach 1945   186
16. Wo der Kommunismus regiert   200
17. Die anderen kommunistischen Parteien   219
18. Der Neomarxismus   227

Bibliographie (Auswahl)   232
Register   236

Einleitung

Der Gedanke, daß die Güter dieser Welt allen gehören, daß Gemeineigentum besser wäre als Privateigentum, ist uralt. Das Gemeineigentum wird nach dieser Lehre eine bessere Welt schaffen, die Menschen wirtschaftlich gleich machen, den Unterschied zwischen Arm und Reich aufheben, das Gemeinwohl an die Stelle des Strebens nach persönlichem Vorteil setzen. Mit dem letzteren würde die Quelle aller gesellschaftlichen Übel beseitigt, die Kriege würden aufhören, alle Menschen würden Brüder. Diese heute "Sozialismus" genannte Idee findet sich im europäischen Kulturkreis, soweit die Überlieferung reicht, schon in der Antike.

Platon läßt in seinem Werk *Der Staat* eine diesen regierende Philosophenkaste sozialistisch leben. Sie hat allen Besitz gemeinsam, kennt weder Eigentum noch Familie, sondern nur ein ordensartiges Gemeinschaftsleben. Der Sozialismus ist auf diese Kaste beschränkt. Das regierte Volk hat zwar keine politischen Rechte, dafür aber Privatbesitz und Familie. Platon schreibt der Philosophenkaste den Sozialismus nicht vor, weil er gerechter wäre, sondern weil Eigentumslosigkeit und Gemeinwirtschaft die Regierenden gegen die korrumpierenden Einflüsse des Besitzes und Gewinnstrebens sichern sollen. Auch eine Familie würde sie nach Platons Ansicht zu sehr vom Regieren und Philosophieren ablenken.

Es gab aber in der Antike auch schon Anwälte eines allgemeinen Sozialismus. Sie traten in ihren nur noch fragmentarisch erhaltenen Schriften für Gemeineigentum ein und beschrieben utopische Gesellschaften dieser Art. Hierher gehören Euhemeros und Jambulos, welch letzterer einen völlig kommunistischen Sonnenstaat mit Weibergemeinschaft beschrieb. Aristophanes verspottet in einer seiner Komödien diese Richtung. Politische Bewegungen mit sozialistischen Zielen gab es jedoch anscheinend nicht, auch nicht unter der ärmeren Bevölkerung und den zahlreichen Sklaven. Die Bevölkerung bestand meist aus Kleingewerbetreibenden, die ungeachtet ihres Klassengegensatzes zu der reichen Oberschicht kein Interesse an der Abschaffung des Eigentums hatten.

Hesiods Behauptung vom einstigen Goldenen Zeitalter wurde von der stoischen Philosophie aufgenommen; es war angeblich eine Zeit, in der aller Besitz gemeinsam gewesen war und allgemeiner Frieden herrschte. Alles Unglück, sagte Seneca, kommt von der Einführung des Eigentums. Die zunehmenden sozialen Konflikte förderten den Gedanken an einen sozialistischen Urzustand, in dem es so etwas nicht gegeben habe. Hier wurde die Vergangenheit allerdings idealisiert. Marx und Engels versuchten dieser Legende später eine wissenschaftliche Grundlage zu geben. Weder die historische Forschung noch die Beobachtung primitiver Völker läßt aber einen Urkommunismus erkennen, allenfalls Einrichtungen wie die Allmende und Ansätze von Genossenschaften.

Urchristentum und Sozialismus

Ob die urchristlichen Gemeinden wirklich sozialistisch waren und alles gemeinsam hatten, wird ungeachtet der Berufung auf Apg. IV, 32 bezweifelt. Viele Kirchenväter behaupteten das, erklärten gemeinsame Nutzung der Güter für göttliches Gebot, priesen die Armut und tadelten den Reichtum. Noch im gratianischen Decretum heißt es *dulcissima rerum possessio communis*, am süßesten ist der gemeinsame Besitz der Dinge. Auch Isidor von Sevilla lobte den urchristlichen Gemeinbesitz, *communis omnium possessio*. Das blieb allerdings theoretisch; die Kirchenfürsten wohnten in Palästen, strebten nach Stiftungen und Legaten für die Kirche, wofür sie die ewige Seligkeit versprachen. Die Klöster waren intern in gewissem Sinne sozialistisch organisiert, aber auch sie strebten – mit Ausnahme der Armuts- und Bettelorden – nach immer größerem Besitz durch Schenkungen und auch Eroberungen; ihre immer zahlreicheren Untertanen waren unfrei, mußten Abgaben und Frondienst leisten. Der Weg ging von St. Isidor bis zu Papst Pius IX., der 1846 in der Enzyklika *Qui pluribus* den Kommunismus unter den zu verwerfenden Institutionen nannte, und Pius XI., der 1937 in der Enzyklika *Divini redemptoris* dasselbe tat. Noch 1949 bedrohte der Vatikan jeden Kommunisten mit der Exkommunikation.

Wo im Altertum und Mittelalter einige Sekten die Gütergemeinschaft pflegten, war stets ein religiöser Hintergrund zu erkennen. Außerhalb des Christentums ist hier die persische Mazdak-Sekte zu nennen (um 500 n.Chr.), die bald unterdrückt wurde. Im Mittelalter und zu Beginn der Neuzeit zeigen manche "ketzerischen" Sekten kommunistische Anklänge, darunter die Wiedertäufer. Stets verbanden sie den Kommunismus mit dem Urchristentum. An die Wiedertäufer schloß der Tiroler Jakob Hutter an, dessen kommunistische Sekte sich im Jahre 1529 in Mähren ansiedelte. Hutter wurde 1536 als Ketzer in Innsbruck verbrannt. Die Hutterer, seine Sekte, wurden von der Gegenreformation zur Auswanderung gezwungen und wanderten über Ungarn und Rußland schließlich nach Amerika (1874), dann zum großen Teil nach Kanada. Die Sekte soll heute 25 000 Mitglieder auf 120 "Bruderhöfen" zählen. Diese "kommunistischen Mennoniten" wirtschaften gemeinsam auf modernen Höfen und haben einen gewissen Wohlstand erreicht. Ihre religiösen Regeln sind sehr streng. Sie sprechen noch ein altertümliches Deutsch mit ungarischen, russischen und englischen Ausdrücken. Ihre Prinzipien heißen Gütergemeinschaft und Pazifismus. Sie verweigern den Kriegsdienst, auch bestimmte Steuern. Von der Politik halten sie sich fern; mit dem religionsfeindlichen modernen Kommunismus wollen sie nichts zu tun haben.

Das Naturrecht

Von der Stoa bis zum frühen Christentum wurde das Gemeineigentum als Naturzustand und Naturrecht angesehen, wogegen das Privateigentum und besonders der Reichtum als eine Art Sündenfall erklärt wurde. Die Reichen störte das wenig. Der Naturrechtsgedanke ist auch die Grundlage des modernen Sozialismus. Dieser Metaphysik haben die besitzenden Klassen stets eine andere entgegengesetzt; nach ihrer Auffassung ist das Privateigentum "Naturrecht". Nach der Aufklärung, welche die rechtliche und politische Gleichheit nicht nur zum Naturrecht, sondern auch zu einem Gebot der Vernunft erklärt hatte, erweiterten die Sozialisten dieses Postulat auf die wirtschaftliche Gleichheit. Der Sozialismus wurde gleichfalls zum Gebot der Vernunft; er erhielt eine rationale, utilitaristische Deutung, indem dargelegt wurde, um wieviel besser er funktionieren werde als die Privatwirtschaft mit ihren vielen Krisen und der mit ihr einhergehenden Armut.

Ein Kernsatz des sozialistischen Naturrechts besagt, daß das Arbeitsprodukt grundsätzlich dem Arbeiter gehöre, der es erzeugte. Der Fabriks- oder Gutsbesitzer nehme es ihm widerrechtlich weg und lasse ihn in Armut. Noch in der "Internationale", dem sozialistischen Kampflied aus dem 19. Jahrhundert, heißt es:

> Gewölbe, fest und stark bewehret,
> Die bergen, was man dir entzog.
> Dort liegt das Gut, das dir gehöret
> Und um das man dich betrog.

Die neueren sozialistischen Vorstellungen bildeten sich in der Zeit zwischen 1789 und 1848. Das Wort "Sozialismus" taucht um 1830 in Frankreich auf, ebenso das lange mit ihm synonyme Wort "Kommunismus". Noch Marx und Engels nannten sich zuerst Kommunisten, dann Sozialisten. Doch schon früh bezeichnete "Kommunismus" bei vielen die radikalere, "Sozialismus" die gemäßigte Richtung. Erst die russische Oktoberrevolution von 1917 kodifizierte den Unterschied und ließ ihn in den Parteibezeichnungen erkennen. Der Sozialismus ist danach die Vorstufe des Kommunismus. In ihm gehören die Wirtschaftsmittel dem Staat, die Arbeiter stehen zum Staat im Lohnverhältnis, es gibt Geld, und es gibt das Leistungsprinzip. Die Gesellschaft ist schon klassenlos, aber man muß für die Güter noch zahlen. Im Kommunismus kann man sich die Güter einfach nehmen, sie liegen im Überfluß bereit. Es gilt der Satz: "Jeder nach seinen Fähigkeiten, jedem nach seinen Bedürfnissen." (Nicht mehr nach seiner Leistung.) Jeder arbeitet ohne Zwang nach bestem Können und nimmt sich dafür, was er braucht. Die Staatsgewalt stirbt ab, sie ist nicht mehr notwendig, denn ihre Aufgabe, eine herrschende Klasse zu stützen, ist weggefallen.

Mit der Industrialisierung wurde der Sozialismus zur Angelegenheit der Arbeiter, des "Proletariats". Aus Utopie und philanthropischer Propaganda wurde der Klassenkampf, der mit dem Marxismus seine Theorie erhielt. Der Sozialismus bekam eine Massenbasis. Seine Ideen waren aber weitgehend von den "utopistischen" Schriftstellern und Propheten vorweggenommen worden, auf die wir nun zu sprechen kommen. Die utopistischen Autoren moralisieren, sprechen vom Naturrecht und zitieren die Bibel. Meist sind sie friedlich und appellieren an die Mächtigen, aus Vernunft und Güte den Sozialismus einzuführen. Von der grundsätzlichen Güte des Menschen sind sie überzeugt; nur die privatwirtschaftlichen Einrichtungen und Gebräuche haben ihn verdorben. Ein optimistisches Menschenbild und der Glaube an den Fortschritt sind die Grundlagen des Sozialismus, auch des "wissenschaftlichen", der mit Marx den "utopistischen" ablösen sollte. Bemerkenswert ist schon in der Frühperiode, wie oft sich die Propheten des Sozialismus zerstreiten und wie die von ihnen gegründeten Mustersiedlungen an inneren Streitigkeiten zugrunde gehen. Auch als der Sozialismus schon zur weltumspannenden Massenbewegung geworden war, spalteten sich immer wieder Nebenbewegungen von ihm ab, und 1917 kam es zur großen Spaltung der Arbeiterbewegung in Kommunismus und Sozialdemokratie.

1. KAPITEL

Die französischen Utopisten

Jean-Jacques Rousseau

Wir betrachten nun die neueren Vertreter der "utopistischen" Phase des Sozialismus. Zu ihnen wird unberechtigter Weise Jean-Jacques Rousseau (1712–1778) gerechnet. Dies wird mit seiner Kritik des Privateigentums begründet. Er teilte den Glauben früherer Denker, daß die Menschen ursprünglich im Gemeineigentum gelebt hätten, was zu allgemeiner Güte und Eintracht geführt habe. Erst durch Usurpation durch einzelne Starke oder Schlaue sei es zur Ausbildung von Privateigentum gekommen, wovon alle Übel der Welt herrühren. Rousseaus Einstellung ist literatenhaft; er betätigte sich nie politisch im Sinne des Sozialismus. In einem Beitrag zur Enzyklopädie erklärte er das Eigentum vielmehr zu einem der heiligsten Menschenrechte. Nur gelegentlich sprach er von einem Gemeineigentum am Boden.

Das hauptsächliche Thema Rousseaus war die Polemik gegen die individualistischen englischen Denker, namentlich Hobbes, die in der Gesellschaft nur einen Vertrag egoistischer Individuen gesehen hatten. Nach Rousseau ist die Gesellschaft aber primär; der Mensch ist vor allem ein soziales Wesen. Nicht die Vernunft, wie die früheren Denker gelehrt hatten, beherrscht ihn, sondern das Gefühl. Von einer Rückkehr zum angeblich ursprünglichen Gemeineigentum sprach Rousseau nicht. Dagegen pries er das "Volk", mit dem er in Wirklichkeit nichts zu tun hatte; er war ein typischer Salonphilosoph seines Jahrhunderts. Der Wille des Volks, die *volonté générale*, sollte die Regierung bestimmen. Dieser allgemeine Wille ist aber nur in Volksabstimmungen kleiner Gemeinschaften feststellbar. Genauere Angaben hierüber machte Rousseau nicht. Der Begriff gelangte später in die Erklärung der Menschenrechte. Eine Antastung des Eigentums durch den "allgemeinen Willen" zog Rousseau nicht in Betracht. Nur seine Betonung der grundsätzlichen Gleichheit aller Menschen verknüpfte ihn mit dem späteren Sozialismus, der die Gleichheit auch auf das wirtschaftliche Gebiet erstrecken wollte. Davon war bei Rousseau noch keine Rede. Seine grundsätzliche Verehrung des Kollektivs und der aus ihm stammenden Gefühle, die bei ihm nur optimistisch beurteilt werden, führte dazu, daß nicht nur Demokraten, Sozialisten und Kommunisten sich auf Rousseau beriefen, sondern auch konservative, autoritäre und nationale Richtungen. Noch alle Diktatoren haben behauptet, den "allgemeinen Willen" zu verkörpern, wenn sie dessen objektive Ermittlung auch sorgfältig vermieden.

Der widerspruchsvolle Genfer Denker wird überschätzt; auf die Entwicklung des Sozialismus hatte er kaum Einfluß. Aussprüche wie "Mögen alle genug haben und keiner zuviel" legitimieren ihn noch nicht als Sozialisten. Daß er die Eigentumsbildung als "Selbstentfremdung" des Menschen von seinem ursprünglich guten Wesen bezeichnete, mag die "Entfremdungstheorie" des jungen Marx beeinflußt haben, die aber philosophische Spekulation blieb wie ihr Vorbild. Rousseau hatte dagegen merklichen Einfluß auf die eher konservative Romantik der ersten Hälfte des 19. Jahrhunderts. Die Jakobiner verehrten ihn als Wegbereiter der Revolution, die er in Wirklichkeit stets abgelehnt hatte, und brachten seine Gebeine ins Pantheon. Die Restauration ließ sie wieder aus diesem entfernen und in eine Grube werfen.

Die ersten französischen Utopisten

Für das Gemeineigentum an allen Gütern setzte sich dagegen in Frankreich Gabriel Mably (1709-1785) ein, der zu seiner Zeit weithin bekannt war, aber heute vergessen ist. Sein Kommunismus war moralisch und religiös begründet. Infolge des Privateigentums, sagte er, zerfalle die Gesellschaft in zwei Klassen, die Reichen und die Armen, was zur Verderbnis auf der einen und zur Not auf der anderen Seite führe. Sozialistische Utopien schrieben um diese Zeit u.a. J. Messlier (1733) und F. Boissel (1789).

Viel beachtet wurden die Schriften von Morelly, der 1755 einen *Code de la nature* (anonym) verfaßte. Über den Autor ist nicht viel bekannt, sein Werk wurde aber viel gelesen und noch von Marx und dessen Zeitgenossen beifällig zitiert. Morelly beschrieb eingehend einen totalitären kommunistischen Staat, der teils sippenhaft, teils ständisch gegliedert war. Mit Ausnahme der Stammeshäupter wechselten die Regierungsinhaber regelmäßig. Alle Bürger dieser Republik unterliegen der Arbeitspflicht, dafür sorgt der Staat für ihren Unterhalt. Im Alter von 20 bis 25 Jahren muß jeder einen Arbeitsdienst in der Landwirtschaft ableisten. Wie alle vorrevolutionären Sozialisten war Morelly agrarisch eingestellt; die Industrie spielte ja noch keine Rolle. Auf jeden Versuch einer Einführung des Privateigentums an Produktionsmitteln standen in seinem Staat die strengsten Strafen. Nur Gebrauchsgüter blieben privat.

Es gab in Frankreich noch einige, längst vergessene Autoren, die sozialistische Utopien schrieben. Bei der Revolution von 1789 spielte der Sozialismus aber keine Rolle. Es war eine "bürgerliche" Revolution gegen den Adel und den Absolutismus. Unter den rebellierenden Bürgern waren wenig Fabrikanten und auch wenig Arbeiter, wie dies dem noch geringen Stand der Industrie entsprach. Die "Reichen" außerhalb der Landwirtschaft waren Bankiers, Kaufleute und Rechtsanwälte; die Masse der Revolutionäre bestand aus Handwerkern, Kleingewerbetreibenden, kleinen Geschäftsleuten und Bauern. Die letzteren strebten danach, Boden aus den konfiszierten Gütern der Aristokraten zu erhalten.

Der Sozialismus stand nie auf dem Programm der Französischen Revolution, auch nicht auf jenem der Jakobiner. Nur einige sozialpolitische Züge waren erkennbar: Steuerreform, Kampf gegen Wucher und Teuerung, Festsetzung von Höchstpreisen für Waren. Dagegen verbot die Gesetzgebung der Revolution die Koalition der Arbeiter. Alle Richtungen betonten den Schutz des Eigentums, der auch in der Erklärung der Menschenrechte zu den Grundrechten zählte. Die Aufteilung von Adelsgütern führte zu keinem Sozialismus, sondern kam den Einzelbauern zugute. Auch die radikalsten Jakobiner wollten nur eine gleichmäßige Verteilung des Eigentums, eine Nation von Kleinbesitzern, aber nicht die Abschaffung des Eigentums.

Erst François-Noel Babeuf (1760-1797) trug eine sozialistische Note hinein; sein Versuch einer sozialen Revolution wurde schnell unterdrückt. Als Beamter in einer Agrargegend lernte er die Not der Bauern kennen; er kam einmal ins Gefängnis, weil er zugunsten eines armen Bauern eine Urkunde gefälscht hatte. Auch wegen seiner politischen Tätigkeit war er mehrmals in Haft. Sein Sozialismus war noch agrarisch orientiert, doch kritisierte er bereits die niedrigen Löhne und die Arbeitslosigkeit im Gewerbe. Er argumentierte, daß sechzig Prozent der Franzosen eigentumslos seien und der Schutz des Privateigentums daher nicht berechtigt sei.

Babeuf gründete eine Geheimgesellschaft, die einen Aufstand vorbereiten sollte. Im Jahre 1795 wurde er deshalb verhaftet, dann aber vom Direktorium amnestiert. Er setzte seine Verschwörung jedoch fort. Er verkündete den "Krieg der Armen gegen die Reichen", die "raffgierigen Patrizier". Wie Rousseau sagte Babeuf, das ungleiche Eigentum sei durch Usurpation entstanden und wider die Natur. Babeufs Geheimgesellschaft erließ ein "Manifest der Plebejer", in dem es hieß: "Möge das Volk erklären, daß es die Herausgabe alles Gestohlenen verlangt, alles dessen, was die Reichen den Armen schändlicherweise weggenommen haben!"

Weiter heißt es in diesem Manifest: Das gemeine Volk bietet alle Tugenden auf: Gerechtigkeit, Menschenliebe, Opfermut. Das Patriziat beruht auf verbrecherischen Lastern: Arglist, Doppelzüngigkeit, Verrat, Habsucht, Hochmut, Streberei. Wer sich mehr Land aneignet, als zu seiner Ernährung notwendig ist, begeht Diebstahl. Das Erbrecht ist ein Greuel und trennt die Menschen voneinander. Wenn jemand weniger hat, als zur Befriedigung seiner Bedürfnisse erforderlich ist, ist er seines natürlichen Eigentums beraubt. Wer mehr hat, als er zur Befriedigung seiner Bedürfnisse braucht, hat andere beraubt.

Es ist unrichtig, sagt das Manifest, daß der Reichtum von der Überlegenheit der Talente oder vom Fleiße kommt. Es ist unrecht, daß jemand, der eine Uhr macht, für einen Arbeitstag zwanzigmal soviel bekommt wie jemand, der Furchen zieht. Der Uhrmacher enteignet zwanzig Pflüger. Es ist widersinnig und ungerecht, mehr Lohn für eine Arbeit zu verlangen, die mehr Intelligenz und geistige Anstrengung erfordert. Nichts kann ein Entgelt rechtfertigen, das die Befriedigung der (anscheinend genormten) individuellen Bedürfnisse übersteigt. Alles, was diejenigen besitzen, die mehr haben als ihren gebührenden Anteil, ist Diebstahl und Usurpation. Es ist gerecht, es ihnen wieder zu nehmen. Wer viermal soviel leistet wie ein anderer und deshalb die vierfache Bezahlung verlangt, ist ein Verschwörer gegen die Gesellschaft. Nach Verdienst und Wert zu unterscheiden, ist ein "mörderischer Wahnsinn".

Auch die Erzeugnisse der gewerblichen Tätigkeit und des Geistes sind das Eigentum aller. Babeuf verlangt gemeinschaftliche Verwaltung, Aufhebung des Sondereigentums, Zuweisung der Tätigkeit eines jeden nach seinen Anlagen und Fähigkeiten. Der gesamte Boden soll verstaatlicht, aber den Bauern gleichmäßig zur Nutzung überlassen werden. Jeder habe seine Produkte dem Staat abzuliefern und erhalte dafür seine Quote von der Regierung. Alle Übel der Menschheit werden nach Einführung dieses Systems verschwinden.

Babeufs Verschwörung gipfelte in einem geheimen Direktorium für das öffentliche Wohl. Die Verschwörung flog schnell auf, Babeuf wurde vor Gericht gestellt und 1797 hingerichtet. Er hatte sich Gracchus genannt wie der römische Volkstribun. Ausdrücke wie Sozialismus oder Kommunismus gebrauchte er noch nicht. Seine Bewegung blieb sektenhaft und erfolglos. Doch betrachtet ihn die Arbeiterbewegung als den ersten modernen Sozialisten.

Zu Babeufs geheimem Direktorium gehörte Sylvain Maréchal (1750–1803), ein Schriftsteller, der ein "Manifest der Gleichen" verfaßte. Babeufs Direktorium lehnte aber eine Veröffentlichung aus unbekannten, wahrscheinlich persönlichen Gründen ab, sehr zum Heile des Autors, der einer Bestrafung entging und 1803 starb, ohne weiter hervorgetreten zu sein. Das Programm seines Manifests war mehr oder minder identisch mit jenem Babeufs. Er betonte, daß das gleiche Bürgerrecht nicht genüge, wenn nicht auch die Gleichheit des Besitzes hergestellt werde. Der gegebenen Revolution müsse eine weitere, gründlichere folgen. "Wir wollen es nicht weiter dulden, daß die Mehrheit der Bevölkerung arbeitet und ihren Schweiß vergießt im Dienste einer verschwindenden Minderheit. Weniger als eine Million Personen verfügt über das, was mehr als zwanzig Millionen gehört." Eine "Republik der Gleichen" müsse diesen Zustand abschaffen.

Man erkennt hier schon vieles von der Phraseologie des modernen Sozialismus bis in den Kommunismus des 20. Jahrhunderts hinein. Auch Proudhons bekanntes Wort "Eigentum ist Diebstahl" knüpfte hier an; der Urheber dieses Satzes ist übrigens nicht Proudhon, sondern der spätere Girondist Brissot, der den Ausdruck schon einige Jahre vor der Revolution prägte, aber nicht vergaß, hinzuzufügen, daß das Eigentum geschützt werden müsse. Der russische und noch mehr der chinesische Kommunismus versuchten noch in neuester Zeit die Gleichmacherei Babeufs durchzuführen, machten aber dabei die schlechtesten Erfahrungen. Die Rückkehr zum Leistungsprinzip folgte.

Die genauere Kenntnis der Verschwörung Babeufs verdanken wir dem Italiener Filippo Buonarroti (1761–1837), der sie in einem Buch im Jahre 1828 beschrieb. Der inzwischen in Gang gekommenen Industrialisierung entsprach es, daß Buonarroti schon auf den Gegensatz zwischen reichen Fabrikanten und armen Arbeitern hinwies. Er gehörte dem geheimen Direktorium Babeufs an, wurde verhaftet und ausgewiesen. Sein Buch schrieb er in Brüssel. Nach der Julirevolution von 1830 ging er wieder nach Paris, wo er 1837 starb und unter großer Volksteilnahme begraben wurde. Der Pisaner blieb im Herzen Sozialist, seine politische Tätigkeit konzentrierte sich jedoch auf die nationale Einigung Italiens unter demokratischer Flagge. Er stand der *Carbonaria* nahe, einer Geheimgesellschaft, die sich dieser Aufgabe verschrieben hatte, und gründete seinerseits verwandte Geheimgesellschaften. Der *Carbonaria* gehörte auch Louis-Napoleon Bonaparte an, der in Italien aufwuchs. Diese Zugehörigkeit sollte für den späteren Kaiser Napoleon III. noch weitgehende Folgen haben. Die Carbonari mahnten den Kaiser an seinen Schwur, Italien zu befreien. Das von Italienern durchgeführte Attentat auf Napoleon III. im Jahre 1857 wird von vielen Historikern als der wahre Anlaß zu seinem Krieg gegen Österreich im Jahre 1859 angesehen. (Der Name *Carbonari* rührte davon her, daß die italienischen Verschwörer sich als Köhler verkleidet im Walde zu treffen pflegten. In Frankreich hieß eine ähnliche Verbindung "Charbonnerie".)

Claude-Henri de Rouvroy, Graf von Saint-Simon, wird den utopistischen Sozialisten zugerechnet, doch ist dies nur teilweise berechtigt. Er ist eher als ein Prophet des industriellen Zeitalters und als Technokrat anzusehen. Er hat keinen Sozialismus im Sinne des Gemeineigentums verlangt, noch weniger eine Revolution. Das Wort Sozialismus ist ihm noch unbekannt.

Saint-Simon entstammte einem alten französischen Adelsgeschlecht, wenn auch die von ihm behauptete Abstammung von Karl dem Großen nicht nachweisbar ist. Er wurde 1760 geboren, wurde zunächst Offizier und war schon mit 23 Jahren Oberst. Mit dem französischen Hilfskorps beteiligte er sich am amerikanischen Unabhängigkeitskrieg. Nach der Französischen Revolution gab er die militärische Laufbahn auf und widmete sich Bodenspekulationen. Seine Adelstitel legte er zunächst nieder. Zwischendurch kam er wegen seiner Geschäfte ins Gefängnis. Nach dem Thermidor gelangte er durch seine Spekulationen, bei denen ihn ein sächsischer Graf unterstützte, zu einem großen Vermögen. Er widmete sich nun der Abfassung philosophischer und politischer Schriften. Viele sind verworren und phantastisch. Er verlangte eine "Physikopolitik", eine nach den Erkenntnissen und Methoden der Physik ausgerichtete Staatspolitik. Es sollte, merkwürdigerweise durch Subskriptionen mit entsprechendem Geldertrag, ein 21köpfiger "Newton-Rat" zusammengebracht und mit der Lenkung des Staates betraut werden. Ihm sollten je drei Physiker, Chemiker, Mathematiker, Physiologen, Schriftsteller, Maler und andere Künstler angehören. Saint-Simon verkündete – wie er sagte, auf Grund einer göttlichen Offenbarung – eine neue, auf Newtons Gravitationsgesetz gestützte Religion. Newton war sein Abgott, ehe er versuchte, die Gunst Napoleons zu gewinnen. Damit hatte er keinen Erfolg, rückte aber wegen Napoleons Konflikt mit England von der Newton-Kirche ab.

Der Graf verarmte bald wegen seines luxuriösen Lebenswandels und lebte einige Jahre von der Hilfe eines ehemaligen Kammerdieners. Inzwischen schrieb er unablässig Broschüren über die "wissenschaftliche Organisation der Gesellschaft", die ein neues Zeitalter heraufführen sollte. Auch dies brachte ihn in die Nähe des späteren

Sozialismus. Die Philosophie sollte das bestmögliche Gesellschaftssystem konzipieren, um das allgemeine Glück herbeizuführen. Man findet einen Nachhall davon beim jungen Marx, der im Sozialismus die "Verwirklichung der Philosophie" sah (bei ihm war es die Hegelsche). Zeitweise kam Saint-Simon in eine Irrenanstalt; sein persönliches Verhalten war oft sonderbar.

Im Jahre 1814 erwarb er durch neue Spekulationen wieder ein Vermögen, das ihm die Fortsetzung seiner publizistischen Tätigkeit ermöglichte. Als Sekretär engagierte er zunächst den späteren Historiker Thierry, dann Auguste Comte, den Begründer des Positivismus. Die Mitarbeit dieser gelehrten Helfer ist in seinen weiteren Schriften zu erkennen, obwohl er sich mit beiden überwarf. Umgekehrt mag Comte von Saint-Simons Forderung einer "positiven" Gesellschaftswissenschaft angeregt worden sein. Saint-Simon verlangte, daß die Wissenschaft von der Gesellschaft ebenso "positiv" und induktiv werden solle wie Physik und Chemie. Er verfiel in den noch lange, auch bei Marx nachwirkenden Irrtum, den Unterschied zwischen der Natur- und Gesellschaftswissenschaft zu verkennen.

Nach der Restauration von 1814 forderte Saint-Simon in einer Schrift "Die Reorganisation der europäischen Gesellschaft" die Fürsten auf, den Fortschritt und die "europäische Gemeinsamkeit" zu fördern. Das Goldene Zeitalter liege nicht in der Vergangenheit, sondern stehe noch bevor, wenn die gesellschaftliche Ordnung vervollkommnet und eine die Konflikte verhindernde "allgemeine Macht" geschaffen würde. Während der Hundert Tage wandte er sich wieder Napoleon zu, was zur Folge hatte, daß er nach der erneuten Wiederkehr der Bourbonen seinen inzwischen erlangten Bibliothekarposten verlor.

Saint-Simon verlegte in seinen zahlreichen weiteren Schriften das Schwergewicht auf die Industrie. Das Ziel der Politik ist nach ihm die für die Industrie günstigste Organisation, eine Regierungsform, bei der die politische Macht nicht mehr Gewalt hat als erforderlich ist, um Störungen nützlicher Tätigkeiten zu verhindern. (Man erkennt hier einen Vorläufer des ultraliberalen "Nachtwächter-Staats".) Alles sollte so geordnet werden, daß die Arbeitenden ihre Erzeugnisse in Freiheit austauschen können. Saint-Simon gab kurzlebige Zeitschriften wie "*L'Industrie*", "*L'Organisateur*", "*Le Pro-*

ducteur" und "*Le Politicien*" heraus. Er prägte den Satz: "Politik ist die Wissenschaft von der Produktion", den sich Marx später vormerkte. In den Jahren 1823 und 1824 veröffentlichte Saint-Simon, nun längst wieder Graf, einen mehrbändigen "Katechismus der Industriellen". Den *industriels* wies er die führende Rolle in der Gesellschaft zu. Die industriellen Unternehmer hörten es gerne. Anfangs hatte Saint-Simon unter den *industriels* alle in der Industrie Beschäftigten verstanden, auch die Arbeiter; später schränkte er den Begriff im heutigen Sinne auf die Unternehmer ein. Eine "Diktatur der Fähigen" sollte allgemeinen Fortschritt und Wohlstand heraufführen. Industrielle, Bankiers und Techniker sollten den Staat lenken, dagegen sollten Adel, Militär und Klerus entmachtet werden. Im Jahre 1821 forderte er den König in einem Brief auf, diktatorisch die Vernichtung des feudalen und theologischen Systems durchzuführen. Damit kam er nicht an die richtige Adresse, blieb aber unbehelligt.

Von dem Glauben durchdrungen, daß der Fortschritt das Gesetz der Geschichte sei – auch Marx war hiervon überzeugt –, erklärte er als Ziel die "Verbesserung des Loses der Mehrzahl". Der Gedanke findet sich bei Bentham wieder, der "das größtmögliche Glück der größtmöglichen Zahl" als den Sinn der Politik erklärte. Das Privateigentum an den Wirtschaftsmitteln sollte nach Saint-Simon erhalten bleiben, aber im Interesse aller benutzt werden. Schließlich gründete Saint-Simon wieder eine neue Religion, das "Neue Christentum", die zur Bildung einer kurzlebigen Sekte Anlaß gab. Saint-Simon starb 1825 in Paris.

In seinen letzten Jahren verlangte er nachdrücklich auch die soziale Hebung der Industriearbeiter, die "Emanzipation der Proletarier", was wieder die späteren Sozialisten veranlaßte, ihn für sich zu reklamieren. Sein System lief aber im ganzen auf einen wohlwollenden Absolutismus der Reichen hinaus. In einer seiner ersten Schriften sagte er: "Die geistige Macht in die Hände der Gelehrten, die weltliche Macht in die Hände der Besitzer; die Macht, diejenigen zu wählen, die berufen sind, die Funktionen großer Führer der Menschheit auszuüben, in die Händer aller; als Entlohnung der Regierenden das Ansehen." Daß die Besitzermacht die Regierung beeinflussen könnte, kam ihm nicht in den Sinn; auch über die "Wahl" der Führenden sagte er nichts näheres.

Saint-Simon sah keinen Klassenkampf als Folge der Industrialisierung voraus. Das Ausdehnungsbestreben der Industriellen würde immer neue Arbeitsplätze schaffen und den Arbeitern zugute kommen. Die industriellen Führer der Gesellschaft würden sich dank ihrer bürgerlichen Herkunft ganz anders verhalten als die den Müßiggang gewohnten, parasitären Aristokraten. Auch Marx und Lenin glaubten später, daß ein Wechsel des Klassencharakters der Regierenden sie verändern und zu idealen Wesen, ohne die Mängel ihrer Vorgänger, machen würde. Die edlen Proletarier sollten den Platz der edlen Bürger Saint-Simons einnehmen. Das übrige sagt die neuere historische Erfahrung.

"Alles für und durch die Industrie!" rief Saint-Simon. Er hat den folgenden Sozialisten manches Stichwort geliefert, aber auch die liberale Wirtschaftspolitik fand bei ihm Anregungen. Saint-Simon erwartete die Verwirklichung seiner Ideen von der Aufklärung der Mächtigen. Die Französische Revolution habe gezeigt, daß die Eroberung der Macht durch eine "unwissende Klasse" negativ wirke. Doch betonte Saint-Simon immer wieder, daß die Zeit des Feudalismus vorüber sei und der "produktive" Mensch, der allein eine Daseinsberechtigung habe, ein neues industrielles Zeitalter heraufführe. Er äußerte Gedanken über Massenproduktion, Kaufkraftpolitik und Sozialpolitik, die von modernen Industriellen in unserer Zeit wieder aufgegriffen wurden.

Die Saint-Simonisten

Erst mit den Schülern Saint-Simons, den Anhängern seiner kurzlebigen Sekte, welche die meisten bald verließen, nimmt die Lehre des Grafen eine entschiedene Wendung zum Sozialismus. Ihn propagierten insbesondere Saint-Amand Bazard (1791-1832) und Barthelémy-Prosper Enfantin (1796-1864). Sie gaben kurze Zeit den "*Producteur*" wieder heraus, der übrigens um die Mitte des 20. Jahrhunderts durch Verehrer Saint-Simons eine kurze Wiedergeburt erlebte.

Bazard und Enfantin gründeten eine kirchenartige Organisation, die zuerst "Familie", dann "Universelle Arbeiterassoziation" hieß. Sie hatte nur wenige Mitglieder. Die beiden Gründer waren die "Höchsten Väter", dazu gab es noch weitere "Väter" oder "Bischöfe" und verschiedene Grade für die Mitglieder. Bazard beteiligte sich zunächst an Komplotten gegen die Regierung Karls X., nach deren Mißlingen er Saint-Simonist wurde. Enfantin war der Sohn eines Bankiers, studierte Technik und wurde dann Kaufmann. Während der Julirevolution von 1830 blieben die Saint-Simonisten zurückhaltend; sie stellten fest, daß die "Proletarier" zwar gesiegt hätten, aber nur zugunsten der "Bourgeois".

Im Jahre 1831 zerstritten sich Bazard und Enfantin über Fragen der Güter- und Weibergemeinschaft. Letztere wurde in der Sekte überwiegend abgelehnt, doch waren alle für Frauenemanzipation und Erleichterung der Scheidung. Bazard starb schon 1832. Enfantin war nun der einzige "Vater", dem seine Anhänger manchmal Briefe voll religiöser Verzückung schrieben. Der Rest dieser Sekte suchte einen "weiblichen Messias" in Ägypten; vielleicht im Zusammenhang damit setzte sich Enfantin für den Bau des Suezkanals ein, dessen Beginn er noch erleben sollte. Aus den Reihen der Saint-Simonisten gingen zwar keine führenden Sozialisten hervor, wohl aber bedeutende "kapitalistische" Wirtschaftsführer, die vom Industrialismus Saint-Simons angeregt waren. Darunter waren die Brüder Peréire, die den *Crédit Mobilier*, eine führende Großbank, gründeten, ferner mehrere Gründer von Eisenbahngesellschaften.

Nach dem Scheitern seiner kurzlebigen Sekte betätigte sich Enfantin nicht mehr sozialistisch, sondern schlug eine bürgerliche Laufbahn ein. Unter Napoleon III. wurde er Direktor der französischen Südbahn. Seine frühere radikale Haltung war ihm im zweiten Kaiserreich nicht weiter hinderlich. Im Alter beschäftigte er sich mit religiösen und philosophischen Fragen. Für die Geschichte des Sozialismus bedeutend war die *"Exposition"* des Programms der Saint-Simonisten, die er noch zusammen mit Bazard im Jahre 1829 veröffentlicht hatte.

Im Mittelpunkt dieser programmatischen Erklärung stand die Feststellung, daß es in der Geschichte stets Ausbeuter und Ausgebeutete gegeben habe. Dies sei auch jetzt der Fall; der Arbeiter war, wenn auch rechtlich frei, praktisch der Sklave des Fabrikanten, von dem er abhängig war. Es sei unrecht, daß die Reichen über die Produktionsmittel verfügten; in Zukunft solle eine "treuhänderische Institution" die Produktionsmittel übernehmen. Dies solle nicht durch eine Revolution geschehen, sondern durch Abschaffung des privaten Erbrechts. Der Staat solle der Erbe aller Produktionsmittel werden. Jeder müsse nach seinen Fähigkeiten für das Ganze wirken, Aufstiegsmöglichkeiten würde es für jeden geben. Die Ausbeutung der ungeheuren Mehrheit durch eine Minderheit müsse beendet, die rechtliche Gleichheit durch wirtschaftliche ergänzt werden. Das sei göttliches und Naturrecht. Die Saint-Simonisten übten scharfe Kritik an den tristen sozialen Verhältnissen des Frühkapitalismus. In ihrer Erklärung klingt schon die Sprache des Kommunistischen Manifests an. Im sozialistischen Staat – noch immer wurde das Wort Sozialismus nicht gebraucht, es kam erst etwas später auf – würde die Entlohnung nach dem Leistungsprinzip erfolgen. Eine Gütergemeinschaft mit völliger Gleichheit, ohne Rücksicht auf die Leistung, wurde abgelehnt.

Zwei frühere Saint-Simonisten, die sich von Enfantins Richtung lösten, waren im Grunde keine Sozialisten, lieferten aber durch ihre Sozialkritik der sich allmählich entfaltenden sozialistischen Bewegung wichtige Stichworte, die man bei Marx wiederfindet. Es waren Pierre Leroux (1797-1871), ein Kaufmann und Buchdrucker, und Jean Reynaud (1806-1863), ein Ingenieur. Leroux wurde 1848 in die Nationalversammlung gewählt, mußte unter Napoleon III. emigrieren, kehrte aber 1859 amnestiert zurück. Er trat nicht weiter hervor. Seine wichtigste Schrift stammt aus dem Jahre 1832. Er stellte darin fest, daß alle Reichtümer der Welt nichts anderes sind als menschliche Arbeit, aber von den "Kapitalisten" angeeignet werden, indes der Arbeiter oder "Proletarier" nur gerade das Lebensminimum als Lohn erhält. Leroux betätigte sich in Geheimgesellschaften, die mehr politische Rechte für das Volk verlangten. Er berief sich oft auf die Bibel.

Auch Reynaud teilte die Gesellschaft in zwei Klassen, die "Proletarier" und die "Bourgeois". Zu den ersteren rechnete er nicht nur die Arbeiter, sondern alle Vermögenslosen und Kleinbesitzer, auch die Bauern. Die besitzenden "Bourgeois" hatten die wirkliche Herrschaft im Staate inne, auch nach der Julirevolution von 1830. Reynaud forderte eine politische Vertretung für die "Proletarier" und verwies auf die Vorteile des englischen Parlamentarismus, in dem die "Proletarier" um diese Zeit allerdings nichts zu sagen hatten. Über eine "gleiche Vertretung" der beiden Klassen scheint Reynaud nicht hinausgegangen zu sein.

Charles Fourier (1772-1837) stammte aus einer vermögenden Kaufmannsfamilie in Besançon. Nach dem Verlust des Familienvermögens wurde er kaufmännischer Angestellter. Diesen Beruf haßte er und beschäftigte sich mehr mit philosophischen und sozialen Studien. Er war Autodidakt. Den Handel nannte er "industrielle Anarchie", ein Ausdruck, der in der "Anarchie in der Produktion" von Marx wiederkehrt. Unter "Industrie" verstand Fourier alle Wirtschaftszweige, auch die Landwirtschaft; die Fabrik kannte er noch nicht. Im Jahre 1808 veröffentlichte er ein metaphysisches Werk *Théorie des quatre mouvements*, wonach der Lauf der Welt von vier "Bewegungen", darunter der "göttlichen" und der "sozialen", bestimmt wird. Seine sozialen Ideen entwickelte er 1822 im *Traité de l'association domestique-agricole*, der nach seinem Tod als *Théorie de l'unité universelle* (1843) noch einmal aufgelegt wurde. Programmatisch war auch sein Buch *Le nouveau monde industriel et sociétaire* von 1829. Er sprach nicht von einer sozialistischen, sondern von einer "sozietären" Gesellschaft. Seine Arbeit beruhte auf abstrakten Spekulationen und Konstruktionen, darunter einer "Analyse der menschlichen Leidenschaften". In der Weltpolitik verlangte er ein internationales Reich des Friedens. Schon 1803 machte er dem damaligen Ersten Konsul Bonaparte in geheimnisvollen Tönen einen entsprechenden Vorschlag; er verfüge über eine Entdeckung, die die Menschheit verbessern und Bonaparte zum "Kaiser der Welt" machen werde. Über die Entdeckung wollte er zunächst nichts mitteilen, sondern suchte nur um die Genehmigung der Zensur nach, etwas darüber in den Zeitungen veröffentlichen zu dürfen. Die Eingabe erreichte den Adressaten nicht, sondern wurde von der Polizei beschlagnahmt. Weitere Folgen hatte der Brief, den man wohl für das Werk eines Irren hielt, für den Absender nicht.

Seine "sozietäre" Utopie begründete Fourier mit einer durchaus realistischen, scharfen Sozialkritik. Als Allheilmittel empfahl er die Organisation der Wirtschaft und der Gesellschaft in kleinen, im wesentlichen selbstversorgenden, landwirtschaftlich-handwerklichen Kommunen, den "Phalansterien". Ein Phalansterium – der Name kam daher, daß Fourier die arbeitende Bevölkerung die "industrielle Phalanx" nannte – sollte 1620 Mitglieder umfassen und über 2000 Hektar Land verfügen. Alle sollten in einem großen Haus wohnen, gemeinsam kochen und speisen. Die Arbeit sollte planmäßig erfolgen und nach den "Talenten" verteilt werden, so daß jeder seine Arbeit gern verrichten würde. Doch sollten die Tätigkeiten, um Eintönigkeit zu vermeiden, möglichst abwechseln, zumal die meisten Menschen über mehrere "Talente" verfügten. Im übrigen blieben die Einrichtungen von Kapital, Zins und Dividende erhalten. Fourier versprach Kapitalanlegern hohe Erträge.

Der Gewinn der Genossenschaften sollte unter die drei Produktionsfaktoren Kapital, Arbeit und Talent im Verhältnis 4:5:3 verteilt werden. Die Phalansterien sollten auch als Sparkassen fungieren und gute Zinsen wie Dividenden zahlen. Das Erbrecht blieb erhalten. Fourier betonte, daß er keinen Kommunismus wünschte; darunter verstand man damals die schon erwähnte Gütergemeinschaft mit völliger Gleichheit, ohne Rücksicht auf die Leistung. Dem seit Babeuf von anderen propagierten Kommunismus setzte er das Prinzip der "Assoziation" entgegen, die auch das Leistungsprinzip kannte. Die Funktionäre der Phalansterien sollten von den Mitgliedern, die einander ja sämtlich persönlich kannten, gewählt werden. Eine politische Partei gründete Fourier nicht; er erhoffte sich alles von der Gunst der jeweils Mächtigen, wie Saint-Simon, mit dem er im übrigen wenig gemeinsam hatte. Der Versuch einer Phalansteriengründung im Jahre 1832 scheiterte. Mit dem Zerfall der Schule Saint-Simons sammelten sich doch einige Anhänger um Fourier, der aber erst nach seinem Tod (1837) in weiteren Kreisen bekannt wurde.

Dazu trug vor allem sein Schüler Victor Considérant (1808-1893) bei, der eine größere *Ecole sociétaire* gründete. Er war zunächst Ingenieuroffizier, gab aber die militärische Laufbahn auf, um sich der Verbreitung der Ideen Fouriers zu widmen. Seine Schule brachte bis 1850 über 300 Schriften heraus. Considérant schrieb von 1835 bis 1844 ein Werk *Destinée sociale*. Er wurde im Gegensatz zu seinem Lehrer politisch aktiv, begrüßte 1848 die Errichtung der Republik und wurde mit einigen seiner Genossen in die Nationalversammlung gewählt. Im Jahr 1852 kam es zu einem *Congrès phalanstérien*. Die Fourieristen protestierten gegen die Machtergreifung Napoleons III., der viele von ihnen verhaften ließ. Considérant selbst floh nach Belgien. Die *Ecole sociétaire* brach unter der Verfolgung zusammen. Im französischen Volke hatte sie noch keinen Anhang gefunden. Von Belgien aus gründete Considérant im Jahre 1854 ein Phalansterium in Texas, wofür sich tausend Auswanderungswillige fanden. Das Werk wurde zwar begonnen, scheiterte aber bald am Mangel an Mitteln und Fachkräften. Im Jahre 1869 kehrte der inzwischen zum Amerikaner gewordene Considérant nach Frankreich zurück. Politisch betätigte er sich nicht mehr. Er starb vergessen im Jahre 1893, obwohl inzwischen die sozialistischen Parteien überall groß geworden waren. Niemand gedachte des Utopisten. Der seither mächtig gewordene Marxismus hatte alle Utopisten lächerlich gemacht und seine eigenen Ideen zur Herrschaft gebracht.

Ein weiterer, aber vorsichtigerer Prophet Fouriers war Hippolyte Renaud (1803-1874). Er war ebenfalls Offizier, blieb aber beim Militär, auch als er 1842 eine Schrift *Solidarité: vue synthétique sur la doctrine de Charles Fourier* veröffentlichte. Die sich häufig auf die Religion berufende Schrift hatte weiter keine Folgen für den Autor, der 1860 als Oberstleutnant pensioniert und in die Ehrenlegion aufgenommen wurde. Die Schrift war mehr eine wissenschaftliche Studie über Fourier und erlebte sieben Auflagen, die letzte noch 1898. Der philosophierende Offizier verfaßte noch andere Werke allgemeineren Inhalts. Politisch trat er nicht hervor. Eine Darstellung der Ideen Fouriers hat auch der deutsche Sozialistenführer August Bebel verfaßt.

Godin, ein anderer Schüler Fouriers, gründete in Guise eine "Familistère", die auf dem Familienprinzip beruhte und nichts war als eine Bau- und Konsumgenossenschaft. In dieser Hinsicht bewährte sie sich und förderte die Entwicklung des späteren Genossenschaftswesens.

Einen späten Nachhall der Phalansterien Fouriers kann man in den "Volkskommunen" Mao Tse Tungs im kommunistischen China des 20. Jahrhunderts erblicken, die allerdings Organe einer geplanten Gesamtwirtschaft waren und der Leitung der Partei unterstanden. Die Volkskommunen bewährten sich nicht und wurden beim chinesischen Kurswechsel nach Maos Tod aufgelöst.

Etienne Cabet (1788-1856) war Rechtsanwalt und Mitglied der Charbonnerie. Er beteiligte sich an der Julirevolution von 1830 und wurde von König Louis-Philippe zum Oberstaatsanwalt von Korsika ernannt. Schon 1831 legte er das Amt nieder und ließ sich in die Kammer wählen. Wegen seiner oppositionellen Haltung mußte er 1834 nach England fliehen. Dort schrieb er das 1840 erschienene Werk "Reise nach Ikarien", in dem er nach Art der alten Utopisten eine Reise in ein kommunistisches Wunderland schilderte. Die Ikarier hatten nach zwanzig Revolutionen einen wohlwollenden Diktator Icar bekommen. In Ikarien war alles gemeinsam, Landwirtschaft wie Industrie. Alle Produkte wurden dem Staat abgeliefert, der sie gleichmäßig unter die Bürger verteilte. Mit dem Privateigentum waren alle Übel der Gesellschaft, alle Laster und Verbrechen verschwunden. In der ikarischen "Volksdemokratie" (der Name taucht hier zum ersten Mal auf) gab es das allgemeine Wahlrecht und freie Meinungsäußerung auf Versammlungen, jedoch keine Pressefreiheit. Zeitungen und Bücher wurden nur vom Staat herausgegeben.

Das Buch fand weite Verbreitung. Cabet schätzte die Zahl seiner Anhänger auf 200.000, doch wird das wohl übertrieben sein. Mit den Jahren konzentrierte er sich immer mehr auf den Arbeiterkommunismus, worin sich das Wachstum der Industrie widerspiegelte. Im Revolutionsjahr 1848 gründete Cabet eine Ikarier-Kolonie in Texas. Sie brach alsbald zusammen, teils wegen des Betrugs einer Landverkaufsgesellschaft, teils weil wenig Landwirte unter den Kolonisten waren. Cabet veranlaßte dann weitere Koloniegründungen in Amerika und ging persönlich mit. 480 Ikarier übernahmen im Staate Illinois eine bis dahin gutgehende Mormonensiedlung, die jedoch in ihrer neuen Form bald infolge innerer Streitigkeiten der Siedler zerfiel. Ähnlich erging es weiteren ikarischen Siedlungsgründungen. Einige existieren heute noch, haben sich aber seit langem in wohlhabende Farmerdörfer mit Privatwirtschaft verwandelt. Sie ehren noch das Andenken ihres Gründers. Cabet starb 1856 enttäuscht in St. Louis.

Neben der "Reise nach Ikarien" ist ein "Kommunistisches Glaubensbekenntnis" das bekannteste Werk Cabets. Nach dem Willen der Natur, sagte er, sind alle Menschen zum Glück bestimmt. Das Unglück kommt nur von Unwissenheit und falschen Einrichtungen. Der Mensch ist vernünftig und kann vervollkommnet werden. Er ist im Grunde gesellig und gütig. Die Natur, sagt Cabet, hat die Erde dazu bestimmt, gemeinsam von allen besessen zu werden wie Luft und Licht. Das Privateigentum ist die Ursache aller Übel. Die Gemeinwirtschaft bringt den Wohlstand aller. Cabet betont zwar die Volkssouveränität, scheint aber, wie alle Kommunisten, eine zeitweise Diktatur zwecks Einführung des allgemeinen Glücks für zulässig zu erachten.

Die sozialistische oder, wie sie damals meist genannt wurde, kommunistische Bewegung vergrößerte sich mit der Zunahme der Industriearbeiterschaft. Am 1. Juli 1840 fand in Belleville bei Paris ein "kommunistisches Bankett" statt, an dem die meisten sozialistischen Autoren und Politiker teilnahmen. Insgesamt waren 1200 Anhänger versammelt. Man knüpfte an die große französische Revolution an, die jedoch nur der "Bourgeoisie" gedient und eine "Aristokratie des Kapitalismus" geschaffen habe. Man stellte immer wieder fest, daß die wirtschaftliche Ungleichheit die Quelle alles Elends und aller Zwietracht sei. Indes sie meist Robespierre verherrlichten, beriefen sich diese frühen Kommunisten immer wieder auf Bibel und Christentum.

Cabets Sekretär war eine Zeit lang Théodore Dezamy (1808-1850), der Sohn eines Handwerkers. Er war radikaler als Cabet, mit dem er sich 1842 zerstritt. In seinen Büchern folgte er den Gedanken Cabets, fügte aber Kirchenfeindlichkeit und den Vorschlag zur Bildung "industrieller Armeen" hinzu, die Projekte wie den Bau des Suezkanals oder die Bewässerung der Sahara durchführen sollten. Dezamy berief sich auf Babeuf nicht minder als auf Saint-Simon. In einem *Code de la communauté* (1842) beschrieb er eingehend einen kommunistischen Staat. Da mit dem Ende des Privateigentums auch die Verbrechen aufhören würden, könnte man dann die Polizei und den ganzen Staatsapparat abschaffen.

Mit Cabet endet die Periode der französischen utopistischen Sozialisten, die durch freiwillige Siedlungsgründungen die Überlegenheit
ihres Systems beweisen wollten. Mit Louis Blanc (1811-1882)
tritt der Sozialismus in die Phase der praktischen, parlamentarischen, auf die wachsende Arbeiterklasse gestützten Politik ein, die
vom Staat die Sozialisierung der Wirtschaft erhofft. Blanc war der
Sohn eines wohlhabenden Kaufmanns, der unter Joseph Bonaparte
Generalinspektor der Finanzen in Madrid wurde. Nach dem Sturz
Napoleons kehrte die Familie nach Frankreich zurück. Nachdem
sein Vater sein Vermögen verloren hatte, wurde Louis Blanc zunächst Hauslehrer, dann Journalist; bis 1838 war er Chefredakteur
einer Pariser Zeitung, die er wegen seines Eintretens für staatliche
statt privater Eisenbahnen verlassen mußte. Er entfaltete eine umfangreiche journalistische und schriftstellerische Tätigkeit; seit
1838 gab er eine eigene Zeitschrift heraus. Bekannt wurde er durch
sein Buch *Organisation du travail*, das zu einem klassischen Werk
des französischen Frühsozialismus wurde.

Das Werk beginnt wie alle utopistischen Schriften mit Betrach-
tungen darüber, daß der Mensch eigentlich gut sei, denn als Werk
Gottes könne er nur gut sein. Die Schlechtigkeit komme von der
Konkurrenz. Die großen Kapitalisten fressen die kleinen auf, es
bleibt nur eine kleine kapitalistische Oligarchie übrig. Hier erscheint zum ersten Mal das von Marx in den Mittelpunkt seiner
Lehre gestellte Gesetz der Konzentration des Kapitals. Auch stellte
Blanc, wie Ricardo und Lassalle, das "eherne Lohngesetz" auf,
wonach die Löhne der Arbeiter in der kapitalistischen Wirtschaft
nie das Lebensminimum überschreiten können. Blanc verweist auf
das Elend der englischen Arbeiter unter dem Frühkapitalismus, das
auch Engels zu einem berühmten Werk veranlassen sollte, und fordert eine grundlegende Besserung der Lage der französischen Industriearbeiterschaft durch Neuorganisation der Arbeit. Diese soll
aber auch der kapitalistischen "Bourgeoisie" zugute kommen, deren Vernichtung Blanc keineswegs verlangt, denn sie sei der "natür-
liche Vormund des Volkes". Die Bourgeoisie solle vielmehr mit
der Arbeiterklasse zusammenarbeiten.

Louis Blanc will die soziale Frage dadurch lösen, daß die Regierung "Sozialwerkstätten", *ateliers sociaux*, errichtet, die unter besonders günstigen Bedingungen arbeiten. Die Arbeiter erhalten gute Löhne und Sozialleistungen, die über eine Staatsanleihe das Kapital beisteuernden "Bourgeois" erhalten gute Zinsen. Die Sozialfabriken würden sich in allen Industriezweigen infolge der besseren Motivation der Arbeiter als überlegen erweisen und durch Konkurrenz die Privatindustrie beseitigen. So würde die Konkurrenz, die Wurzel aller Übel, eben durch die Konkurrenz ausgeschaltet werden. Allmählich würde alles auf friedlichem Wege in "Assoziation" übergehen. Blanc meinte, die Sozialwerkstätten würden Arbeiter wie Kapitalisten anziehen; sie sollten von einer "Zentralwerkstätte" planmäßig gelenkt werden. Auf diese Weise könnte die "Emanzipation der Proletarier" durchgeführt werden; mit dem sodann zu erwartenden Eintritt allgemeiner Harmonie würde der staatliche Zwangsapparat überflüssig und die "Gesellschaft" an die Stelle des "Staates" treten. Dieser anarchistische Gedanke ist schon bei den früheren Utopisten aufgetreten und wurde als Endziel auch von den an sich staatssozialistischen Marxisten übernommen.

Louis Blanc setzte sich seit 1843 zusammen mit nichtsozialistischen Demokraten für das allgemeine Wahlrecht statt des bestehenden, an die Steuerleistung geknüpften ein. An der Revolution von 1848 nahm er aktiven Anteil und wurde in die provisorische Regierung aufgenommen. Als er dort versuchte, seine *ateliers sociaux* zu verwirklichen, stieß er auf den Widerstand der Vertreter der "Bourgeoisie" in der Regierung. Diese errichtete unter dem Druck der Arbeiter einige "Nationalwerkstätten", *ateliers nationaux*, die aber nur aus taktischen Gründen gebildet wurden und eigentlich den Zweck hatten, den Gedanken Blancs über *ateliers sociaux* zu diskreditieren. Die staatlichen Werkstätten betrieben keine wirkliche Produktion und waren nur mit geringfügigen Notstandsarbeiten für Arbeitslose beschäftigt. Bald wurde Blanc aus der Regierung entfernt, und die Nationalwerkstätten wurden wieder geschlossen. Namhafte Sozialisten wie Considérant und Fourier hatten den Gedanken der Sozialwerkstätten unterstützt, konnten aber nichts ausrichten.

Die zweite Republik rückte schnell nach rechts, Louis-Napoleon Bonaparte erschien auf der Szene. Von Staatswerkstätten wollte er, obwohl ihm ein gewisser Etatismus nicht fremd war und er bei den *Carbonari* wie auch dem von ihm geschätzten Saint-Simon einiges vom Sozialismus gelernt hatte, nichts wissen, zumal er sich mehr auf die "Bourgeoisie" verließ als auf die aufbegehrenden Arbeiter, die er zusammenkartätschen ließ. Blanc floh nach dem Juniaufstand nach England, obwohl er nicht unmittelbar beteiligt war.

Erst 1870, nach dem Sturz Napoleons III., kehrte er zurück und wurde 1871 in die Kammer gewählt. Die Pariser Kommune verwarf er, auch den Kult Robespierres in der sozialistischen Literatur. Der Terror habe die erste französische Revolution vernichtet, hatte er schon in einem früheren Geschichtswerk "Die zehn Jahre" (1830-1840) gesagt, das weite Verbreitung gefunden hatte. Blanc war bis zu seinem Tode im Jahre 1882 Abgeordneter, gehörte der demokratischen Linken an und empfahl soziale Verbesserungen; ob er noch Sozialist im früheren Sinne war, wird bezweifelt. Für die radikalen Sozialisten und namentlich die Kommunisten der neueren Zeit ist Louis Blanc zum Symbol sozialdemokratischer Schwäche und "sozialen Verrats" geworden.

Blanqui und der Blanquismus

Aus ganz anderem Holz geschnitzt war Louis-Auguste Blanqui (1805-1881), ein Revolutionär, der den Sozialismus durch Arbeiteraufstände herbeiführen wollte. Er war in seiner Jugend Mitglied von Geheimgesellschaften und war stark von Babeuf und der Charbonnerie beeinflußt. Seinen ersten Aufstand versuchte er 1839, wurde verhaftet und saß bis 1848 im Gefängnis. Nach der Februarrevolution von 1848 kam er frei, fand die provisorische Regierung zu gemäßigt und organisierte Arbeiterdemonstrationen. Bald verhaftet, floh er 1856 nach Belgien. Während des Krieges 1870 kehrte er nach Frankreich zurück und gab eine Zeitschrift *La patrie en danger* (Das Vaterland in Gefahr) heraus, in der er zu sozial-nationalen Aufständen aufrief. Wiederholt verhaftet, nahm er 1871 an der Pariser Kommune führenden Anteil. Nach deren Zusammenbruch wurde er wieder verhaftet und war bis zu seiner Begnadigung 1879 im Gefängnis. Insgesamt verbrachte Blanqui dreißig Jahre seines Lebens in Gefängnissen. Seine Anhänger bildeten 1881 eine sozialistische Partei, die 1905 mit anderen Gruppen zur französischen Sozialdemokratie vereinigt wurde, deren Programm nicht blanquistisch war.

Blanqui ist zum Symbol des "Blanquismus" geworden. Darunter verstand Marx eine Politik, die durch den bewaffneten Aufstand kleinerer Gruppen den Sozialismus einführen wollte, bevor sich ein starkes, die Mehrheit der Bevölkerung bildendes Industrieproletariat gebildet hatte, was nach Marx die unerläßliche Voraussetzung für eine sozialistische Revolution war. Nach Blanqui brauchte man hierauf nicht zu warten; mutige bewaffnete "Avantgarden" konnten das Ziel auch schon früher erreichen. Die Sozialdemokraten lehnten den Blanquismus in der Folge konsequent ab. Die Kommunisten der neueren Zeit verwarfen ihn zwar theoretisch, handelten aber praktisch nach ihm. Schon Lenin führte die kommunistische Revolution in Rußland durch bewaffneten Aufstand einer Minderheit durch; die industrielle Arbeiterschaft betrug damals in Rußland nur fünf Prozent der Bevölkerung, die Industrie war noch klein. Die Sozialdemokraten warfen Lenin sogleich "Blanquismus" vor. In Wirklichkeit haben auch seither die Kommunisten in China, Kuba und anderen Ländern ihre Revolution auf Grundlage blanquistischer Gedanken gemacht, durch militärische Aktionen bewaffneter Minderheiten auch ohne die von Marx für unerläßlich gehaltene vorherige Industrialisierung. Blanqui hat viel über die Methode des bewaffneten Aufstands geschrieben. So hatte Blanqui, theoretisch immer noch von allen sozialistischen Richtungen als Symbol des Irrtums betrachtet, tatsächlich großen historischen Einfluß.

Der frühe französische Sozialismus wurde 1842 von dem Wiener Professor Lorenz v. Stein in einer klassischen Darstellung *Der Sozialismus und Kommunismus des heutigen Frankreichs* beschrieben.

Pierre-Joseph Proudhon

Unter den französischen Frühsozialisten ist schließlich Pierre-Joseph Proudhon (1809-1865) zu nennen, der oft noch den Utopisten zugerechnet wird, obwohl er schon den Übergang von diesen zu den praktischen und nationalökonomisch denkenden Politikern der Arbeiterbewegung kennzeichnet. Eine Utopie schrieb er nicht, wohl aber ein Programm für eine aus Kleinbesitzern bestehende, von "Volksbanken" zinslos finanzierte, dem Ethos nach sozialistische Gesellschaft. Im Grunde war sein Denken vorindustriell, obwohl er noch das Aufkommen der Großindustrie erlebte und an Marxens Internationaler Arbeiter-Assoziation (der I. Internationale) teilnahm. Proudhon war der Sohn eines Küfers und einer Landarbeiterin in Besançon. Er war zunächst Autodidakt und wurde Schriftsetzer. Ein Stipendium verhalf ihm dazu, drei Jahre in Paris Philosophie und Volkswirtschaft zu studieren. Im Jahre 1840 schrieb Proudhon die berühmte Broschüre *Qu'est-ce que la propriété?* mit der Antwort: *La propriété, c'est le vol* (Was ist das Eigentum? Antwort: Eigentum ist Diebstahl). Der Gedanke, daß das Eigentum der Gemeinschaft, der es naturrechtlich gehörte, von den Besitzenden gestohlen worden sei, findet sich, wie wir gesehen haben, schon bei vielen früheren Denkern. Wir haben auch schon erwähnt, daß jener Ausspruch eigentlich von dem späteren Girondisten Brissot im 18. Jahrhundert geprägt wurde. Proudhons Kritik an Eigentum, Kirche und Staat brachte ihn schon 1842 vor Gericht. Er kam noch davon und arbeitete dann bis 1847 als kaufmännischer Angestellter. In dieser Zeit nahm er Kontakt mit den deutschen und interntionalen Emigranten in Paris auf, darunter Marx, Grün und Bakunin, von denen wir noch sprechen werden. Hier lernte er auch, daß eine Gesellschaftsreform von der Volkswirtschaft ausgehen mußte und Studien auf diesem Gebiet erforderte. Mit Marx kam Proudhon bald in Konflikt, weil er den Kommunismus als freiheitsbedrohend ablehnte und für so verwerflich hielt wie das "kapitalistische" Eigentum.

Seine Gedanken legte er 1846 in dem Buch *Système des contradictions économiques ou La philosophie de la misère* nieder (System der wirtschaftlichen Widersprüche oder Die Philosophie des Elends). Marx erwiderte mit der Schrift *Die ökonomischen Widersprüche oder Das Elend der Philosophie*. In dieser Polemik gegen Proudhon arbeitete Marx seinen eigenen Standpunkt zum ersten Mal klar heraus. Wie Marx versuchte übrigens auch Proudhon die Philosophie Hegels, wohl auf Grund seiner Diskussionen mit den emigrierten Junghegelianern in Paris, auf soziale Probleme anzuwenden. Doch spielte Hegel bei ihm nicht die zentrale Rolle wie bei Marx.

Während der Revolution von 1848 war Proudhon eher zurückhaltend. Er hielt wenig von Aufständen, Wahlrecht und Parlamentarismus; vielmehr setzte er auf genossenschaftliche Selbsthilfe. Immerhin ließ er sich in die Nationalversammlung wählen, wo er sich schon Sozialist nannte. Sein Antrag auf die Errichtung zinsloser Volksbanken wurde abgelehnt. Im Jahre 1849 wurde er wegen Beleidigung des Präsidenten zu drei Jahren Gefängnis verurteilt. Im Gefängnis schrieb er die *Bekenntnisse eines Revolutionärs* und *Die allgemeine Idee der Revolution im 19. Jahrhundert*. In diesen Schriften tauchte schon der anarchistische Gedanke der Beseitigung der Staatsgewalt auf. Obwohl man ihn hier gewähren ließ, verbot man ihm nach der Entlassung aus der Haft und dem Staatsstreich Napoleons III. jede öffentliche Tätigkeit. Eine weitere Schrift *Gerechtigkeit und Kirche* wurde beschlagnahmt, der Autor wieder zu drei Jahren Gefängnis verurteilt. Er entfloh nach Belgien. Im Jahre 1860 wurde er vom Kaiser amnestiert und lebte seit 1862 wieder in Paris. Er hatte sich inzwischen gemäßigt und schrieb noch *Du principe fédératif* (Vom föderativen Prinzip), eine Schrift, in der er den Staat nicht mehr ganz abschaffen, sondern durch eine Föderation von Gemeinden ersetzen wollte. Er hinterließ auch eine Schrift *De la capacité politique des classes ouvrières* (1865), in der er für eine selbständige Politik der Arbeiter eintrat.

In Proudhons Gesellschaftsplan sollte zwar das Eigentum erhalten bleiben, aber nur Kleineigentum. Am Ende sagte er: *La proprieté, c'est la liberté* (Eigentum ist Freiheit). Doch müßten Geld und Zins, "die beiden Despoten des sozialen Lebens", beseitigt werden. Bei Proudhon tauschen selbständige Kleinproduzenten ihre Erzeugnisse über Genossenschaften gerecht aus. Die "Volksbanken" helfen ihnen mit zinslosen Krediten. Diese Institutionen sollen schon unter der herrschenden kapitalistischen Ordnung gegründet werden und diese allmählich umgestalten. Die dadurch geschaffene harmonische Gesellschaft würde Staatsmacht und Gesetze überflüssig machen. Diese im Grunde anarchistische Auffassung entwickelte besonders der jüngere Proudhon, der deshalb zu den Vätern des Anarchismus gerechnet wird. Seine Genossenschafts- und Volksbankideen haben im übrigen weitreichenden Einfluß ausgeübt. Die Genossenschaftsbanken nennen sich heute noch gern Volksbanken; allerdings verzinsen sie Einlagen und gewähren Kredit auf Zinsen. Auch manche "kapitalistische" Großbank schmückt sich mit dem Namen "Volksbank".

Proudhon nannte sein System anfangs nicht Sozialismus, sondern Mutualismus. Nur das Großeigentum wollte er abschaffen, der kleine selbständige Produzent sollte sein Eigentum behalten. Er hatte es durch seine Arbeit erworben, während das Großeigentum nach Proudhon durch Ausbeutung entstanden war. Gegen Marx polemisierte er lebenslang. Den Staatssozialismus lehnte Proudhon grundsätzlich ab; nicht nur dieser Punkt im marxistischen Programm stieß ihn ab, sondern noch mehr der Dogmatismus seines Urhebers.

Schon 1846 schrieb er an Marx: "Suchen wir gemeinschaftlich, wenn Sie wollen, die Gesetze der Gesellschaft zu ergründen... Doch, bei Gott! denken wir unsererseits nicht daran, das Volk von neuem zu schulmeistern... Fallen wir nicht in den Widerspruch Ihres Landsmanns Martin Luther, der, nachdem er die Glaubenssätze der katholischen Theologie umgestoßen hatte, sich mit verstärktem Eifer und großem Aufwand von Bannflüchen und Verdammungsurteilen daran machte, eine protestantische Theologie ins Leben zu rufen... Versuchen wir nicht, weil wir an der Spitze der Bewegung stehen, uns zu Führern einer neuen Unduldsamkeit zu machen. Geben wir uns nicht als Apostel einer neuen Religion... Empfangen und ermuntern wir jeden Protest... Unter dieser Bedingung werde ich mich Ihrer Vereinigung mit Vergnügen anschließen. Wenn nicht, nicht."

Marx folgte dieser Aufforderung nicht. Er nannte Proudhon einen "Kleinbürger" und "Utopisten". Die Marxisten tun es heute noch. Proudhon, zu seiner Zeit der anerkannte Führer der französischen Arbeiterbewegung, war ein kenntnisreicher und wohlwollender Mann, der von Marx und seiner Schule zu Unrecht herabgesetzt wurde. Seine Furcht vor einem despotischen Staatssozialismus wurde von vielen Sozialisten geteilt, die genossenschaftliche und gewerkschaftliche Sozialisierungsprogramme vorzogen. Der englische Führer dieser Richtung, Robert Owen, hat Proudhon sicher beeinflußt. Im Gegensatz zu Owen und anderen Vorgängern unterließ es Proudhon nicht nur, Utopien zu schreiben und sozialistische Mustersiedlungen zu errichten, sondern verzichtete auch darauf, eine religiöse Sekte als Ersatzkirche zu gründen. Er war grundsätzlich liberal und der Kirche gegenüber kritisch. Zumindest in der ersten Hälfte seiner Tätigkeit war er nach heutigen Begriffen mehr "mittelständisch" orientiert als "proletarisch".

2. KAPITEL

Die englischen Utopisten

Die "Utopia" des Morus

Der erste englische Utopist, nach dessen Buch *Utopia* (1516) der ganze utopistische Sozialismus seinen Namen erhalten hat, war Thomas Morus, eigentlich Sir Thomas More (1478-1535). "Utopia" bedeutet "nirgendwo". Der mit Erasmus von Rotterdam befreundete Politiker wurde 1523 Sprecher (Präsident) des englischen Parlaments und 1529 Lordkanzler. Als König Heinrich VIII. die anglikanische Kirche 1532 vom Katholizismus löste, trat More zurück. Er wollte als frommer Katholik die papstfeindliche Politik des Königs nicht mitmachen. Als er sich 1535 weigerte, den Eid auf den König als Oberhaupt der Kirche zu leisten, wurde er zum Tode verurteilt und enthauptet. Die *Utopia* hat dabei wohl keine Rolle gespielt. More wurde 1935 in Rom heiliggesprochen.

Die *Utopia* verbindet kommunistische Ideen platonischer Art mit einer halb autoritären, halb demokratischen Politik. More mag an ein Reformprogramm für England gedacht haben. Im ersten Teil des Buches ist die Sozialkritik enthalten. More diskutiert hier mit zwei erfundenen Gesprächspartnern, einem kommunistischen Seefahrer Raphael, der die Insel Utopia mit ihrer kommunistischen Verfassung entdeckt hat, und einem antikommunistischen Mann namens Giles. Alle sind sich darüber einig, daß die jetzige Gesellschaftsordnung ungerecht ist. Eine kleine Oberklasse ist reich, während Bauern und Handwerker darben. Der Staat ist eine Verschwörung der Reichen gegen die Armen. Die Reichen nehmen den Bauern den Boden weg und setzen Schafherden an die Stelle der Menschen. Die häufige Kriminalität ist eine Folge der sozialen Ungerechtigkeit.

Es wird die Frage aufgeworfen, ob durch Anrufung des Königs eine Besserung durch bessere Gesetze erzielt werden könnte. Der Seefahrer hält das für unmöglich, da die Fürsten auf Seite der Reichen stehen und auf nichts als Krieg, Eroberung und neue Reichtümer sinnen. Er sieht im Privateigentum die Quelle aller Übel und verlangt dessen Ersetzung durch das Gemeineigentum, wie er es in Utopia gesehen hat. Giles wendet ein, daß im Kommunismus kein Anreiz zur Arbeit bestünde und neue innere Streitigkeiten zu erwarten wären. More, der mehr Sozialreformer als Kommunist war, nimmt eine vermittelnde Stellung ein; bei geschicktem diplomatischem Vorgehen ließen sich beim König doch Reformen erreichen, wenn man auch nicht allzuviel verlangen darf.

Im zweiten Teil des Buches beschreibt More mit unverkennbarer Sympathie die kommunistische Republik Utopia. Ein König Utopus hat sie aus einem primitiven Urzustand zu der jetzigen Höhe geführt. Aller Besitz ist gemeinsam, alle haben das gleiche gute Einkommen, unterliegen aber einer Arbeitspflicht. Die Utopier haben keine Kollektivbetriebe, sondern arbeiten auf Einzelhöfen und in Einzelwerkstätten. Sie betrachten sich aber nicht als Eigentümer, sondern als Angestellte der Gesamtheit. Die Organisation erinnert mehr an die mittelalterliche Zunftordnung als an die Kollektivwirtschaft des heutigen Kommunismus. Die Mahlzeiten werden in der Regel gemeinsam eingenommen. Der Arbeitstag beträgt sechs Stunden.

Utopia ist eine Föderation kleiner Bezirke gleichen Umfangs; jeder umfaßt 6000 Familien. Örtliche Häupter, die Phylarchen, werden jährlich gewählt und wählen ihrerseits einen Oberphylarchen für ihren Bezirk. Die Phylarchen wählen auch einen Fürsten oder höchsten Beamten auf Lebenszeit; er ist nur absetzbar, wenn er nach der Tyrannei strebt. Aus den Abgeordneten der Bezirke wird ein Senat von 160 Mitgliedern gebildet, der jedoch wenig Macht hat. Die Regierung liegt größtenteils bei den Bezirken. Der Senat kann im Bedarfsfalle Lieferungen aus staatlichen Lagerhäusern gewähren. Die Oberphylarchen und der höchste Beamte bilden den Bezirksrat, der alle drei Tage zusammentritt und die Verteilung der Arbeit regelt. Über öffentliche Angelegenheiten darf bei Todesstrafe außerhalb des Rates nicht gesprochen werden. Wieder ist die kommunistische Utopie mit einer gesetzlich festgelegten Unfreiheit verbunden; bei Cabet war es das Presse- und Druckmonopol der Regierung, bei More ist die politische Diskussion verboten.

Jeder Einwohner muß in der Landwirtschaft ausgebildet sein. Außerdem soll er ein Handwerk lernen; die Utopier arbeiten abwechselnd auf dem Lande und in städtischen Berufen. Nur die wichtigsten Handwerkszweige sind vertreten, Luxusproduktion ist ausgeschlossen. Die Phylarchen wachen über die Einhaltung der Arbeitsstunden und bestrafen Müßiggänger. Für niedrige Arbeiten werden Gastarbeiter herangezogen, die frei sind und gut behandelt werden. Die Utopier sind friedlich, erhalten aber eine militärische Ausbildung nicht nur zur Abwehr von Feinden, sondern auch zwecks Inbesitznahme anderer Gebiete, wenn die Bevölkerung zu groß werden sollte. Das Leben ist einfach, Bildung und Kultur sind allgemein, Lernbegierige können zu Gelehrten aufsteigen. Die Kriminalität ist verschwunden, gelegentliche Verstöße werden mit Verurteilung zu niedrigen Arbeiten geahndet.

Das Buch erschien in lateinischer Sprache unter dem Titel *De optimo rei publicae statu deque nova insula Utopia* in Löwen. Es wurde sogleich in mehrere europäische Sprachen übersetzt; eine englische Ausgabe erschien erst 1551. Den zweiten (den eigentlich utopischen) Teil hatte More, wie Erasmus an Ulrich von Hutten schrieb, während einer diplomatischen Mission in Antwerpen abgefaßt. Die Sozialkritik folgte später.

Wohl unter dem Einfluß von Morus schrieb der italienische Dominikaner Campanella (1568-1639) im Jahre 1613 eine kommunistische Utopie "Der Sonnenstaat". Seiner ketzerischen Anschauungen wegen verbrachte dieser Mönch 27 Jahre seines Lebens im Gefängnis. Auch Francis Bacons *Nova Atlantis* (1627) dürfte unter dem Einfluß des Werks von More entstanden sein. Unter den meist vergessenen Autoren, die nach More sozialistische Utopien schrieben, ist William Godwin (1756-1836), ein englischer Finanzbeamter, zu nennen, der eine agrarsozialistische Utopie *Das Gemeineigentum am Boden* verfaßte, die ihm einige Unannehmlichkeiten einbrachte. Er dürfte an die Bewegung der *Leveller* (Gleichmacher) oder *Digger* (Gräber) im englischen Bürgerkrieg im 17. Jahrhundert angeknüpft haben, die eine Enteignung der Großgrundbesitzer zugunsten der Bauern verlangten. Sie wurden *Digger* genannt, weil sie die den Besitz markierenden Einhegungen durch Umgraben beseitigten. Diese mehr bodenreformerische als sozialistische, übrigens radikal demokratische Bewegung wurde von Cromwell verboten.

Mit einem neueren englischen Utopisten, wohl dem bedeutendsten von allen, Robert Owen (1771-1858), geht auch der englische Utopismus in die praktische sozialistische Politik über. Owen war der Sohn eines kleinen Kaufmanns in Wales und erhielt nur eine geringe Schulbildung. Als Autodidakt bildete er sich weiter. Owen wirkte im Zeitalter der Industrialisierung, war selbst Fabrikant und auf die Industrie ausgerichtet. Schon mit 19 Jahren war er Leiter einer Textilfabrik, machte sich dann selbständig und betrieb mit einigen Teilhabern ein großes Textilwerk in New Lanark in Schottland. Die Fabrik beschäftigte 2000 Arbeiter, darunter 500 Kinder. Die sozialen Verhältnisse waren unerträglich. Owen schritt sofort an ihre Verbesserung. Er schuf für die damalige Zeit unerhörte soziale Einrichtungen. Dazu gehörten Verbesserung der elenden Wohnverhältnisse, Schulen für die Kinder und ein Laden, der die Arbeiter zu niedrigen Preisen mit Waren versorgte. Moral und Leistung der Arbeiter hoben sich. Owen bewies, daß gute Löhne und gute Arbeitsbedingungen mit geschäftlichem Erfolg vereinbar sind. Die Fabrik arbeitete mit Gewinn. Sozialreformer und Politiker aus allen Ländern besuchten und bewunderten Owens Betrieb. Viel Nachahmung fand er freilich zunächst nicht. Seine Teilhaber protestierten gegen seine kostspieligen sozialen Aufwendungen.

Owen gestaltete die Firma darauf mit neuen Partnern um, die sein Verhalten billigten und sich mit 5% Dividende begnügten. Dazu gehörten der liberale Philosoph und Volkswirt Bentham und ein führender Quäker. Die Fabrik ging weiter gut. Seit 1815 agitierte Owen für eine soziale Gesetzgebung. Er verlangte Arbeiterschutz, Begrenzung der Kinderarbeit und Gewerbeinspektion. Das erste englische Arbeiterschutzgesetz von 1819 wurde unter Owens Einfluß durchgebracht. Er hatte auch großen Anteil an anderen sozialpolitischen Maßnahmen und an der Verbesserung der Erziehungsmethoden.

Owen vertrat eine Milieutheorie des menschlichen Charakters. Der Mensch macht seinen Charakter nicht selbst, sondern ist ein Produkt der Verhältnisse. Bessere soziale Verhältnisse werden auch bessere Menschen schaffen. Etwa um 1817 fügte Owen seiner praktischen sozialpolitischen Tätigkeit eine zweite hinzu, die ihm wichtiger wurde: die Schaffung einer sozialistischen Gesellschaft durch Mustersiedlungen und Genossenschaften. Im Jahre 1825 gründete er eine sozialistische Siedlung *New Harmony* im Staate Indiana in den Vereinigten Staaten und übernahm selbst ihre Leitung. Die Siedlung zerfiel bald infolge innerer Streitigkeiten. Owen zog sich 1828 von dem Unternehmen zurück. Er hatte vier Fünftel seines Vermögens dabei verloren.

Inzwischen hatte sich in England eine starke Gewerkschafts- und Genossenschaftsbewegung entwickelt, die den heimkehrenden Reformator zu ihrem Führer machte. Owens sozialistischer Plan sah genossenschaftliche Siedlungen von Arbeitslosen vor, die ihre Produkte untereinander über "Arbeiterbörsen" austauschen und sich dadurch dem kapitalistischen Markt entziehen sollten. Er erweiterte seinen Plan dann auf die Gründung von Unternehmungen bzw. die Übernahme bestehender Unternehmen durch die Gewerkschaften. Damit wurde Owen zum Vorläufer des späteren Syndikalismus. Die nun im Besitz der Arbeiter befindlichen Industrien sollten ihre Erzeugnisse, wiederum ohne einen kapitalistischen Markt, untereinander austauschen und nach einem volkswirtschaftlichen Plan zusammenarbeiten. Aller Gewinn sollte den Arbeitern zufallen. Die Bauarbeiter versuchten in Gestalt einer "Nationalen Baugilde" als erste das Projekt zu verwirklichen. Es bildete sich der erste englische Gewerkschaftsbund mit einem ähnlichen Programm.

Obwohl Owen seine Pläne nur auf friedlichem Wege verwirklichen wollte, stieß die Bewegung auf den heftigen Widerstand der Unternehmer und der von ihnen beherrschten Regierung. Die sozialen Spannungen im englischen Frühkapitalismus waren ohnedies schon groß; es war schon lange zu Zusammenstößen bei Arbeiterdemonstrationen im ganzen Land gekommen, wobei es sich noch nicht um Sozialismus gehandelt hatte, sondern um bessere Löhne und vor allem um politische Rechte für die Arbeiter. Es hatte Tote gegeben, viele Arbeiterführer wurden zu Gefängnis verurteilt oder nach Australien deportiert. Unter dem Gegenstoß der Unternehmer und der Regierung löste Owen im Jahre 1834 die Bewegung auf. Er hatte die Führung nur ungern übernommen und zog sich fast ganz aus der Politik zurück, um sich seinen utopischen Siedlungsprojekten und sozialphilosophischen Schriften zu widmen. Er verkaufte sogar seinen Anteil an der Musterfabrik in New Lanark, um Geld für seine Siedlungsversuche aufzubringen. An der "chartistischen" Bewegung, die bald folgte, nahm er nur noch geringen Anteil, obwohl seine Ideen dort großen Einfluß hatten. Seine nächste Siedlung gründete er in Queenswood in England; sie existierte von 1839 bis 1845, wobei Owen nur drei Jahre mitwirkte. Die Siedlung brach aus wirtschaftlichen Gründen und infolge innerer Streitigkeiten zusammen. Während Owens Abwesenheit hatten einige seiner Anhänger kleine Siedlungen in Orbiston in Schottland (1826-1827) und Ralahine in Irland (1831-1832) gegründet, die ebenfalls kurzlebig waren. Owen gründete keine weiteren Siedlungen, sondern schrieb Bücher über Erziehung, Moral und Ehereform. Wie es unter den Utopisten seiner Zeit üblich war, gründete er eine rationalistische Religion, die nur wenig Anhänger fand. Zum Schluß neigte er zum Spiritismus. Er starb 1858 in Newtown.

Von der politischen Verfolgung durch die Regierung blieb Owen wegen seines Ansehens und seiner bekannt friedfertigen Haltung verschont. Wurde auch nichts aus seiner Utopie, so hatte sein Wirken doch großen Einfluß auf die Sozialpolitik. Auch das Genossenschaftswesen in seiner praktischen Form geht auf Owen zurück. Seine Anhänger gründeten schon 1822 die erste Konsumgenossenschaft (die "Redlichen Pioniere von Rochdale"), die den Zweck hatte, die Arbeiter mit billigeren Waren zu versorgen. Die im übrigen unpolitische Genossenschaft gedieh und fand in der ganzen Welt Nachahmung. Der "Konsumverein" war bis in unsere Zeit hinein ein allgemeiner Begriff. Die Konsumgenossenschaften standen überall den sozialistischen Parteien nahe und gründeten in gewissem Umfang auch Produktionsunternehmen, deren Waren sie in ihren Läden verkauften. In neuester Zeit hat die Bedeutung der Konsumvereine abgenommen (sie gehen jetzt unter dem Namen Co-op), da neue Warenverkaufsformen, die Supermärkte, zu ähnlich günstigen Bedingungen liefern, ohne daß man dazu Vereinsmitglied werden muß.

In der von Owens Anhängern in London herausgegebenen Zeitschrift *Co-operative Magazine* taucht im Jahre 1827 zum ersten Mal das Wort "Sozialismus" auf. Zwischen "sozialistisch" und "kommunistisch" wurde damals noch nicht streng unterschieden. Wie schon der Name der Zeitschrift sagt, dominierte der genossenschaftliche Gedanke. Noch heute erinnert die unter Sozialisten übliche Anrede "Genosse" an diese Anfänge. Im übrigen zog Owen aus seinen Erfahrungen nicht die Lehre, daß die Einführung des Sozialismus die Gewinnung der politischen Macht durch die Sozialisten voraussetzt, weil ihn sonst die "kapitalistische" Regierung verhindert. Diese Lehre sollten bald andere ziehen.

Von Owens zahlreichen Schriften sind besonders zu nennen: *A New View of Society* (Neue Sicht der Gesellschaft, erschienen 1812), *Essays on the Formation of Human Character* (Aufsätze über die Bildung des menschlichen Charakters, ersch. 1813), *Effects of the Manufacturing System* (Wirkungen des Fabriksystems, ersch. 1817) und *Social System* (Soziales System, ersch. 1826).

William Thompson, ein Gutsbesitzer und Reeder aus Irland, wandte sich 1822 dem Owenschen Sozialismus zu. Er vertrat die Theorie, daß die Arbeit die einzige Quelle des Wertes ist. Mehrwert ist nach Thompson der Wert, welcher dem Rohmaterial durch die Arbeit hinzugefügt wird. Eigentlich müßte der Arbeiter, schrieb Thompson 1827 in seinem Buch *Labour Rewarded* (Belohnte Arbeit), den ganzen Wert seines Produkts erhalten, abzüglich der notwendigen Abschreibungen und eines Arbeitslohns für den Betriebsleiter. Der Unternehmer nimmt aber den ganzen Mehrwert und läßt dem Arbeiter nur ein Existenzminimum. Mit Owen ist Thompson für die Gründung von Arbeitergenossenschaften, die im friedlichen Wettbewerb mit den Kapitalisten die Industrie übernehmen und das Produkt nach den genannten Prinzipien unter sich verteilen sollen. Infolge verbesserter Motivation wäre dieses System produktiver als die kapitalistische Wirtschaft. Thompson war ungeachtet seiner Herkunft ein scharfer Sozialkritiker und setzte sich für sozialpolitische Maßnahmen auch im Rahmen der gegebenen Wirtschaftsordnung ein.

Ein anderer Sozialkritiker dieser Zeit, P. Ravenstone, stellte fest, daß es dem Arbeiter mit dem Fortschritt der Technik immer schlechter gehe, weil sich die Kapitalisten alle Früchte des Fortschritts aneigneten. Den Kommunismus als Heilmittel lehnte dieser Autor jedoch ab. Er sei künstlich, und es werde dabei zuviel regiert. Der Kommunismus sei nur unter Engeln oder in einem Polizeistaat möglich; er sei eine Tyrannei von Fanatikern. Ravenstone sah eine Lösung nur in einer besseren Sozialpolitik, die höhere Löhne und niedrigere Steuern brächte. Notwendig hierzu sei eine Vertretung der Arbeiter im Parlament. Zweck der Politik müsse es sein, sowohl übermäßigen Reichtum als auch übermäßige Armut zu verhindern.

Der englische Chartismus

Die Vertretung der Arbeiter im Parlament war auch das Hauptanliegen der chartistischen Bewegung in England, die mit dem *People's Charter* (Volks-Charta) von 1838 begann. Die Charta verlangte das allgemeine Wahlrecht – die Wahlrechtserweiterung von 1832 hatte zwar die Liberalen im Unterhaus gestärkt, aber den Arbeitern kein Stimmrecht gegeben, da dieses an den Steuerzensus geknüpft war –, gleich große Wahlbezirke, Bezahlung für die Abgeordneten, keine Vermögensvoraussetzung für Parlamentskandidaten (eine solche war vorher vorgeschrieben), geheime Wahl und jährliche Parlamentswahlen. Die Bewegung unterlag, aber ihre Forderungen sind mit Ausnahme der letzten längst erfüllt; das allgemeine Wahlrecht führte der konservative Premierminister Disraeli im Jahre 1867 unter derselben Königin Viktoria ein, die der Chartistenbewegung "aufrührerische Tendenzen" vorgeworfen hatte. Die chartistische Bewegung war die erste organisierte politische Arbeiterbewegung in Europa; sie sprach wenig vom Sozialismus, sondern rückte das Wahlrecht für die Arbeiter in den Mittelpunkt. Die Mehrheit der Chartisten war jedoch sozialistisch gesinnt, wenn auch die Führer es für angebracht hielten, hiervon nicht zu reden. Ihre Gegner merkten es wohl und bekämpften den Chartismus nicht zuletzt aus Sorge vor dem Sozialismus, den eine Arbeitermehrheit im Parlament gebracht hätte. Immerhin fanden die Chartisten einige Hilfe bei den "Radikalen", dem linken Flügel der liberalen Partei.

Die Chartistenbewegung entstand im Zusammenhang mit der englischen Wirtschaftskrise von 1837 und der damit verbundenen Arbeitslosigkeit. Die Charta wurde in London unter dem Patronat des dortigen Arbeitervereins entworfen. In den Jahren vorher war es, wie schon erwähnt, zu großen Demonstrationen und Unruhen in den Arbeitervierteln gekommen. Als die Charta als Petition ins Parlament kam (1839), wurde sie mit großer Mehrheit verworfen; nur 46 Abgeordnete, meist Radikale, stimmten für sie. Die von Fergus O'Connor geführten Chartisten ließen von den Arbeitern einen

Konvent wählen, der drohte, die Ablehnung der Petition mit "äußersten Maßnahmen" zu beantworten. Dazu sollte ein Generalstreik gehören. Doch bestand über diese Maßnahmen keine Einigkeit unter den Delegierten. Neben der radikalen Richtung gab es eine gemäßigte. Der Konvent löste sich 1839 auf. Unter den Chartisten ging der Streit über "moralische Gewalt" und "physische Gewalt" weiter. Die Regierung benutzte örtliche Unruhen zu scharfem Einschreiten. Die Führer der Bewegung wurden verhaftet, einige sogar wegen Aufruhrs zum Tode verurteilt, aber zur Deportierung begnadigt.

Die Chartisten reorganisierten sich und reichten 1842 eine zweite Petition mit 3,315.000 Unterschriften ein. Das Unterhaus lehnte die Petition wieder mit großer Mehrheit ab. Thomas Macaulay, damals liberaler Abgeordneter, erklärte, er sei gegen das allgemeine Wahlrecht, denn wahlberechtigte Arbeiter würden das Eigentum, den Hort der Zivilisation, angreifen. Mit der Besserung der Wirtschaftslage ging die Chartistenbewegung zurück, setzte ihre Tätigkeit aber in gemäßigteren Formen fort. Der sozialistische Flügel war owenistisch, d.h. nach späteren Begriffen syndikalistisch und genossenschaftlich; an eine Verstaatlichung der Industrie wurde damals noch kaum gedacht. Die Chartisten gründeten unter dem Einfluß Owenscher Gedanken sogar eine kurzlebige Arbeitslosensiedlung. Das Jahr 1848 brachte eine dritte Petition um das allgemeine Wahlrecht, die vom Parlament wieder abgelehnt wurde. Die Bewegung verebbte dann. Ihr Führer O'Connor endete im Irrenhaus.

Die dramatisch verlaufende Bewegung hatte eine große sozialkritische und sozialistische Literatur hervorgebracht, die noch lange nachwirkte. Während die englischen Gewerkschaften erstarkten, kam es jedoch in den nächsten Jahrzehnten nicht mehr zu einer politisch-sozialistischen Bewegung unter den Arbeitern. Erst gegen Ende des Jahrhunderts bildete sich in England eine Arbeiterpartei.

3. KAPITEL

Deutsche Utopisten

J. G. Fichte

Der erste deutsche utopistische Sozialist war – wie man glaubt, unter dem zeitweisen Einfluß der Schriften Babeufs – der Philosoph Johann Gottlieb Fichte (1762-1814), sonst mehr wegen seiner idealistischen Philosophie und der "Reden an die deutsche Nation" bekannt. Fichte war der Sohn eines Arbeiters und sozialen Ideen aufgeschlossen. Er schrieb die Utopie *Der geschlossene Handelsstaat*, die eine autarke Planwirtschaft beschreibt. Alle Wirtschaftsmittel gehören Genossenschaften oder Gilden, die untereinander planwirtschaftliche Vereinbarungen treffen. Zunächst scheint es um eine Art Syndikalismus oder genossenschaftlichen Sozialismus zu gehen, aber im weiteren Verlaufe unterstellt Fichte die Produzentenverbände dem Staat als oberstem Organ. Einen Außenhandel kennt sein Staat nicht, er ist völlig selbstversorgend. Den Außenhandel hält der Philosoph für Kriege fördernd, die Autarkie dagegen für friedlich. Fichte lehnte das allgemeine Wahlrecht ab, weil es die ungebildeten Massen zum Opfer von Demagogen machen würde. Er war für ein Wahlrecht der Gebildeten, das sich mit der Zunahme der Bildung erweitern sollte. Seine Schrift, auf die er nicht mehr zurückkam, scheint unter den späteren Sozialisten nur Lassalle beeinflußt zu haben.

Wilhelm Weitling

Dagegen nimmt unter den deutschen Utopisten Wilhelm Weitling (1808-1871) eine repräsentative Stellung ein. Die sozialistischen Ideen fanden in Deutschland zunächst wenig Widerhall, einmal im Zusammenhang mit der verspätet einsetzenden Industrialisierung, zum anderen infolge der strengen Zensur der Vormärzperiode. Auch Weitling konnte seine Gedanken nur im Ausland vertreten. Er wurde 1808 in Magdeburg als Sohn eines französischen Offiziers und einer Köchin geboren, wuchs in Armut auf und erlernte das Schneiderhandwerk. Nach langen Wanderungen als Handwerksgeselle kam er 1835 nach Paris, wo er Bekanntschaft mit dem französischen Sozialismus machte. Er trat alsbald dem "Bund der Gerechten" bei, einer Gruppe deutscher republikanischer Emigranten.

Weitlings Schrift mit dem rührenden Titel *Die Menschheit, wie sie ist und wie sie sein sollte* wurde 1838 im Auftrag des "Bundes" geschrieben und gedruckt. Das Buch beginnt mit einer Sozialkritik und verkündet unter Hinweis auf die Lehre Christi und auf die Natur ein etwas unklares kommunistisches Programm. Weitling fordert die Vereinigung der Menschheit zu einem großen Familienbund, gleiche Verteilung der Arbeit und der Lebensgüter an alle, gleiche Erziehung für alle, Abschaffung des Erbrechts und des Besitztums der Einzelnen, gewählte Regierung ohne materielle Vorrechte für deren Mitglieder, schließlich die größtmögliche persönliche Freiheit für jedermann.

Der "Bund" sandte Weitling 1841 als Agitator in die Schweiz. Er gründete dort 14 kommunistische Vereine mit insgesamt 1100 Mitgliedern. In Vevey erschien 1842 sein zweites Werk *Garantien der Harmonie und Freiheit*, das besonders der Sozialkritik gewidmet war. Die christlichen Bezugnahmen ließ er hier weg, doch kehrten sie in seinem dritten Werk *Das Evangelium der armen Sünder* (Zürich 1845) wieder, was Weitling eine Anklage wegen Blasphemie eintrug. Im Mai 1844 wurde er nach Deutschland abgeschoben. Die preußische Regierung drängte auf seine Auswanderung nach Amerika, doch begab sich Weitling nach London, wo sich nun der "Bund der Gerechten" befand. Der Bund wurde bald darauf von Marx und Engels, die aus Deutschland zu ihm gestoßen waren, in den "Bund der Kommunisten" umgewandelt, der das historische *Kommunistische Manifest* aus ihrer Feder herausgab. Kommunistisch gesonnen war der Bund schon vorher gewesen, aber er hatte noch ein "utopistisches", nicht marxistisches Programm gehabt. Das Manifest erschien erst 1847. Ein Jahr vorher hatte sich Marx in Brüssel mit Weitling getroffen. Weitling machte auf Marx und Engels großen Eindruck; vielleicht hat Marx sein Idealbild des Proletariers hier gewonnen. Doch übernahm Weitling nicht die Ideen von Marx; er blieb bei seinem mehr utopischen Kommunismus und verwarf den "Nebelphilosophen" Hegel, an den Marx so stark anknüpfte. Marx und Engels beanstandeten Weitlings übertriebenes Selbstbewußtsein und Sendungsgefühl, obwohl sie in dieser Hinsicht durchaus mit ihm wetteifern konnten.

Weitling ging dann nach Amerika, um im Revolutionsjahr 1848 nach Deutschland zurückzukehren. Dort spielte er keine Rolle und wurde 1849 wieder ausgewiesen. Er ließ sich in New York nieder, wo er eine Zeitschrift für deutsche ausgewanderte Arbeiter herausgab und auch einen sozialistischen Siedlungsversuch machte, der aber schnell scheiterte. Er zog sich dann aus der Politik zurück und starb 1871 in New York in großer Armut. Seine Definitionen des Kommunismus waren verschwommen geblieben; er lehnte Systemdiskussionen ab und betonte die ethische Seite der Lehre.

Über die kommunistische Bewegung in der Schweiz existiert ein Bericht von Johann Caspar Bluntschli "Die Kommunisten in der Schweiz nach den bei Weitling vorgefundenen Papieren" (Zürich 1843). Die Bewegung zerfiel bald nach Weitlings Abgang, zumal sein Nachfolger August Becker, ein liberaler hessischer Pfarrerssohn, der im Vormärz im Gefängnis gewesen war, sich zwar Kommunist nannte, sein Programm aber auf humanitäre Phrasen beschränkte und die kleine Bewegung einem deutschen Polizeiagenten namens Kuhlmann in die Hand spielte. Becker wurde 1848 in den hessischen Landtag gewählt, trat aber nicht weiter hervor. Er wanderte 1852 nach Amerika aus, wo er verschiedene Berufe ausübte, darunter Akrobat, Feldgeistlicher und Journalist, und 1871 in Armut starb.

Der "wahre" Sozialismus

Unter den Vertretern des "deutschen" oder "wahren" Sozialismus, die im Gegensatz zu den französischen Sozialisten und auch Marx standen, hat nur Hermann Püttmann (1811-1874) eine sozialistische Utopie geschrieben. Der aus Elberfeld stammende Schriftsteller gab in den vierziger Jahren das "Deutsche Bürgerbuch" und die "Rheinischen Jahrbücher" heraus, in denen er sozialistische und radikaldemokratische Gedanken vertrat. Er wurde als "kommunistischer Agitator" verfolgt und mußte 1845 in die Schweiz fliehen. Püttmann entwarf eine viele Artikel zählende Verfassung für einen sozialistischen Staat, die trotzdem ziemlich unklar bleibt. Der Staat wird als die "große Gemeinschaft" definiert. Das Erbrecht ist aufgehoben, aller Besitz fällt beim Ableben des Besitzers bzw. dessen Nachkommen erster Generation dem Staat zu, der so allmählich auf friedlichem Wege in den Besitz aller Wirtschaftsmittel kommt. (Der Gedanke findet sich schon bei Enfantin und Bazard.) Das Geld wird abgeschafft, es scheint nur Naturalgüterverkehr zu herrschen. Nur für den Handel mit dem Ausland gibt es Geld. Der Außenhandel ist Staatsmonopol, kein Bürger darf direkt ausländische Waren beziehen oder einheimische Produkte exportieren. Für alle herrscht Arbeitspflicht; dafür garantiert der Staat jedem eine ausreichende Versorgung mit Waren und Wohnung. Die Arbeitszeit soll möglichst verkürzt werden.

Die Arbeiter sind in Püttmanns Staat in "Abteilungen" organisiert, die unter von ihnen gewählten "Aufsehern" stehen. Die Aufseher leiten die Geschäfte und sorgen für gleichmäßige Verteilung. Über den Produktionseinheiten steht eine Gemeindeverwaltung, darüber gibt es noch Landschafts- und Departementverwaltungen. An der Spitze steht eine auf Frist gewählte Oberste Verwaltung, die Erzeugung und Verbrauch harmonisch regelt. Die Aufseher der Produktionsabteilungen lassen ihre Erzeugnisse in staatliche Magazine bringen. Die regionalen Verwaltungen gleichen Mangel und Überfluß aus. Alle Staats- und Privatschulden werden gestrichen. Es gibt weder Todes- noch Gefängnisstrafe. Müßiggänger und Verbrecher werden aus der Gemeinschaft ausgeschlossen und exiliert. Militär gibt es noch, aber nur zu Verteidigungszwecken.

Marx, der alle sozialistischen Konkurrenten zu beschimpfen pflegte, nannte Püttmann ein "dickes Schwein" und begrüßte dessen 1848 erfolgte Auswanderung nach Australien. Dort führte Püttmann eine bescheidene Existenz als Journalist, Drucker und Verleger. Er trat nicht weiter hervor. Von den französischen Sozialisten unterschied er sich durch den betonten Staatssozialismus und die Abneigung gegen das Geld, das bei Fourier noch eine wesentliche Rolle spielte. Wie alle "wahren" Sozialisten in Deutschland fand er, daß der Kommunismus französischer Prägung nur eine Art Kapitalismus sei, materialistisch und mit Neigung zum Despotismus.

Auch Karl Grün (1817-1887) fand, daß der französische Sozialismus materialistisch sei, und stellte ihm den wahren, rein idealistischen "deutschen" Sozialismus entgegen. Die französischen Sozialisten hätten eine falsche, äußerliche und inhumane Wertbestimmung der menschlichen Tätigkeit. Grün war ein Lehrerssohn aus Lüdenscheid, studierte Philosophie und Philologie. Er war 1839 deutscher Sprachlehrer in Colmar. Zu dieser Zeit übersetzte er Fourier, dessen "Materialismus" ihn allerdings abstieß. Im Jahre 1842 wurde er Redakteur einer kleinen liberalen Zeitung in Mannheim. Von der badischen Regierung verfolgt und ausgewiesen, lebte er dann in verschiedenen deutschen Städten als Journalist. Zum Sozialismus kam er über Fourier und Saint-Simon, faßte ihn aber nicht in erster Linie wirtschaftlich auf, sondern humanistisch als Ausdruck der "wahren Bildung". Er gebrauchte das Wort "Sozialismus" oft, ohne es je genauer zu definieren. Seine einzige konkrete Forderung war die "Aufhebung der Armut".

In Paris schrieb Grün 1845 einen Bericht über *Die soziale Bewegung in Frankreich und Belgien* und übersetzte Proudhon. Er kam bald in Konflikt mit Marx und Engels, die den "wahren" Sozialismus im *Kommunistischen Manifest* scharf angriffen. Er sei verschwommen, verstiegen und in einem extremen Idealismus befangen; sein Antimaterialismus sei unreal, er vernachlässige die wirtschaftlichen Tatsachen und verstehe die Rolle des Proletariats nicht. Mit seinen idealistischen Bildungspredigten sei nichts zu erreichen. Grün wurde 1847 aus Paris wegen seiner Verbindung mit den deutschen Kommunisten ausgewiesen. Im Revolutionsjahr 1848 wurde er in die preußische Nationalversammlung gewählt, wo er auf der äußersten Linken stand. Von 1850 bis 1861 findet man ihn in Belgien; den Sozialismus scheint er aufgegeben zu haben. Im Jahre 1862 wurde er Professor an einer höheren Gewerbeschule in Frankfurt. Bismarcks Politik mißfiel ihm, er ging 1866 nach Wien, wo er als Schriftsteller und Journalist lebte. Er starb 1887 in Wien, wo ihm die Presse ehrende Nachrufe widmete, ohne seine sozialistische Vergangenheit zu erwähnen.

Moses Hess (1812-1875) vertrat den "wahren" Sozialismus in besonders ausgeprägter Form. Hess war der Sohn eines reichen jüdischen Zuckerfabrikanten aus Köln, der ihn streng religiös erzog und zum Kaufmann bestimmte. Der Sohn lehnte diesen Beruf ab und neigte zur liberalen und sozialistischen Publizistik. Zwischendurch arbeitete er aus Erwerbsgründen doch im väterlichen Unternehmen. Eine Zeitlang war Hess Redakteur der liberalen "Rheinischen Zeitung", bis ihn Marx aus der Redaktion entfernte. Der Fabrikantensohn vertrat den "wahren" Sozialismus in einer von ihm herausgegebenen Zeitschrift *Gesellschaftsspiegel* und in Püttmanns Bürgerbuch.

Hess stellte fest, daß es in Deutschland nicht nur die Parteien der "Staatsmänner" und "Untertanen" gebe, sondern auch die Parteien der Satten und Hungrigen. Aus bloßem menschlichem Gefühl müsse man sich zur Partei der Proletarier schlagen. Der schlesische Weberaufstand von 1844 machte großen Eindruck auf Hess. Die junge Generation, lehrte er, müsse zum Sozialismus erzogen werden, die Menschen müßten sich vereinigen, ihre Arbeit organisieren, in Gemeinschaft leben und den "äußeren Plunder" fallen lassen. Privater Erwerb sei aufzuheben. Die Franzosen sind nach Hess den Deutschen im Sozialismus praktisch voraus, die Deutschen aber seien theoretisch überlegen. Der französische Sozialismus war nach Hess zu wenig theoretisch und humanistisch. Er kam nicht über den Gegensatz zwischen Arbeit und Genuß hinaus. Der Sozialismus beruht auf der Einheit von Produktion und Konsum, dem Gedanken der freien Tätigkeit. Der französische Sozialismus ist dasselbe wie die moderne Krämerwelt. Der Fehler liegt in der Trennung der Besitzer von ihrem Besitztum, und diese Trennung bleibt im französischen Sozialismus bestehen. Der Kommunismus wird den Despotismus bringen. Es ist ein sozialer Zustand anzustreben, in dem jeder den Lohn für seine Tätigkeit in dieser selbst sucht. Fourier und die anderen französischen Sozialisten waren für Hess nur "kalte Rechner", die alles auf Wirtschaftsziffern setzten. Er verlangte mehr Wärme und Humanität.

Marx und Engels sahen in diesen Reden nur wirklichkeitsferne Schwärmerei. Seinen Sozialismus definierte Hess nicht näher, an konkreten Forderungen erhob er nur den Ruf nach "Nationalwerk-stätten". Hess war trotzdem im "Bund der Kommunisten" in Paris, wo er schnell mit Marx aneinandergeriet. In der Folge orientierte sich Hess französisch; er blieb in Paris. Eine Zeitlang sah er in Napoleon III. den sozialen Reformator. Im Jahre 1862 schrieb er das Buch *Rom und Jerusalem*, in dem er die französische Mittel-meerpolitik pries. Um diese Zeit wurde er auch Vorläufer des Zio-nismus; er verlangte einen jüdischen Staat in Palästina. Dann wandte er sich wieder dem Sozialismus zu und schrieb über die "Rechte der Arbeit". Er betätigte sich in der deutschen sozialisti-schen Politik, die sich nun – praktischer als er gedacht hatte – zu entfalten begann. Er arbeitete mit Lassalle zusammen, später mit der entstehenden sozialdemokratischen Partei, mit deren Führer Liebknecht er in der I. Internationale war. Nicht nur die Zionisten, sondern auch die deutschen Sozialdemokraten rechnen Hess zu ihren Gründervätern.

4. KAPITEL

Marx und Engels

"Wissenschaftlicher" Sozialismus

Mit Karl Marx (1818-1883) ging der Sozialismus aus der "utopischen" Phase in die "wissenschaftliche" über, die zur Grundlage einer internationalen Massenbewegung wurde. Den Titel "wissenschaftlich" verlieh Marx seiner Lehre selbst. Das entsprach dem Wissenschaftsglauben des 19. Jahrhunderts, der allerdings mehr an der Naturwissenschaft orientiert war als an der Geistes- und Gesellschaftswissenschaft. Obwohl Marx sich des Unterschieds zwischen den beiden Wissenschaftsgebieten bewußt war, liebte er es doch, seinen Lehren "naturgesetzliche", an die Sicherheit der exakten Naturwissenschaften anknüpfende Geltung zuzuschreiben.

Karl Marx wurde am 5. Mai 1818 in Trier als Sohn eines Rechtsanwalts jüdischer Abstammung geboren, der während der Restauration, um seinen Beruf weiter ausüben zu können, zum Protestantismus übergetreten war. Karl Marx studierte in Bonn und Berlin Rechtswissenschaft und Philosophie, wobei ihn Hegel besonders stark beeinflußte. Er schloß sich den Junghegelianern an, die sich aus der bunten Lehre ihres Meisters die fortschrittlich klingenden Teile ausgesucht hatten. Sie waren radikale Liberale. Marx promovierte 1840 in Jena und wurde 1842 als Chefredakteur zu der liberalen *Rheinischen Zeitung* berufen. Dem Verleger der Zeitung erschien er bald zu radikal und wurde ein Jahr später entlassen. Während dieser Zeit hatte er sich mit Friedrich Engels angefreundet, dem Sohn eines Barmer Textilfabrikanten. Beide zusammen entwickelten das System des neuen "wissenschaftlichen" Sozialismus; sie waren unabhängig voneinander zu dessen Grundgedanken gelangt. Die Anteile beider Männer an der Lehre des "Marxismus" sind schwer voneinander zu trennen; der größere Anteil scheint Marx zuzukommen, doch hätte er ohne seinen Freund Engels die Lehre wohl nicht in dieser Form entwickeln können. Im Jahre

1843 heiratete Marx Jenny v. Westphalen, die Tochter eines höheren preußischen Beamten. Er hatte sechs Kinder, von denen zwei frühzeitig starben.

Marx ging 1843 nach Paris, wo er eine lebhaft diskutierende Gruppe deutscher freiheitlicher Emigranten antraf. In Paris wurde er mit dem französischen Sozialismus bekannt; hier wurde aus dem Liberalen bald der Sozialist. Marx schloß sich dem sozialistisch eingestellten "Bund der Gerechten" an. Er gab mit dem Junghegelianer Ruge die *Deutsch-Französischen Jahrbücher* heraus; in dem einzigen erschienenen Band veröffentlichte Engels eine *Kritik der Nationalökonomie*. Weitere Werke der Pariser Zeit umfassen die *Kritik der Hegelschen Rechtsphilosophie*, die merkwürdigerweise gerade an der Stelle abbricht, an der Hegel eine fast marxistisch zu nennende Sozialkritik beginnt, ferner die mit Engels erarbeiteten Schriften *Die heilige Familie* und *Die deutsche Ideologie* (Polemiken gegen die idealistische Richtung der Junghegelianer) nebst einigen anderen Frühschriften, in denen bereits weitgehend der "Marxismus" zu erkennen ist.

Die Frühschriften enthalten jedoch noch starke "idealistische" Elemente, weshalb sie später einer gewissen Zensur in der Literatur der marxistischen Parteien und in neuerer Zeit der Kommunisten verfielen. Die letzteren erklärten sie für "unreif". In neuester Zeit haben die "Neomarxisten" auf diese Schriften zurückgegriffen, worauf wir noch zu sprechen kommen. In den Frühschriften kommt das freiheitliche Element stärker zum Ausdruck als in den späteren Hauptwerken von Marx. Dennoch trennte sich Marx in den erwähnten Schriften von den Junghegelianern und stellte ihrer "idealistischen" Weltanschauung eine "materialistische" gegenüber.

Die preußische Regierung, bei der Marx schon lange auf der schwarzen Liste stand, erwirkte Marxens Ausweisung aus Frankreich. Er wandte sich nach Brüssel, wo er 1847 die erste systematische Darstellung des "Marxismus" schrieb, das Werk *Das Elend der Philosophie*, eine Polemik gegen das Buch des schon erwähnten französischen Sozialisten Proudhon *Die Philosophie des Elends*.

Der "Bund der Gerechten" verlegte 1846 seine Zentrale nach London und nahm den Namen "Bund der Kommunisten" an. In dessen Auftrag verfaßten Marx und Engels kurz vor dem Ausbruch der europäischen Revolution von 1848 das *Kommunistische Manifest*, eine kurze Zusammenfassung der marxistischen Lehre. Engels hatte dazu eine Vorstudie *Grundsätze des Kommunismus* geschrieben, die weniger bekannt geworden ist. Nach Ausbruch der Revolution von 1848 kehrte Marx nach Deutschland zurück und redigierte unter Mitarbeit von Engels die radikalliberale *Neue Rheinische Zeitung* in Köln.

Nach dem Scheitern der Revolution ging Marx wieder nach London, wo er in der Folge dauernd lebte. Dort widmete er sich volkswirtschaftlichen und historischen Studien zur Ausarbeitung seiner Theorie. Er nahm sich kaum Zeit zur Erwerbsarbeit, abgesehen von einigen Jahren als Korrespondent einer New Yorker Zeitung, und lebte mit seiner Familie ständig in Not. Sein Freund Engels, der in Manchester eine Filialfabrik seines Vaters leitete, half ihm durch Zuwendungen. In den sechziger Jahren machte Marx eine kleine Erbschaft, und es ging ihm etwas besser. Er starb aber arm, während Engels, der seine Fabrik verkauft hatte, wohlhabend blieb. Beide blieben stets Deutsche.

Im Jahre 1859 schrieb Marx die *Kritik der politischen Ökonomie*, in der er seine Theorien schon voll entwickelte. Lange arbeitete er an seinem Hauptwerk *Das Kapital*, eine Untersuchung der "kapitalistischen" oder Unternehmerwirtschaft vom "marxistischen" Standpunkt. Der erste Band erschien 1867 in Hamburg und brachte Marx ein bescheidenes Honorar ein. Das Werk umfaßt noch zwei weitere Bände, die Engels nach dem Tod von Marx herausgab. Diese Bände sind weniger gelesen worden als der erste. Das Buch ist schwierig geschrieben; am lesbarsten ist der dritte Band. Eine Schrift *Theorien über den Mehrwert* ergänzte Marxens Hauptwerk, wozu noch eine Studie *Lohn, Preis und Profit* kam. Ferner schrieb Marx die zeitgeschichtlichen Studien *Die Klassenkämpfe in Frankreich* (über die Vorgänge von 1848), *Der 18. Brumaire des Louis Bonaparte* (eine temperamentvolle Darstellung des Staatsstreichs Napoleons III.) und *Der Bürgerkrieg in Frankreich* (über die Pariser Kommune von 1871, die Marx zu einem weltgeschichtlichen Ereignis emporstilisierte).

Die Ideen von Marx setzten sich in den allmählich anwachsenden sozialistischen Parteien der kontinentaleuropäischen Länder – nicht in England – weitgehend durch. Über seine I. Internationale, die infolge innerer Richtungskämpfe mit Proudhonisten und

Anarchisten bald zerfiel, sprechen wir noch. Als Marx am 14. März 1883 in London starb, war er schon das geistige Haupt der internationalen sozialistischen Bewegung. Die sozialistischen Parteien Kontinentaleuropas gaben sich marxistische Programme; das bekannteste ist das Erfurter Programm der deutschen Sozialdemokratie von 1891. Marx liegt auf dem Friedhof Highgate in London begraben.

Friedrich Engels: Fabrikant und Sozialist

Friedrich Engels, der Mitschöpfer des Marxismus, wurde am 28. November 1820 in Barmen als Sohn eines pietistischen Textilfabrikanten geboren. Obwohl lange Zeit selbst Fabrikant, war er revolutionärer Sozialist. In Berlin kam er 1842 während seiner Militärdienstzeit in Kontakt mit dem junghegelianischen "Bund der Freien". Noch vor seiner Zusammenarbeit mit Marx schrieb er das bekannte Werk *Die Lage der arbeitenden Klasse in England*, eine erschütternde Schilderung der sozialen Verhältnisse unter dem englischen Frühkapitalismus. Im Jahre 1848 arbeitete Engels mit Marx, den er schon in Berlin kennengelernt hatte, bei dessen Kölner Zeitung zusammen, nahm am Aufstand in der Pfalz teil und kehrte dann nach England zurück. Als Fabrikant in Manchester kam Engels mit Owenisten und Chartisten in Berührung. Er trat 1847 dem Pariser "Bund der Gerechten" bei und nahm mit Marx Stellung gegen die "Utopisten" Hess, Proudhon und Weitling.

Engels schrieb u.a. die Werke *Der deutsche Bauernkrieg* (1850), *Herrn Eugen Dührings Umwälzung der Wissenschaft* (eine 1878 erschienene, mit Marx erarbeitete Auseinandersetzung mit dem Sozialreformer Dühring), dann *Ludwig Feuerbach und der Ausgang der deutschen Philosophie* und *Der Ursprung der Familie, des Privateigentums und des Staates*. Letzteres Werk schilderte nach bekanntem Muster den angeblichen Übergang vom Urkommunismus zur Klassengesellschaft, wobei Engels sich auf den längst widerlegten amerikanischen Anthropologen Morgan berief. Am meisten verbreitet ist die Schrift von Engels *Die Entwicklung des Sozialismus von der Utopie zur Wissenschaft* (1893). In vielen Fortsetzungen veröffentlichte Engels in dem sozialdemokratischen Parteiblatt *Vorwärts* eine *Dialektik in der Natur*, eine Serie populärwissenschaftlicher Irrtümer, die das Walten der die Grundlage des Marxismus bildenden Hegelschen Dialektik auch in der Natur beweisen sollte.

Engels war bis 1869 Gesellschafter der väterlichen Fabrik in Manchester. Im Jahre 1870 verkaufte er seinen Anteil und setzte Marx eine Rente aus. Seither arbeitete er nur noch politisch und schriftstellerisch. Er trat auch als militärfachlicher Autor hervor, was ihm den Spitznamen "General" einbrachte. (Sein Militärdienst hatte sich auf das Einjährigen-Jahr in Berlin beschränkt.) Engels starb am 5. August 1895 in London. Er war seit Marxens Tod das geistige Haupt der sozialistischen Bewegung, besonders der deutschen Sozialdemokratie gewesen. Engels gilt im Vergleich zu Marx als etwas gemäßigter. Er war umgänglicher als Marx, über dessen hochfahrende, unduldsame und aggressive Art alle Zeitgenossen klagten. Unter den ersten Führern der deutschen Sozialdemokratie hatten namentlich Bebel, W. Liebknecht, Bernstein und Kautsky persönlichen Kontakt mit den "beiden Alten" in London gehabt.

Beide Begründer des Marxismus waren bürgerlicher Herkunft. Sie bezeichneten sich selbst gelegentlich als "Überläufer zum Proletariat". In ihrer persönlichen Lebensweise waren sie nicht "proletarisch". Marx hatte in seinem Schreibtisch- und Bibliotheksleben – er war als täglicher Gast in der Bibliothek des Britischen Museums bekannt – kaum je Kontakt mit Arbeitern. Seine Idealisierung der Arbeiterklasse dürfte hiermit zusammenhängen. Engels hatte als Fabrikant reichlich Umgang mit Arbeitern; er behandelte sie nicht als Idealwesen.

Marx und Engels lebten ständig in England und kamen fast nie nach Deutschland, wo sie die politische Tätigkeit im Sinne ihrer Ideen anderen überließen, sich jedoch stets Kritik und Belehrung vorbehielten. Sie blieben dogmatisch und hielten an dem inzwischen veralteten Hegel fest, den kein Arbeiter verstehen konnte und der nichts weniger war als der Philosoph des "Proletariats".

Der Marxismus

Der Beitrag von Marx und Engels zum Sozialismus bestand darin, daß sie das Kommen der sozialistischen Gesellschaftsordnung nicht mehr als bloßen Wunsch, sondern als objektive historische Notwendigkeit erklärten. Diese Notwendigkeit suchten sie in wissenschaftlicher Form zu begründen. Das war der Sinn der Behauptung von Engels, daß sich der Sozialismus "von der Utopie zur Wissenschaft" entwickelt habe. Marx hat laut Engels das "Bewegungsgesetz der kapitalistischen Produktion" entdeckt, das mit Sicherheit zum Sozialismus führt.

Den sozialistischen Impuls bezog Marx von den "Utopisten", die er so heftig angriff. Den Gedanken der geschichtlichen Notwendigkeit des Sozialismus entwickelte er durch Anwendung der dialektischen Hegelschen Geschichtsmetaphysik auf die wirtschaftliche und soziale Prognose. Diese hochidealistische Philosophie verwandelte er durch Verquickung mit der englischen Nationalökonomie seiner Zeit in eine "materialistische". Wichtige Quellen des "Marxismus" sind u.a. noch in der romantischen Sozialkritik und in der Entfremdungslehre Rousseaus zu finden; die letztere spielt eine große Rolle in den Frühschriften von Marx. Später war dieses Motiv weniger vernehmbar. Es blieb aber ein wesentliches Element der Marxschen Gedankenwelt.

Seinen "Materialismus" sah Marx neben dem von Hegel übernommenen historischen Determinismus als Hauptunterschied seiner Lehre von den "idealistischen" Sozialisten an, zugleich als Zeichen seiner Überlegenheit über die letzteren. Ein Blick auf die Quellen des Marxismus zeigt aber, daß mit Ausnahme der volkswirtschaftlichen Aspekte nichts "materialistisches" in ihnen zu finden ist. Das Wort "Materialismus" sollte an den naturwissenschaftlichen Materialismus anknüpfen, der sich im 18. Jahrhundert entwickelt hatte und seither die Naturwissenschaft und Technik beherrschte. Es sollte den Theorien des Marxismus eine Aura naturwissenschaftlicher Sicherheit verleihen. Obwohl die Ansichten des naturwissenschaftlichen Materialismus im Weltbild der Marxisten heute noch obligatorisch sind, hat er in Wirklichkeit nichts mit dem marxistischen "Materialismus" zu tun, in dem "materiell" soviel wie "wirtschaftlich" bedeutet. "Ökonomismus" wäre der bessere Name. Das Wort "Materialismus" übernahm Marx von einigen französischen Sozialisten und besonders von Ludwig Feuerbach; diese früheren Denker hatten aber mehr an den naturwissenschaftlichen Materialismus gedacht, der die Waffe der Freidenker gegen die Lehren der Kirche war. Marx sah, daß dieser Ausdruck auf seine

Zeitgenossen wie ein Zauberwort wirkte, und paßte es seinen Zwecken an. "Materiell" kann sowohl "stofflich" als auch "wirtschaftlich" heißen. Marx wählte die zweite Bedeutung. Im Sprachgebrauch ist ein "Materialist" ein Mensch, der nur an das Wirtschaftliche denkt. Die Theorie von Marx mit ihrem Primat des Wirtschaftlichen wurde demgemäß von ihrem Schöpfer als "materialistische Geschichtsauffassung" oder "historischer Materialismus" bezeichnet, wobei der "Materialismus" ein wertmäßig positives Vorzeichen erhielt.

Dialektik in der Geschichte

Der Grundgedanke von Marx war die Verknüpfung dieser Betrachtungsweise mit der Hegelschen Dialektik. Als Marx studierte, war Hegel schon gestorben; die Diskussion über seine Lehren beherrschte aber noch die Philosophie. Seine Hegelverehrung übernahm Marx von den Junghegelianern, die wir schon öfter erwähnt haben. Hegel hatte in der "Dialektik" das Gesetz der gesamten Geschichte und überhaupt der Welt gesehen. Ein dialektischer Prozeß vollzieht sich nach der Metaphysik Hegels in drei Schritten: der These, der Antithese und der Synthese. Das war die Methode des griechischen Philosophendialogs. "Dialogisch" wäre daher die bessere Bezeichnung. Hegel erblickte in einem pantheistisch gedachten, aber nicht menschenähnlichen "Weltgeist" den Urgrund allen Geschehens. Nach der Hegelschen Metaphysik war dieser Weltgeist in einem ständigen Dialog mit sich selbst begriffen; er setzte seine Gedanken, These und Antithese, aus sich selbst heraus, weshalb die Wirklichkeit, die nichts war als die Gedanken des Weltgeistes, sich ebenfalls "dialektisch" entwickelte. Demgemäß verlief auch die menschliche Geschichte dialektisch nach dem Prinzip These-Antithese-Synthese. Jede Synthese war der Ausgangspunkt einer neuen Dialektik, in der sie die Rolle der These spielte. Die Geschichte war somit nach Hegel ein logischer Prozeß, was bedeutete, daß sie erstens vernünftig und zweitens determiniert war.

Hätte Marx eine Generation später gelebt, als der Ruhm Hegels schon verblaßt war, so hätte er seine politische Lehre wohl nicht an diesen Philosophen angehängt. So blieb er aber stets Hegelianer, wenn er auch Hegel nach seinen eigenen Worten "vom Kopf auf die Füße stellte". Den dialektischen Gang anerkannte Marx als Prinzip der Geschichte, d.h. sie war für ihn vernünftig und determiniert; das Vernunftziel war aber, anders als bei Hegel, der Sozialismus. Der "Weltgeist" wurde gestrichen. Die "materielle Welt" entwickelte sich aus sich selbst dialektisch, ohne hierzu der Gedanken eines Weltgeistes zu bedürfen. These und Antithese wurden nicht von Ideen repräsentiert, sondern von Wirtschaftsordnungen und gesellschaftlichen Klassen. Marx dekretierte, daß die "kapitalistische" Wirtschaftsweise die geschichtliche These war und daß gemäß der Dialektik aus ihr die sozialistische Ordnung als Antithese folgen mußte. Die Synthese blieb weg; die Marxsche Dialektik ist zwei- und nicht dreischrittig. So wie die "Bourgeoisie" die Feudalklasse abgelöst hatte, würde auf die Herrschaft der "Bourgeoisie" die Herrschaft des Proletariats folgen. Das war das Gesetz der Geschichte.

Das Kommen des Sozialismus, gestützt auf das Proletariat, war somit "wissenschaftlich" gesichert. Marx fühlte jedoch, daß eine auf die Hegelsche Dialektik gegründete Geschichtsmetaphysik für seine sozialistische Verkündung nicht ausreichte, und versuchte, die Geschichtsdialektik "materialistisch" zu instrumentieren. Daher die zentrale Rolle, die er der Volkswirtschaftslehre in der Theorie des "wissenschaftlichen Sozialismus" zuwies.

Der entfremdete Mensch

Ehe wir uns der Marxschen Ökonomik zuwenden, wollen wir noch einen Blick auf die Entfremdungslehre werfen. Das Wort Entfremdung ist an sich ein leerer Begriff. Man kann alles als "Entfremdung" von irgend etwas anderem bezeichnen, wenn man letzteres als Norm deklariert. Bei Rousseau war der Mensch durch die Zivilisation der Natur entfremdet; bei Marx ist er durch den Kapitalismus seinem wahren Wesen entfremdet, das gütig und intelligent ist; er muß durch die gezielte Dialektik der Geschichte zu diesem wahren Wesen zurückgeführt werden, das identisch mit dem Sozialismus ist. Daß der Arbeiter die Produktionsmittel nicht besitzt und sein Produkt ihm weggenommen wird, ist gleichfalls eine "Entfremdung". Bei Hegel war es eine "Entfremdung", wenn der Weltgeist sich seiner Ideen in die Wirklichkeit entäußerte, aber diese Entfremdung hatte einen positiven Aspekt. Anders war ja ein Geschehen nicht möglich. In Hegels Wirtschafts- und Sozialtheorie fühlte sich der Arbeiter, dort noch "Knecht" geheißen, gegenüber seinem Produkt gar nicht "entfremdet", sondern erkannte sich selbst in ihm; daraus schöpfte er Selbstbewußtsein und fürchtete sich nicht mehr vor seinem "Herrn". Bei Marx erhält diese Entfremdung ein negatives Vorzeichen; sie ist eine Untat. Marx hält aber die tröstliche Mitteilung bereit, daß die Beseitigung der Entfremdung von der Geschichte dialektisch verbürgt wird.

Wirtschaft und Ideen

Ideen besitzen im Marxismus keine Selbständigkeit, sondern sind nur der "Überbau" eines wirtschaftlichen "Unterbaus", nämlich der "Produktionsverhältnisse", worunter weniger die Technik verstanden wird als die Gesellschaftsordnung mit ihren Eigentumsverhältnissen. Die feudale Gesellschafts- und Wirtschaftsordnung des Mittelalters erforderte andere Ideen als die "kapitalistische". Die erstere vertrat Ideen wie Adel, Lehnswesen, Kirche, Leibeigenschaft und Zunftwesen, während der letzteren besser mit Ideen wie Freiheit, Freizügigkeit, Wettbewerb und "freier" Lohnarbeit gedient war. Ideen sind nach Marx nichts als die "vom menschlichen Gehirn reflektierte materielle Welt". Die Produktionsverhältnisse wandeln sich mit der Technik – nach Marx brachte der Handwebstuhl die mittelalterliche Ordnung, der Dampfwebstuhl die bürgerliche hervor – und dementsprechend wandeln sich auch die Ideen, die zwar in erhabenen Worten verkündet werden, aber letztlich nur wirtschaftliche Interessen widerspiegeln. Die "Menschenrechte" sind nach Marx nichts anderes als die Rechte des "Bourgeois". Nach der bürgerlichen Ordnung wird die proletarische folgen, deren "Überbau" der Sozialismus ist. Dann hört der Wandel auf, die klassenlose sozialistische Gesellschaft kennt keine Klassendialektik mehr. Der revolutionäre Übergang von einer Ordnung zur anderen erfolgt, wenn die "Produktionsverhältnisse" für die gestiegenen Produktivkräfte zu eng geworden sind.

Die bürgerliche Revolution trat ein, als die feudale Ordnung für die moderne Technik zu eng geworden war; die proletarische wird eintreten, wenn die bürgerliche Ordnung für die weiter gewachsenen

Produktivkräfte zu eng geworden sein wird. Dieser Zeitpunkt ist nach Marx nahe. Die Leistungsfähigkeit einer Wirtschaftsordnung nimmt ab, wenn sie die Produktivkräfte zu hemmen beginnt, wie das die Feudalordnung mit ihren Binnenzöllen und Zünften gegenüber der aufkommenden modernen Technik tat. Auch die "kapitalistische" Marktwirtschaft nähert sich dem Punkt, wo sie nicht mehr ausreichend funktioniert. Nach Marx verlangt die moderne Großtechnik große, zentral geleitete Einheiten mit staatlicher Planwirtschaft, also Sozialismus. Deshalb werden die Proletarier den Sozialismus einführen, während die "Bourgeoisie", weil am Privateigentum interessiert, dies nicht tun kann. Nur eine eigentumslose Klasse ist am Sozialismus interessiert; daher muß die Arbeiterklasse der Träger des Sozialismus werden, und der Klassenkampf ist das Mittel dazu. Mit diesem Gedanken nahm der Sozialismus eine pragmatische Wendung. Er war nun nicht mehr eine Forderung der Gerechtigkeit oder Moral, sondern ein Gesetz der Geschichte und eine Überlebensnotwendigkeit für die Menschheit.

Warum nun muß der Kapitalismus zugrunde gehen? Weil er, nach Marx hegelianisch gesprochen, an einem unheilbaren, inneren Widerspruch krankt. Es ist "der Widerspruch zwischen der kollektiven Erzeugung und der individuellen Aneignung" der Güter. Dieser Widerspruch ist offenkundig moralischer Natur; hinter der "materiellen" Formel wird wieder die moralische sichtbar. Es ist die alte These, daß die Güter denen gehören, die sie erzeugen. Die "Kapitalisten" sind bekanntlich anderer Ansicht. Die Frage ist naturrechtlich und kann rational nicht entschieden werden. Jedenfalls ist hier wieder die idealistische Grundlage des Marxismus zu erkennen, die mit der These der "Utopisten" identisch ist. Für Marx war diese Forderung wie für alle Sozialisten primär; er versuchte ihr mit seiner Theorie eine "wissenschaftliche" Fundierung zu geben, geriet aber schon beim ersten Schritt ins Moralisieren. Aus jenem Widerspruch den sicheren Untergang der kapitalistischen Marktwirtschaft zu folgern, setzt die Überzeugung voraus, daß nicht sein *kann*, was nicht sein *darf*; ein rein wissenschaftlicher oder wirtschaftlicher Grund ist für Marxens Folgerung nicht zu sehen.

Das Fundament der Marxschen Wirtschaftslehre ist die Arbeitswerttheorie. Sie wird meist Marx als Originalleistung zugeschrieben, stammt aber in Wirklichkeit von den Klassikern der englischen Nationalökonomie, Adam Smith (1723-1790) und David Ricardo (1772-1823). Danach bestimmt sich der Tauschwert, d.h. der Preis einer Ware nach der Arbeit, die ihre Herstellung erfordert. Das Produkt von zwei Arbeitsstunden kostet auf dem Markt doppelt soviel wie das Produkt einer einzigen Arbeitsstunde. Als im handwerklichen Mittelalter Kapital und Arbeit in einer Hand vereinigt waren, dachte niemand daran, die Wertbildung zwischen den beiden Faktoren zu verteilen. Jeder Handwerker wußte, daß sein Erzeugnis seinen Wert nicht nur von seiner Arbeit, sondern auch von seinem Werkzeug erhielt. Erst als Werkzeug (= Kapital, Maschinen) und Lohnarbeit getrennt waren, entstand das Problem der Wertzuweisung an die Produktionsfaktoren.

Smith, der für seine Zeit sozial gesinnt war, sagte deutlich, daß die Arbeit der Lieferant aller Güter sei und die Arbeiter ausreichende Löhne erhalten müßten. Er zählte aber auch die Unternehmer unter die "produktiven Arbeiter". Auch ihre Arbeit geht in den Tauschwert oder Preis der Güter ein. Smith sah nicht nur die Erzeugungsarbeit als produktiv an, sondern auch die Arbeit in Handel und Transport. Denn was nützte das Gut, wenn es in der Fabrik lag – es mußte auch zum Verbraucher gebracht werden. Bei Smith wird der Unternehmer jedoch zur Hauptperson der Wertschöpfung. Die Arbeiter sind nur Gehilfen.

Die eigentliche Arbeitswerttheorie entwickelte erst der Bankier Ricardo. Die Basis des Tauschwerts ist nach ihm die vom Unternehmer gelenkte Arbeit. Der Unternehmer kennt zwei Arten von Kapital, das "fixe" und das "zirkulierende". Das erste sind Bauten, Rohstoffe und Maschinen, das zweite ist das Geld, das für die Lohnzahlung verwendet wird. Ricardo stellt hier eine für den späteren Marxismus wesentliche Theorie auf. Er behauptet, daß das "fixe" Kapital keinen neuen Wert schafft. Es fügt den Produkten nur soviel Wert hinzu, wie seinem Aufbrauch entspricht, also etwa der Abnützung der Maschinen. Darum gehen die Abschreibungen in den Preis ein. Die wirkliche Quelle des neuen Werts ist das "zirkulierende"

Kapital, also die Lohnarbeit. Nur lebende Arbeit schafft neuen Wert.

Der willkürliche Charakter dieser Theorie ist offenkundig. Ricardo gab zu, daß mehr Maschinen bei Beschäftigung von weniger Arbeitern das Sozialprodukt steigerten. Wenn nur der zirkulierende Lohnfonds Gewinn brächte, müßte ein Unternehmer mit mehr Arbeitskräften und weniger Maschinen mehr verdienen als ein Unternehmer mit mehr Maschinen und weniger Arbeitern. Das Gegenteil ist der Fall, sonst würde niemand Maschinen aufstellen. Ungeachtet der zentralen Rolle, die Ricardo immerhin der Arbeit zuschrieb, billigte er dem Arbeiter, anders als Smith, doch keine guten Löhne zu. Da auch der Preis der Arbeit dem Gesetz von Angebot und Nachfrage unterliegt und die Ware Arbeit immer stärker angeboten wird, einmal wegen der Bevölkerungszunahme, dann auch wegen der Freisetzung von Arbeitskräften durch die Maschine, besteht ein ständiger Druck auf die Löhne. Der Arbeiter kann immer nur das Lebensminimum erhalten (das "eherne Lohngesetz").

Marx griff wie alle Sozialisten die Lehre, daß nur Arbeit wertschaffend sei, bereitwillig auf. Die Utopisten und Chartisten sahen im Kapital etwas unproduktives. Eigentlich mache der Arbeiter alles, der Kapitalist leihe dem Arbeiter die Maschinen zur Erzeugung seines Lebensbedarfs und nehme in Gestalt des Profits dafür Wucherzinsen. Nur die Handarbeit sei im übrigen produktiv, Handel und Transport dagegen nicht. Man sieht, daß die Volkswirtschaftslehre nicht ohne Grund "politische Ökonomie" hieß; sie ließ sich ausgezeichnet zu politischen Zwecken verwenden. Man identifizierte die Produktionsfaktoren mit ihren belebten Besitzern und wies ihnen die Anteile zu, die diesen Besitzern zukommen sollten. Hatten die alten Physiokraten, die agrarisch dachten, den Boden als einzigen Produktionsfaktor erklärt, so meinten sie damit hohe Grundrenten für die Besitzer. Ricardo meinte mit seiner Theorie hohe Gewinne für die Fabrikanten und niedrige Löhne für die Arbeiter. Die Sozialisten meinten, daß alle Produkte den Arbeitern gebührten, die alte naturrechtliche Forderung in volkswirtschaftlich-theoretischem Gewande. Aus Ricardo zogen sie, nicht im Sinne des Urhebers, sozialistische Folgerungen.

Bei Marx kehrt die Arbeitswerttheorie von Smith und besonders Ricardo in der Form wieder, daß die "gesellschaftlich notwendige

Arbeitszeit" den Tauschwert, also Preis, der Waren bestimme. Das "fixe" Kapital von Ricardo wird bei Marx zum "konstanten" Kapital, das "zirkulierende" zum "variablen". Marx beharrt darauf, daß nur das "variable" Kapital, also der Lohnfonds, Gewinn bringe, das "konstante" Kapital aber dem Wert der Güter nichts hinzufüge, sondern nur seinen eigenen Wert reproduziere. Dem Arbeiter aber zahlt der Fabrikant nur das Minimum, das zur Erhaltung der Arbeitskraft notwendig ist; den "Mehrwert", den der Arbeiter geschaffen hat, behält der Arbeitgeber für sich. Das ist die "Ausbeutungstheorie", die Marx von den Utopisten bezog.

Vom Wertgesetz zur Katastrophentheorie

Auch seine Arbeits- und Mehrwerttheorie – der Ausdruck "Mehrwert" stammt von Smith – übernahm Marx unter geringer Abänderung der Bezeichnungen von Smith und Ricardo. Seine Originalität ist soweit gering. Origineller ist die Prognose, die er aus der klassischen Theorie ableitet. Wenn nur das "variable" Kapital Profit bringt, das tote konstante Kapital aber nicht, so muß nach Ricardos Lehre, die Marx unüberprüft übernahm, der Fabrikant umso weniger verdienen, je mehr Maschinen er aufstellt. Mit dem Fortschritt der Technik, d.h. der zunehmenden Verwendung von Maschinen, muß also die "Profitrate" sinken, mögen auch die ziffernmäßigen "Profitmassen" noch zunehmen. Das ist das Marxsche "Gesetz der fallenden Profitrate". Hier sitzt der Wurm, der den Kapitalismus zernagt und den dialektischen Untergang des Kapitalismus bewirkt. Die Kapitalisten versuchen sich durch Lohndruck zu wehren, wodurch die Arbeiter immer mehr verelenden (die Marxsche "Verelendungstheorie"). Außerdem gibt es infolge der zunehmenden Mechanisierung immer mehr Arbeitslose (die "industrielle Reservearmee", die zum Inventar des Kapitalismus gehört), denen es noch schlechter geht. Die sozialen Kämpfe verschärfen sich, die Kapitalisten können mangels Profit nicht weiter wirtschaften und sperren ihre Betriebe zu. Auf diese Weise entstehen die immer wiederkehrenden Wirtschaftskrisen, die sich schließlich zur "Endkrise" steigern. Die gepeinigten Arbeiter erheben sich, enteignen die Kapitalisten (bei Marx: die "Expropriation der Expropriateure") und führen eine gerechte, nicht profitabhängige sozialistische Planwirtschaft ein.

Die Marxsche Katastrophentheorie beruht auf dem "Wertgesetz", wonach nur die Arbeit neuen Wert erzeugt, die Maschine aber nicht. Diese Behauptung ist aber willkürlich und falsch. Nach Marx und seinem Lehrer Ricardo könnte eine vollautomatisierte Fabrik keinen Gewinn liefern. Die Industrie strebt aber nach Automatisierung; sie täte das nicht, wenn davon kein Gewinn zu erwarten wäre. In Wirklichkeit ist die Maschine oder der Automat mit seinem Chip genau so ein Wert- und Profiterzeuger wie der Arbeiter. Marx übernahm die Irrtümer der klassischen Nationalökonomie, die ihm das "wissenschaftliche" Fundament für seine Theorien lieferte, ebenso wie die politisch bedingten Behauptungen der Utopisten. Ein Blick auf die hochtechnisierte moderne Großindustrie zeigt, daß man sich über ihre "Profitrate" nicht zu beunruhigen braucht.

Der große Irrtum

Ein weiterer grundlegender Fehler von Marx bestand darin, daß er eine Situation kommen sah, in der wegen der zunehmenden Konzentration des Kapitals, die auf der Vertilgung der kleineren Produzenten durch die größeren beruhte, und wegen der damit zusammenhängenden Vernichtung des "Kleinbürgertums", das ins Proletariat hinabsank, zum Schluß ein riesiges Proletariat einer Handvoll Kapitalisten gegenüberstand. Fast die ganze Gesellschaft würde aus proletarischen Arbeitern bestehen; die "Emanzipation der ungeheuren Mehrheit im Interesse der ungeheuren Mehrheit" würde sich mit naturgesetzlicher Sicherheit vollziehen. Marx sah nicht, daß erstens ein erheblicher Teil des mittelständischen "Kleinbürgertums" bestehen bleiben würde (der untergehende Teil ging nicht zur Gänze durch den Marxschen Mechanismus zugrunde, sondern durch die großen Kriege und Inflationen, die Marx nicht vorhersah) und zweitens neue Mittelschichten, die Angestellten und die Angehörigen der "tertiären" Berufe, gewaltig zunehmen, ja die Arbeiter ziffernmäßig erreichen und sogar überrunden würden. 58% der Erwerbstätigen sind heute in Büro- und Dienstleistungsberufen tätig. Ihr Anteil wächst noch. Nach der Statistik für 1986 gab es in der Bundesrepublik Deutschland 25,786.000 Erwerbstätige, davon 22,515.000 Arbeitnehmer, unter diesen:

Beamte	2,416.000
Angestellte	9,913.000
Arbeiter	10,186.000

Die Arbeiter erreichen rund 40% der Erwerbstätigen. Davon sind aber nur 6,762.000 Arbeiter in den produzierenden Gewerben beschäftigt, während die übrigen in Handel, Verkehr und Dienstleistungsgewerben arbeiten. An Landarbeitern zählt man nur noch 202.000. Die 6,762.000 Industriearbeiter, nach Marx die geschichtstragende Klasse, machen nur 26% der erwerbstätigen Bevölkerung aus. Es kann keine Rede davon sein, daß sie je zur Mehrheit der Nation werden könnten. Die Theorie von Marx beruhte auf einer statistischen Erwartung, die sich nicht erfüllt hat. Wenn die Industriearbeiter nicht die Mehrheit der Bevölkerung bilden, ist die Marxsche Theorie eigentlich erledigt. Sie ist jedenfalls auch in diesem Punkt hoffnungslos veraltet.

In der Marxschen Gesellschaft gibt es nur zwei Klassen, die Kapitalisten und die Proletarier. Der Mittelstand geht unter. Die Angestellten spielen bei Marx keine Rolle. Über eine Klasse, die den Arbeitern zahlenmäßig fast gleich ist, geht der Marxismus einfach hinweg. Der Ingenieur und der sonstige Wissenschaftler kommt im Marxschen Industriebild überhaupt nicht vor, obwohl hier doch ein höchst wichtiger Produktionsfaktor liegt. Diese Haltung war nicht nur wirklichkeitsfremd, sondern mußte auch die Intelligenz dem Marxismus entfremden.

Unnötig zu sagen, daß die Arbeitswerttheorie des Preises, eine reine Kostentheorie, nur teilweise stimmt. Zu der Arbeit treten noch weitere Preisfaktoren hinzu, die sich meist zu größeren Anteilen summieren als die Löhne. Dazu gehören u.a. die Material-, Forschungs- und Werbekosten, dann der Kapitaldienst und die Steuern. In die Preisbildung wird oft politisch eingegriffen, die Marktposition des Lieferanten beeinflußt den Preis. Die Agrarpreise zum Beispiel werden heute politisch bestimmt, die "gesellschaftlich notwendige Arbeitszeit" für die Erzeugung der Agrarprodukte spielt eine geringe Rolle. Marx stellte seine Gesetze für eine vollkommen freie Marktwirtschaft auf. Weder lohnverbessernde Gewerkschaften noch staatliche Sozialpolitik kommen unter seinen Wirtschaftsfaktoren vor. Er entwickelte seine Gedanken unter den Bedingungen des primitiven (und brutalen) Frühkapitalismus, die ihm unabänderlich schienen und nach seiner Ansicht nur durch eine sozialistische Revolution überwunden werden konnten. Den Wert einer "gesellschaftlich notwendigen" Arbeitsstunde basierte er auf die Hungerlöhne seiner Zeit. Dieser Wert ist aber sehr variabel und hat sich seither stark erhöht.

Der "Mehrwert" ist selbstredend nichts als die volkswirtschaftliche Kapitalbildung, die auch in einer sozialistischen Wirtschaft erfolgen muß. Die Sowjetunion ist ein Beispiel dafür; hier geht die Kapitalbildung wie anderswo auf Kosten des Massenverbrauchs. Nirgends hat der Arbeiter das "Recht auf den vollen Arbeitsertrag", wie es die Utopisten forderten; auch Marx sah darin einen Irrtum.

Von der Marxschen Theorie hat sich nur die Voraussage der Konzentration des Kapitals bewahrheitet, die freilich auch ohne die marxistischen Zutaten gemacht werden konnte. Die von Marx vorhergesagten Folgen sind allerdings bisher nicht eingetreten. Im ganzen ist die Marxsche Wirtschaftstheorie nichts als eine moralische Dichtung, die zeigt, wie die Kapitalisten die Arbeiter ausbeuten und dialektisch dafür durch ihren Untergang bestraft werden, indes die Tugend siegt.

Über die kommende sozialistische Gesellschaft machten Marx und Engels keine näheren Aussagen. Sie sagten nur, daß sie klassenlos sein und jedem Menschen "volle Entfaltung" ermöglichen werde. Wie schon bemerkt, werden hinter der materialistischen Fassade im Marxismus seine im Grunde idealistischen Motive und Auffassungen sichtbar. Das Menschenbild des Marxismus ist der aus der Aufklärung und dem Utilitarismus stammende rationale Mensch, der seine Interessen zu erkennen vermag und den Mut aufbringt, für sie zu kämpfen. Allerdings schreibt Marx den Arbeitern ihre Interessenrichtung vor; es ist der Sozialismus. Die Erfahrungen mit den kommunistischen Ländern lassen heute daran zweifeln, ob der Sozialismus wirklich das Interesse der Arbeiter ist; in Amerika haben die Arbeiter dieses Ziel nie akzeptiert. Marx glaubt aber, daß der Sozialismus das vorgezeichnete Ziel der gesellschaftlichen Entwicklung ist und daß die Erkenntnis dieses Entwicklungsgesetzes wichtiger ist als ethische Forderungen. Wer anders denkt, ist ein "Ideologe" des Klassengegners.

Anderthalb Jahrhunderte geschichtlicher Erfahrung zeigen, daß die Marxschen Voraussagen sich nicht erfüllt haben. Der Marxismus war ein politischer Mythos, der wie jeder moderne Mythos wissenschaftliche Formen annahm und in der Tat einige wissenschaftliche Elemente enthielt. Dieser Mythos hat sich als sehr wirksam erwiesen und ist heute die Staatsreligion eines Drittels der Erde. Allerdings hat er sich nicht in den Industrieländern durchgesetzt, für die er gedacht war, sondern in unentwickelten, nichtindustriellen Ländern, für die er nicht geschaffen war und in denen die von Marx angenommenen Voraussetzungen fehlten. Der Marxismus kam dort mehr auf die Weise zum Siege, die wir als "blanquistisch" und somit nicht marxistisch kennengelernt haben. Als Ideologie wird er entgegen den auch dort zunehmenden Zweifeln mit Machtmitteln aufrechterhalten. Eine umfassende Darstellung und Kritik der marxistischen Heilslehre ist vom Verfasser an anderer Stelle versucht worden (Theimer: Der Marxismus. UTB 258, 8. Aufl. 1985).

Der historische Determinismus von Marx, der zur sicheren Voraussage des Sozialismus führte, ist in der sozialistischen Bewegung vielfach als ein Automatismus aufgefaßt worden. Er hat die Arbeiterbewegung oft gelähmt. Marx betonte zwar die angebliche geschichtliche Notwendigkeit; zu ihrem Vollzug war aber eine *Tat* notwendig, eine menschliche Entscheidung. Gemäß seinem optimistischen Menschenbild zweifelte Marx nicht daran, wie diese Entscheidung fallen würde. Gerade in den Industrieländern, für die er diese Entscheidung kommen sah, ist sie aber nicht so gefallen.

Auf die Versuche von Marx und Engels, in die Entwicklung der sozialistischen Parteien auf dem europäischen Kontinent, besonders in Deutschland, einzugreifen, sowie auf ihre I. Internationale kommen wir später zurück.

Wir lassen zum Schluß Marx selbst sprechen. In der *Kritik der politischen Ökonomie* sagt er:

In der gesellschaftlichen Produktion ihres Lebens gehen die Menschen bestimmte, notwendige, von ihrem Willen unabhängige Verhältnisse ein, Produktionsverhältnisse, die einer bestimmten Entwicklungsstufe ihrer materiellen Produktionskräfte entsprechen. Die Gesamtheit dieser Produktionsverhältnisse bildet die ökonomische Struktur der Gesellschaft, die reale Basis, worauf sich ein juristischer und politischer Oberbau erhebt und welcher bestimmte gesellschaftliche Bewußtseinsformen entsprechen. Die Produktionsweise des materiellen Lebens bedingt den sozialen, politischen und geistigen Lebensprozeß überhaupt. Es ist nicht das Bewußtsein der Menschen, das ihr Sein, sondern ihr gesellschaftliches Sein, das ihr Bewußtsein bestimmt.

Das Kommunistische Manifest

Die wichtigsten Stellen des *Kommunistischen Manifests* von Marx und Engels folgen:

Ein Gespenst geht um in Europa – Das Gespenst des Kommunismus. Alle Mächte des alten Europas haben sich zu einer heiligen Hetzjagd gegen dies Gespenst verbündet...

Die Geschichte aller bisherigen Gesellschaften ist die Geschichte von Klassenkämpfen ... Unterdrücker und Unterdrückte standen in stetem Gegensatz zueinander, führten einen ununterbrochenen, bald versteckten, bald offenen Kampf, einen Kampf, der jedesmal mit einer revolutionären Umgestaltung der ganzen Gesellschaft endete oder mit dem gemeinsamen Untergang der kämpfenden Klassen ... Unsere Epoche, die Epoche der Bourgeoisie, zeichnet sich jedoch dadurch aus, daß sie die Klassengegensätze vereinfacht hat. Die ganze Gesellschaft spaltet sich mehr und mehr in zwei große feindliche Lager, in zwei große, einander direkt gegenüberstehende Klassen: Bourgeoisie und Proletariat ... Wir sehen ..., wie die moderne Bourgeoisie selbst das Produkt eines langen Entwicklungsganges, einer Reihe von Umwälzungen in der Produktions- und Verkehrsweise ist.

Jede dieser Entwicklungsstufen der Bourgeoisie war begleitet von einem entsprechenden politischen Fortschritt ... Unterdrückter Stand unter der Herrschaft der Feudalherren, erkämpfte sie sich endlich seit der Herstellung der großen Industrie und des Weltmarktes im modernen Repräsentativstaat die ausschließliche politische Herrschaft. Die moderne Staatsgewalt ist nur ein Ausschuß, der die gemeinschaftlichen Geschäfte der ganzen Bourgeoisieklasse verwaltet.

Die Bourgeoisie hat in der Geschichte eine höchst revolutionäre Rolle gespielt. Die Bourgeoisie, wo sie zur Herrschaft gekommen, hat alle feudalen, patriarchalischen, idyllischen Verhältnisse zerstört ... und kein anderes Band zwischen Mensch und Mensch übriggelassen, als das nackte Interesse, als die gefühllose 'bare Zahlung' ... Sie hat, mit einem Wort, an die Stelle der mit religiösen und politischen Illusionen verhüllten Ausbeutung die offene, unverschämte direkte, dürre Ausbeutung gesetzt ... Die Bourgeoisie hat dem Familienverhältnis seinen rührend-sentimentalen Schleier abgerissen und es auf ein reines Geldverhältnis zurückgeführt ...

Die Bourgeoisie ... hat bewiesen, was die Tätigkeit der Menschen zustande bringen kann. Sie hat ganz andere Wunderwerke vollbracht als ägyptische Pyramiden, römische Wasserleitungen und gotische Kathedralen, sie hat ganz andere Züge ausgeführt als Völkerwanderungen und Kreuzzüge. Die Bourgeoisie kann nicht existieren, ohne die Produktionsinstrumente, also die Produktionsverhältnisse, also sämtliche gesellschaftlichen Verhältnisse fortwährend zu revolutionieren ... Die Bourgeoisie hat durch die Exploitation des Weltmarktes die Produktion und Konsumtion aller Länder kosmopolitisch gestaltet. Sie hat ... den nationalen Boden der Industrie unter den Füßen weggezogen ... An die Stelle der alten lokalen und nationalen Selbstgenügsamkeit und Abgeschlossenheit tritt ein allseitiger Verkehr, eine allseitige Abhängigkeit der Nationen voneinander ... Die Bourgeoisie hebt mehr und mehr die Zersplitterung der Produktionsmittel, des Besitzes und der Bevölkerung auf. Sie hat die Bevölkerung agglomeriert, die Produktionsmittel zentralisiert und das Eigentum in wenigen Händen konzentriert ...

Die Produktions- und Verkehrsmittel, auf deren Grundlage sich die Bourgeoisie heranbildete, wurden in der feudalen Gesellschaft erzeugt. Auf einer gewissen Stufe der Entwicklung dieser Produktions- und Verkehrsmittel entsprachen die Verhältnisse, worin die feudale Gesellschaft produzierte und austauschte ... mit einem Wort die feudalen Eigentumsverhältnisse den schon entwickelten Produktivkräften nicht mehr. Sie hemmten die Produktion, statt sie zu fördern. Sie verwandelten sich in ebenso viele Fesseln. Sie mußten gesprengt werden, sie wurden gesprengt. An ihre Stelle trat die freie Konkurrenz mit der ihr angemessenen gesellschaftlichen und politischen Konstitution ...

Unter unseren Augen geht eine ähnliche Bewegung vor. Die bürgerlichen Produktions- und Verkehrsverhältnisse, die bürgerlichen Eigentumsverhältnisse, die moderne bürgerliche Gesellschaft ... gleicht dem Hexenmeister, der die unterirdischen Gewalten nicht mehr zu beherrschen vermag, die er heraufbeschwor. Seit Dezennien ist die Geschichte der Industrie und des Handels nur die Geschichte der Empörung der modernen Produktivkräfte gegen die modernen Produktionsverhältnisse, gegen die Eigentumsverhältnisse, welche die Lebensbedingungen der Bourgeoisie und ihrer Herrschaft sind. Es genügt, die Handelskrisen zu nennen ...

Die Waffen, womit die Bourgeoisie den Feudalismus zu Boden geschlagen hat, richten sich jetzt gegen die Bourgeoisie selbst. Aber die Bourgeoisie hat nicht nur die Waffen geschmiedet, die ihr den Tod bringen; sie hat auch die Männer erzeugt, die diese Waffen führen werden – die modernen Arbeiter, die Proletarier ... Die bisherigen kleinen Mittelstände ... fallen ins Proletariat hinab ... So rekrutiert sich das Proletariat aus allen Klassen der Bevölkerung ... Das Proletariat ... wird in größeren Massen zusammengedrängt, seine Kraft wächst, und es fühlt sie mehr. Die Interessen, die Lebenslagen innerhalb des Proletariats gleichen sich immer mehr aus, indem die Maschinerie mehr und mehr die Unterschiede der Arbeit verwischt und den Lohn fast überall auf ein gleich niedriges Niveau herabdrückt ... In Zeiten endlich, wo der Klassenkampf sich der Entscheidung nähert, nimmt der Auflösungsprozeß innerhalb der ... ganzen alten Gesellschaft einen so heftigen, so grellen Charakter an, daß ein kleiner Teil der herrschenden Klasse sich von ihr lossagt und sich der revolutionären Klasse anschließt, der Klasse, welche die Zukunft in ihren Händen trägt ... Die Proletarier können sich die gesellschaftlichen Produktivkräfte nur erobern, indem sie ihre ganze bisherige Aneignungsweise abschaffen. Die Proletarier haben nichts von dem ihrigen zu sichern, sie haben alle bisherigen Privatsicherheiten und Privatversicherungen zu zerstören.

Alle bisherigen Bewegungen waren Bewegungen von Minoritäten oder im Interesse von Minoritäten. Die proletarische Bewegung ist die selbständige Bewegung der ungeheuren Mehrzahl im Interesse der ungeheuren Mehrzahl ... Der moderne Arbeiter ..., statt sich mit dem Fortschritt der Industrie zu heben, sinkt immer tiefer unter die Bedingungen seiner eigenen Klasse herab. Der Arbeiter wird zum Armen, und der Pauperismus entwickelt sich noch schneller als Bevölkerung und Reichtum. Es tritt hiermit offen hervor, daß die Bourgeoisie unfähig ist, noch länger die herrschende Klasse der Gesellschaft zu bleiben ... Sie ist unfähig zu herrschen, weil sie unfähig ist, ihrem Sklaven die Existenz selbst innerhalb seiner Sklaverei zu sichern ...

Die wesentliche Bedingung für die Existenz und für die Herrschaft der Bourgeoisieklasse ist die Anhäufung des Reichtums in den Händen von Privaten, die Bildung und Vermehrung des Kapitals; die Bedingung des Kapitals ist die Lohnarbeit. Die Lohnarbeit beruht ausschließlich auf der Konkurrenz der Arbeiter unter sich. Der Fortschritt der Industrie, dessen willenloser und widerstandsloser Träger die Bourgeoisie ist, setzt an die Stelle der Isolierung der Arbeiter durch die Konkurrenz ihre revolutionäre Vereinigung durch die Assoziation. Mit der Entwicklung der großen Industrie wird also unter den Füßen der Bourgeoisie die Grundlage selbst hinweggezogen, worauf sie produziert und die Produkte sich aneignet. Sie produziert vor allem ihren eigenen Totengräber. Ihr Untergang und der Sieg des Proletariats sind gleich unvermeidlich.

... Die Arbeiter haben kein Vaterland ... Die nationalen Absonderungen und Gegensätze der Völker verschwinden mehr und mehr schon mit der Entwicklung der Bourgeoisie, mit der Handelsfreiheit, dem Weltmarkt ... Die Herrschaft des Proletariats wird sie noch mehr verschwinden machen ... Mit dem Gegensatz der Klassen im Innern der Nation fällt die feindliche Stellung der Nationen zueinander ...

Was beweist die Geschichte der Ideen anderes, als daß die geistige Produktion sich mit der materiellen umgestaltet? Die herrschenden Ideen einer Zeit waren stets nur die Ideen der herrschenden Klasse ...

Der erste Schritt in der Arbeiterrevolution ist die Erhebung des Proletariats zur herrschenden Klasse, die Erkämpfung der Demokratie. Das Proletariat wird seine politische Herrschaft dazu benutzen, der Bourgeoisie nach und nach alles Kapital zu entreißen, alle Produktionsinstrumente in den Händen des Staates, d.h. des als herrschende Klasse organisierten Proletariats zu zentralisieren ... Sind im Laufe der Entwicklung die Klassenunterschiede verschwunden und ist alle Produktion in den Händen der assoziierten Individuen konzentriert, so verliert die öffentliche Gewalt den politischen Charakter. Die politische Gewalt im eigentlichen Sinne ist die organisierte Gewalt einer Klasse zur Unterdrückung einer anderen. Wenn das Proletariat ... durch eine Revolution sich zur herrschenden Klasse macht und als herrschende Klasse gewaltsam die alten Produktionsverhältnisse aufhebt, so hebt es mit diesen Produktionsverhältnissen die Existenzbedingungen des Klassengegensatzes, die Klassen überhaupt und damit seine eigene Herrschaft als Klasse auf. An die Stelle der bürgerlichen Gesellschaft mit ihren Klassen und Klassengegensätzen tritt eine Assoziation, worin die freie Entwicklung eines jeden die Bedingung für die freie Entwicklung aller ist.

... Die Kommunisten verschmähen es, ihre Ansichten und Absichten zu verheimlichen. Sie erklären es offen, daß ihre Zwecke nur erreicht werden können durch den gewaltsamen Umsturz aller bisherigen Gesellschaftsordnung. Mögen die herrschenden Klassen vor einer kommunistischen Revolution zittern. Die Proletarier haben nichts in ihr zu verlieren als ihre Ketten. Sie haben eine Welt zu gewinnen.

Proletarier aller Länder, vereinigt euch!

5. KAPITEL

Die Sozialisten organisieren sich

Der Bund der Kommunisten

Der "Bund der Gerechten", der sich bald "Bund der Kommunisten" nannte, war seinerseits ein Spaltungsprodukt des "Bundes der Geächteten", der sich 1832 in Paris aus deutschen republikanisch gesinnten Emigranten bildete. Die aus der Julirevolution von 1830 hervorgegangene Regierung des "Bürgerkönigs" Louis-Philippe gewährte politischen Emigranten freiheitlicher und sozialistischer Richtung zeitweise Asyl. Der "Bund" war ein Geheimbund mit etwa 200 Mitgliedern, meist Handwerkern und Intellektuellen, der unterirdische Arbeit in Deutschland versuchte, wo er etwa ebensoviel Anhänger hatte. Seine Tendenz war liberal-bürgerlich, allenfalls jakobinisch. Dies führte 1837 zur Abspaltung des sozialistischen bzw. kommunistischen Flügels, der sich "Bund der Gerechten" nannte. Der ursprüngliche Bund der Geächteten zerfiel 1840 endgültig.

Der "Bund der Gerechten" war die erste politische Organisation der deutschen Arbeiter, die eine Loslösung vom bürgerlichen Liberalismus anstrebte, auf den die Arbeiter zunächst ihre Hoffnungen gesetzt hatten. Ein gemäßigter rechter Flügel hoffte auf die Erreichung sozialistischer Ziele über das allgemeine Wahlrecht, das damals noch eine bloße Forderung war; der radikale linke Flügel, den u.a. Weitling repräsentierte, strebte eine baldige Revolution an. In London bestand ein Zweigverein des Bundes unter K. Schapper. Im Jahre 1846 wurde diese Filiale zur Zentrale des Bundes. Marx und Engels traten dem Bund 1847 bei. Wie schon erwähnt, beauftragte der Bund sie mit der Ausarbeitung eines Programms und einer Theorie. Nachdem der Bund 1847 ein "Kommunistisches Glaubensbekenntnis" beschlossen und sich zum "Bund der Kommunisten" umbenannt hatte, stand sein Programm fest: Sturz der "Bourgeoisie", Herrschaft des "Proletariats" und eine klassenlose sozialistische Gesellschaft. Marx und Engels artikulierten diese Forderungen im *Kommunistischen Manifest*, das eine Analyse der geschichtlichen und ökonomischen Prozesse an die Stelle utopischer Schilderungen von Idealgesellschaften setzte.

Der Bund gründete im Revolutionsjahr 1848 eine kommunistische Partei in Köln, deren Anhänger sich zwar in Arbeitervereinen betätigten, aber wenig Erfolg hatten. Marx und Engels beschränkten sich praktisch auf radikal-demokratische Propaganda in der *Neuen Rheinischen Zeitung.* Schon 1850 stellten sie nach der Rückkehr nach England fest, daß offenbar die Bedingungen einer baldigen sozialistischen Revolution nicht gegeben waren. Die radikale Richtung unter Schapper rief "Verrat"; der Bund der Kommunisten spaltete sich. Es war der Urtyp des Konflikts zwischen der gemäßigten und der radikalen Richtung im Sozialismus, der sich durch die ganze Geschichte der Arbeiterbewegung ziehen sollte. Noch die Kommunisten des 20. Jahrhunderts riefen "Verrat", als die gemäßigten Sozialdemokraten keine sozialistische Revolution machen wollten.

Marx verlegte die Zentrale des (noch geheimen) Bundes nach Köln, wo der Bund aber bald entdeckt wurde. Es kam zum Kommunisten-Prozeß von 1852. Marx löste den Bund auf. Die radikale Schapper-Gruppe versickerte in Emigrantenzirkeln. Mitglieder des aufgelösten Bundes, der fast nur deutsche Mitglieder gehabt hatte, erhielten die ideelle und persönliche Kontinuität mit der bald entstehenden neuen deutschen Arbeiterbewegung aufrecht.

Die "Arbeiterverbrüderung"

Im Jahre 1848 war die Allgemeine Deutsche Arbeiterverbrüderung gegründet worden, die vornehmlich aus Handwerksgesellen bestand. Der schnell wachsende Verband hielt 1850 in Leipzig eine Generalversammlung ab. Er hatte Zweigstellen in vielen Städten Deutschlands. Er war linksliberal und schloß sich auch in der Nationalversammlung in der Frankfurter Paulskirche zunächst den Liberalen an. Das soziale Programm dieses Verbands beschränkte sich auf bescheidene Reformen; die Hauptforderung war das allgemeine Wahlrecht. Die Handwerker begannen sich Arbeiter zu nennen; die eigentlichen Industriearbeiter waren noch nicht sehr zahlreich, stellten aber unter den 18.000 Mitgliedern der Verbrüderung bald die

Mehrheit. Der "Handwerkerkommunismus" der Frühzeit begann in den Arbeiterkommunismus überzugehen. Die wandernden Handwerksgesellen hatten sozialistische und demokratische Ideen aus dem Ausland mitgebracht. Die Ziele des Vereins waren sowohl gewerkschaftlich als auch politisch. Er war eine Föderation örtlicher Arbeitervereine mit dem Sitz in Leipzig. Der führende Kopf war der Schriftsetzer Stephan Born. Er kannte und schätzte Marx, übernahm aber nichts von dessen Programm. Zu den Zielen des Vereins gehörten Genossenschaften, Staatshilfe, Volksbildung, Verminderung des stehenden Heeres, Volksbewaffnung, Krankenkassen und, der Zeit entsprechend, Wanderunterstützungen. Einige der Mitglieder begannen sich schon "Social-Demokraten" zu nennen. Die Politik war friedlich. Trotzdem wurde die Verbrüderung 1854 wie alle überörtlichen politischen Vereine verboten.

Lassalle und der Arbeiterverein

Doch kam es 1863 in einer liberaleren Ära wieder zu einem Zusammenschluß. Der Deutsche Nationalverein suchte Unterstützung bei den Arbeitern und ließ einen Arbeiterkongreß in Leipzig vorbereiten. Dieser gründete am 23. Mai 1863 den Allgemeinen Deutschen Arbeiterverein, den Vorläufer der sozialdemokratischen Partei. Das Gründungskomitee ersuchte Ferdinand Lassalle (1825-1864), dessen Wirken die nun folgende Periode kennzeichnete, um ein Programm und um die Übernahme des Vorsitzes. Lassalle war um diese Zeit schon ein bekannter Arbeiterführer.

Lassalle lieferte das Programm in Gestalt des berühmten "Offenen Antwortschreibens" an das Gründungskomitee. Er forderte eine von den Liberalen unabhängige Arbeiterpartei, wie dies schon Marxens "Bund der Kommunisten" getan hatte. Die inzwischen mächtigen Liberalen akzeptierten zwar gern die Stimmen der wachsenden Arbeiterschaft, hatten aber kein Ohr für die sozialen Forderungen der Arbeiter oder gar für den Sozialismus. Die Liberalen waren die Partei der Fabrikanten. Nicht alle wollten das allgemeine Wahlrecht, eine Situation, der wir schon bei der Chartistenbewegung in England begegnet sind.

Lassalle dagegen wies dem allgemeinen Wahlrecht eine zentrale Stellung zu, zumal er hoffte, auf parlamentarischem Wege seine sozialen Forderungen durchsetzen zu können. Von ihm stammt das Wort von der "Revolution durch den Stimmzettel". Die Radikalen erklärten das für utopisch, weil die herrschenden Kapitalisten eher das Wahlrecht abschaffen würden, als sich durch den Stimmzettel die geforderten Reformen abnötigen zu lassen. Den sozialistischen Teil in Lassalles Programm bildete die Forderung, mit Staatshilfe Produktionsgenossenschaften der Arbeiter zu gründen, die bestehende Fabriken übernehmen oder neue gründen sollten. Diese Genossenschaften sollten an die Stelle der kapitalistischen Unternehmen treten. Ihre Arbeiter sollten als Besitzer das "Recht auf den vollen Arbeitsertrag" verwirklichen.

Hier war noch der Hauch des Utopismus zu spüren, der überwiegend zum Genossenschaftssozialismus geneigt hatte. Lassalle betonte, daß die Genossenschaften seines Typs die Freiheit der Arbeiter besser sichern würden als der "sogenannte" Sozialismus oder Kommunismus, unter dem er den Staatssozialismus verstand. Um diese Zeit spielte auf dem Gebiete des Genossenschaftswesens der Sozialreformer Schulze-Delitzsch eine große Rolle; er setzte sich für die Gründung von Kredit-, Einkaufs- und Konsumgenossenschaften ein. Lassalle polemisierte heftig gegen Schulze-Delitzsch. Seine Kredit- und Einkaufsgenossenschaften kämen nur dem Handwerk zugute, das aber zum Absterben infolge der Konkurrenz der Industrie verurteilt sei und auf diese Weise nicht gerettet werden könne. Die Konsumvereine dagegen würden zwar vorübergehend die Lage der Arbeiter verbessern, aber die Unternehmer würden die billigere Versorgung der Arbeiter mit Waren alsbald dazu benutzen, die Löhne zu senken, so daß die Arbeiter schließlich nichts von den Konsumvereinen hätten. Lassalle vertrat das "eherne Lohngesetz" nach Ricardo, wonach der Arbeiter grundsätzlich in einer kapitalistischen Wirtschaft nur das Existenzminimum erhalten konnte. Das seither durch die Entwicklung längst widerlegte "Gesetz" gehörte zu den Glaubensartikeln aller Sozialisten, die darin einen Hauptgrund für die Beseitigung der Unternehmerwirtschaft und die Einführung irgendeiner Art des Sozialismus sahen.

In Lassalles Programm dominierte die Staatsbejahung, die im Grunde auch die weitere Politik der aus dem Arbeiterverein hervorgegangenen Sozialdemokratie kennzeichnen sollte. Er hoffte die Unterstützung des Königs von Preußen für seine Genossenschaften zu erlangen. In der Tat erkannte Bismarck als konservativer preußischer Ministerpräsident, daß hier eine Gelegenheit war, die Arbeiter gegen die Liberalen auszuspielen und mit den Konservativen zu verbünden. Er gab sogar einen Erlaß heraus, in dem die Behörden angewiesen wurden, die Produktionsgenossenschaften der Arbeiter zu fördern. Praktische Auswirkungen blieben allerdings aus. Später wandte sich Bismarck gegen die Sozialisten; jetzt aber sprach er freundschaftlich mit Lassalle, auch wenn dieser zwischendurch wegen Aufreizung im Gefängnis war. Lassalle war ein Halbmarxist. Mit Marx und Engels in London war er ständig in Verbindung, trat aber oft in Gegensatz zu ihnen. Vom Marxismus war im Programm des Arbeitervereins nicht viel zu spüren; das *Kommunistische Manifest* fand in Deutschland erst im folgenden Jahrzehnt weitere Verbreitung. Dennoch beschuldigten Marx und Engels wiederholt Lassalle des Plagiats.

Das Leben Lassalles

Ferdinant Lassalle war der Sohn eines wohlhabenden jüdischen Großkaufmanns in Breslau. Er studierte Philosophie, Geschichte und Volkswirtschaft. Im Revolutionsjahr 1848 stand er dem Kreis um die *Neue Rheinische Zeitung* von Marx nahe, bildete aber in Düsseldorf eine eigene Gruppe. Bekannt wurde er durch seinen Kampf für die Gräfin Hatzfeld. Die schöne Gräfin, die doppelt so alt war wie der junge Lassalle, war von ihrem Ehemann um ihr Vermögen gebracht worden. Lassalle studierte Rechtswissenschaft, um ihre Prozesse führen zu können. Zehn Jahre kämpfte er vor 36 Gerichten für ihre Sache. Er hatte die Sympathie der Liberalen, während hinter dem Grafen eine reaktionäre Adelsclique stand. Lassalle gewann schließlich den langen Prozeß, und die Gräfin erhielt ihr Vermögen zurück. Sie setzte ihrem (schon von Haus aus vermögenden) Ritter eine Lebensrente aus. Der Fall machte Lassalle berühmt. Er hatte auch sonst zahlreiche Liebesaffären, deren letzte ihm verhängnisvoll werden sollte.

Lassalle hatte sich ursprünglich dem "Bund der Kommunisten" von Marx angeschlossen, war aber nach 1850 zunächst in der preußischen Fortschrittspartei und im Nationalverein tätig. Er verfaßte wissenschaftliche Werke, die große Anerkennung fanden: *Die*

Philosophie Heraklits des Dunklen (1857) und *Das System der erworbenen Rechte* (1861). Im Jahre 1858 schrieb er ein mittelmäßiges Drama *Franz von Sickingen*, in dem er zur demokratischen Einigung Deutschlands unter einem protestantischen Kaiser aufrief. Das neue Reich sollte großdeutsch und ein Einheitsstaat, kein Bundesstaat sein. Die Länderregierungen sollten verschwinden, ebenso die österreichische Monarchie, die für Lassalle der Inbegriff der Reaktion war.

Der Allgemeine Deutsche Arbeiterverein wählte Lassalle zum Vorsitzenden mit weitgehenden Befugnissen. Lassalle war ständig in politische Prozesse wegen Hochverrats und Aufreizung verwickelt. Durch seine glänzende Verteidigung – er sprach stets mit dem Blick auf die Öffentlichkeit – wurde er immer bekannter. Marx und Engels waren im fernen London, während Lassalle in Deutschland blieb und Verfolgung auf sich nahm. Er war bei den Arbeitern bekannter als die Londoner Exilpolitiker und sprach auch viel verständlicher zu ihnen. Lassalle war Hegelianer wie Marx, übernahm aber auch viel von der mehr voluntaristischen Philosophie Fichtes, den er sehr verehrte. Marx liebte den Konkurrenten nicht und sprach von ihm als "Baron Itzig". Später anerkannte er aber sein "unsterbliches Verdienst" um die Wiedererweckung der deutschen Arbeiterbewegung.

Das Bundeslied des Arbeitervereins dichtete Georg Herwegh mit den berühmten Versen:

> Mann der Arbeit, aufgewacht!
> Und erkenne deine Macht:
> Alle Räder stehen still,
> Wenn dein starker Arm es will.
>
> Deiner Dränger Schar erblaßt,
> Wenn du, müde deiner Last,
> In die Ecke stellst den Pflug,
> Wenn du sprichst: Es ist genug!

Der nichtrevolutionäre Charakter des Arbeitervereins kam ebenso wie die Verehrung Lassalles in der "Arbeiter-Marseillaise" zum Ausdruck, die zur Melodie der französischen Revolutionshymne gesungen wurde:

Wohlan, wer Recht und Wahrheit achtet,
Zu unserer Fahne strömt zuhauf!
Wenn auch die Lüg' uns noch umnachtet,
Bald steigt der Morgen hell herauf.

Nicht mit den Waffen der Barbaren,
Mit Speer und Flint' nicht kämpfen wir.
Es führt zum Sieg der Freiheit Scharen,
Des Geistes Schwert, des Rechts Panier.

Nicht zählen wir den Feind, nicht die Gefahren all',
Der Bahn, der kühnen, folgen wir,
Die uns geführt Lassall'!

Der frühere Republikaner Lassalle begann für ein soziales Volkskönigtum zu schwärmen. Sein Flirt mit Bismarck, zu dessen Entschluß, das allgemeine Wahlrecht im Reich (nicht in Preußen) einzuführen, Lassalle beigetragen haben soll, schadete dem Arbeiterführer unter seinen zunächst so begeisterten Anhängern. Es kam zu immer mehr Austritten aus dem Arbeiterverein und statt der Arbeiter begannen Konservative die Versammlungen Lassalles zu füllen. War der Arbeiter-Vorsitzende nicht ein Agent Bismarcks? Auch Marx witterte Verrat. Lassalle wehrte sich: "Herr v. Bismarck hat mich nicht gekauft und ich habe Herrn v. Bismarck nicht gekauft."

Das Ende kam auf einem anderen als dem politischen Wege. Während eines Urlaubs in der Schweiz verliebte Lassalle sich in Helene v. Dönniges, die Tochter eines bayerischen Diplomaten, die sich aber unter dem Druck ihrer Familie von ihm lossagte und zu ihrem früheren Verlobten, einem rumänischen Gutsbesitzer namens Racowitza, zurückkehrte. Lassalle schrieb dem Rivalen einen maßlos beleidigenden Brief, der eine Duellforderung zur Folge hatte. Im Pistolenduell fiel Lassalle am 31. Juli 1864 in Genf im Alter von kaum vierzig Jahren. Er wurde auf dem jüdischen Friedhof in seiner Heimatstadt Breslau begraben. Unter dem Hitler-Regime wurde sein Grab zerstört. Die Polen stellten es 1946 wieder her und versahen es mit einer polnischen Aufschrift.

Lassalles Nachfolger im Arbeiterverein wurde J.B. v. Schweitzer (1833-1875), der den Verein eher weiter nach rechts führte und preußisch-kleindeutsch eingestellt war. Der Name Sozialdemokrat wurde nun schon allgemein; auch das Vereinsblatt hieß so. Bei der

Gründung hatte der Arbeiterverein nur 600 Mitglieder gezählt, bei Lassalles Tod waren es etwa 4000 geworden. Unter Schweitzer stieg die Mitgliederzahl fast auf 10.000. Man rechnete damals in der Politik mit relativ kleinen Ziffern; selbst der Deutsche Nationalverein hatte nur 24.000 Mitglieder.

Das Arbeiter-Programm Lassalles bezeichnete die Arbeiter als "vierten Stand", der berufen sei, die Herrschaft des "dritten Stands", der Bourgeoisie, abzulösen. Wie Marx meinte Lassalle, damit würden alle privilegierten Schichten aufhören. Er forderte die Arbeiter auf, sich ihrer geschichtlichen Bedeutung bewußt zu werden. Den historischen Determinismus von Marx lehnte er jedoch ab. Eine Rede Lassalles über Verfassungswesen enthielt den bekannten Satz: "Die wirkliche Verfassung, meine Herren, das sind die tatsächlichen Machtverhältnisse."

In der sozialistischen Politik vertrat Lassalle, weniger in seinen Reden als in seinem praktischen Programm, den Gedanken der Reform statt der Revolution. Damit prägte er der deutschen Sozialdemokratie, die aus seinem Arbeiterverein entstand, seinen Stempel auf. Ungeachtet des marxistischen Programms, das sie sich später gab, folgte sie praktisch mehr den Spuren Lassalles. Im Jahre 1892 veranstaltete sie eine Gesamtausgabe seiner Werke. Dann wurde es unter dem Einfluß des dominierenden marxistischen Flügels stiller um den Gründer; erst nach 1920 kam es zu einer kurzlebigen Lassalle-Renaissance. Lassalle bleibt eine schillernde Persönlichkeit, gleichzeitig Revolutionär, Reformist, Nationaler und beinahe Konservativer. Manche nannten ihn einen "kgl. preußischen Sozialdemokraten". Tatsache ist, daß Bebel und viele andere Führer der deutschen Sozialdemokratie über Lassalle den Weg zur Partei gefunden haben. Noch das erste Programm der vereinigten Partei (Gotha 1875) zeigte zum Teil lassalleanische Züge, was Marx zu einer heftigen Kritik veranlaßte. Er sprach von "Lassalleschen Phrasen" und "haarsträubendem Blödsinn". Im übrigen sind die meisten Gedanken von Lassalle heute ebenso veraltet wie jene von Marx.

Johann Karl Rodbertus

Ein echter konservativer Sozialreformer war Johann Karl Rodbertus (1805-1875), ein preußischer Gutsbesitzer, der zunächst als gemäßigter Liberaler im preußischen Abgeordnetenhaus von 1848 saß. Er zog sich dann aus der Politik zurück und wurde konservativ. Seine weitgehenden sozialen Forderungen brachten ihn in die Nähe des Sozialismus. Mit Lassalle stand er in Briefwechsel. Die Werke von Marx waren ihm bekannt; seine Sprache ist oft der marxistischen ähnlich. Die Liberalen, seine frühere Partei, lehnte Rodbertus wegen ihres Klassenegoismus ab; er wollte Konservative und Arbeiter zusammenführen. Nichts ist konservativer als eine Politik der sozialen Reformen, lehrte er seine Standesgenossen. Rodbertus stand auf dem Boden des bestehenden Staates und wollte keinen Sozialismus, wohl aber bessere Löhne, weitgehende staatliche Sozialpolitik und staatliche Lenkung der (kapitalistisch bleibenden) Wirtschaft. Mit Marx teilte er die Arbeitswerttheorie und die Ausbeutungstheorie. Er verglich die Lohnarbeit mit der Sklaverei. Mit Lassalle übernahm er von Ricardo das "eherne Lohngesetz", wonach der Arbeiter immer nur das Existenzminimum bekommen konnte. Er stellte ein "Gesetz der fallenden Lohnquote" auf; trotz der steigenden Produktion gehe der prozentuelle Anteil des Arbeiters an ihrem Ertrag ständig zurück. Der Arbeiter müsse die Renten der besitzenden Klasse schaffen. Marx sprach manchmal billigend, manchmal kritisch von Rodbertus. Dieser war der geistige Ahnherr der deutschen "Kathedersozialisten", einer Gruppe von Volkswirtschaftsprofessoren, die unter Führung von Adolf Wagner den "Verein für Sozialpolitik" gründeten. Wagner hatte Lassalle sehr geschätzt. Diese Professoren waren keine Sozialisten, sondern liberal oder konservativ. Ihnen ist es zu verdanken, daß die sozialpolitischen Forderungen von Rodbertus längst verwirklicht sind.

Bebel und Liebknecht

Neben dem Allgemeinen Deutschen Arbeiterverein, der nicht sehr allgemein war, gab es noch zahlreiche andere Arbeitervereine, meist in Gestalt von Arbeiterbildungsvereinen. Diese Vereine waren nicht unpolitisch. Sie hielten Verbandstagungen ab. Ein solcher Verbandstag in Stuttgart forderte 1865 das allgemeine Wahlrecht und die volle Koalitionsfreiheit. Das Bundesverbot von 1854 vermochte überörtliche Zusammenarbeit nicht zu verhindern, obwohl der alte Deutsche Bund noch bestand. In der Atmosphäre dieser Vereine wuchs August Bebel auf, der künftige Führer der deutschen Sozialdemokratie.

August Bebel wurde am 22. Februar 1840 in Köln-Deutz als Sohn eines preußischen Unteroffiziers und einer Köchin geboren. Der Vater stammte aus der Provinz Posen, die Familie war aber schwäbischer Herkunft. Bebel erlernte das Drechslerhandwerk und ging auf die Wanderschaft. Unterwegs schloß er sich Arbeiterbildungsvereinen an, auch katholischen, obwohl er Protestant war. Während des Kriegs zwischen Österreich und Frankreich von 1859 arbeitete der junge Bebel gerade in Salzburg. Er meldete sich freiwillig zum österreichischen Heer, wurde aber als Preuße abgewiesen. Dasselbe tat er in Preußen, als dieses gegen Ende des Krieges gegen Frankreich mobilmachte; inzwischen hatte aber Napoleon III. unter der Drohung des Deutschen Bundes den Krieg beendet.

Bebel machte sich 1864 in Leipzig als Drechslermeister selbständig. Er wurde bald Funktionär eines liberalen Arbeiterbildungsvereins, lehnte aber eine dort auftretende sozialistische Opposition ab. Er wollte um diese Zeit nicht einmal das allgemeine Wahlrecht. Die Opposition gründete dann einen eigenen politischen Verein "Vorwärts". Mit Lassalles Allgemeinem Deutschen Arbeiterverein wollte Bebel nichts zu tun haben und lehnte auch eine Berufung in das Gründungskomitee ab. Er hörte Lassalle reden und erfuhr hier einiges über den Sozialismus, wollte sich aber zunächst auf die Bildungsarbeit beschränken.

Mit der zunehmenden Politisierung der Arbeiterbildungsvereine wurde auch Bebel politischer. Als er in liberalem Auftrag die Vermittlung bei einigen Streiks in Sachsen übernahm, lernte er die Liberalen als Arbeitgeber kennen. Sie redeten viel von Menschenrecht und Volkswohl, verweigerten aber den Arbeitern ein paar Pfennige Lohnaufbesserung und primitive soziale Maßnahmen. Bebel, erst fünfundzwanzig Jahre alt und eigentlich selbständiger Unternehmer, begann an den Liberalen zu zweifeln. Da begegnete er Wilhelm Liebknecht, der ihn zum Sozialismus bekehrte.

Liebknecht (1826-1900) war kein Proletarier. Er entstammte einer hessischen Gelehrtenfamilie. Nach Beteiligung am badischen Aufstand von 1848 ging er über die Schweiz, die ihn bald auswies, nach England, wo er ab 1850 zwölf Jahre lang lebte. Er trat dem Bund der Kommunisten bei und pflegte Kontakt mit Marx und

Engels. Von der preußischen Regierung 1862 amnestiert, kehrte Liebknecht nach Deutschland zurück und trat Lassalles Allgemeinem Deutschem Arbeiterverein bei. Drei Jahre später wieder aus Preußen ausgewiesen, ging er nach Leipzig und schloß sich dort dem Arbeiterbildungsverein an, zu dem sich der Bildungsverein Bebels mit der Gruppe "Vorwärts" wieder vereinigt hatte. Liebknecht freundete sich bald mit Bebel an. Er veranlaßte den Drechslermeister zum Studium der Schriften von Lassalle, Marx und Engels. Bebel und Liebknecht traten der I. Internationale bei, von der wir noch sprechen werden. Sie brachten auch den Verband deutscher Arbeitervereine dazu, der Internationale beizutreten. Marx und Engels begrüßten diesen Schritt, denn Lassalles Allgemeiner Deutscher Arbeiterverein schien ihnen unter Schweitzer zu weit nach rechts gegangen zu sein. In Sachsen entstand um diese Zeit die Sächsische Volkspartei, die linksliberal war, aber auch die "Hebung des Arbeiterstandes" im Programm hatte. Im Jahre 1867 wurden Bebel und Liebknecht für diese Partei in den Norddeutschen Reichstag gewählt.

Die "Eisenacher" und die Lassalleaner

Die unter dem Einfluß Bebels stehenden Arbeitervereine traten im Juli 1869 zu einem Kongreß in Eisenach zusammen, wo sie die Sozialistische Deutsche Arbeiterpartei unter der Führung von Bebel und Liebknecht gründeten. Schweitzers Verein protestierte heftig und lieferte den Neugründern ganze Saalschlachten, bei denen Bebel die Hilfe der Polizei anrufen mußte. Doch trat eine Anzahl Unzufriedener aus Schweitzers Verein zu der neuen Partei über. Das Programm der neuen SDAP war marxistisch, enthielt aber noch Lassalles Genossenschaftsforderungen. Der Verband der Arbeitervereine löste sich auf, seine Mitglieder traten der neuen Partei bei. Bebel und Liebknecht vertraten sie nun im Norddeutschen Reichstag. Der Kampf zwischen den "Eisenachern" und den Lassalleanern dauerte zunächst an. Auch Schweitzer war in den Reichstag gewählt worden. Bebel begann hier mit ihm zusammenzuarbeiten, während Liebknecht ein ziemlich dogmatischer Marxist war und den Reichstag nur für eine Kulisse der aristokratischen und kapitalistischen Klassenherrschaft hielt. Bebel zeigte hier mehr Wirklichkeitssinn und versuchte soziale Reformen im Reichstag durchzubringen. Das allgemeine Wahlrecht zu letzterem hatte Bismarck schon 1867 eingeführt.

Krieg und Hochverratsprozeß

Der deutsch-französische Krieg von 1870/71 vertiefte die Gegensätze im sozialistischen Lager. Bei der Bewilligung der Kriegskredite enthielten sich Bebel und Liebknecht der Stimme, während Schweitzer für die Kredite stimmte. Bebel und Liebknecht erklärten sich als grundsätzliche Kriegsgegner, Sozialrepublikaner und Anhänger der Internationale, die ein brüderliches Verhältnis aller Völker wünschte. Doch wollten sie nicht als Freunde Napoleons III. erscheinen; deshalb stimmten sie auch nicht gegen die Kredite.

Die Frage der Haltung zu Krieg, Militär und Rüstungen zieht sich seither wie ein roter Faden durch die Geschichte der sozialistischen Parteien. Die Probleme von 1914 waren schon 1870 gegeben. In dem Konflikt zwischen Patriotismus und international-sozialistischen Prinzipien standen beide Male die Parteimitglieder und -wähler überwiegend auf der Seite des Patriotismus; es handelte sich nicht um einen "Umfall" der Parteiführung entgegen dem Willen der Anhänger, eher umgekehrt. Liebknecht wollte übrigens gegen die Kriegskredite stimmen, aber Bebel, der sich ja nicht lange vorher freiwillig in einem Krieg gegen Napoleon III. zum Heer gemeldet hatte, wollte nicht so weit gehen und setzte Stimmenthaltung durch. Der sozialistische Parteiausschuß erließ vaterländische Erklärungen und verwarf die ablehnende Haltung des von Liebknecht herausgegebenen Parteiblatts zum Kriege. Dagegen waren Schweitzers Anhänger hell kriegsbegeistert. Schweitzer zog sich 1871 aus der Politik zurück. Marx und Engels hatten den Krieg gegen Napoleon III. gebilligt.

Nach dem Sturz Napoleons III. stellten sich Bebel und Liebknecht im Reichstag gegen die Fortsetzung des Kriegs und gegen die Annexion Elsaß-Lothringens. Die preußische Regierung ließ den Parteiausschuß verhaften, die sächsische Regierung tat dasselbe mit Bebel und Liebknecht, deren Immunität der Reichstag aufhob. Am 3. März 1871 wurde Bebel wieder in den neuen Reichstag, den ersten des neuen Reiches, gewählt und kehrte aus dem Gefängnis ins Parlament zurück. Hier sollte seines Bleibens zunächst nicht lange sein. Er redete radikal, verherrlichte unter dem Gejohle des Reichstags die Pariser Kommune und verkündete, daß noch vor dem Ende des Jahrhunderts der Sozialismus kommen werde.

Die Regierung machte 1872 mit Billigung des Reichstags sowohl Bebel als auch Liebknecht den berühmten Leipziger Hochverratsprozeß. Die Angeklagten benutzten den Gerichtssaal als Tribüne für die Propagierung der sozialistischen Gedanken. Sie hielten ganze Kollegien über den Marxismus ab. Eine bessere Propaganda hätte sich die junge sozialistische Partei gar nicht wünschen können. Der Prozeß wurde juristisch korrekt geführt, die Angeklagten konnten soviel reden, wie sie wollten, und die Presse konnte frei darüber berichten. Das Kaiserreich war immerhin ein verfassungsmäßiger Rechtsstaat. Mit den politischen Prozessen im Dritten Reich und in den kommunistischen Ländern war der Leipziger Prozeß nicht zu vergleichen. Ein dickleibiger Band mit den Protokollen des Leipziger Hochverratsprozesses gehörte bis 1914 zu den grundlegenden Lehrbüchern der sozialdemokratischen Bewegung.

Das Urteil lautete auf zwei Jahre Festung für Bebel und Liebknecht. Das war die mildeste Form der Haft. Bebel benutzte die Festungszeit zum Studium nicht nur der sozialistischen Grundschriften, sondern auch der Werke von Platon, Aristoteles und Machiavelli. Außerdem lernte er Fremdsprachen. Es war ihm willkommen, seine geringe Schulbildung vervollständigen zu können. Bebel wurde 1874 sofort wieder in den Reichstag gewählt, ebenso Liebknecht.

Die Einigung zu Gotha

Während der Festungshaft der Führer hatten die "Eisenacher" mit dem lassalleanischen ADAV erfolgreich über eine Vereinigung verhandelt. Am 22. Mai 1875 vereinigten sich die beiden Gruppen in Gotha zur Sozialistischen Arbeiterpartei Deutschlands unter dem Vorsitz Bebels. Liebknecht übernahm die Redaktion des Parteiblatts "Der Sozialdemokrat". Bis zu seinem Tode im Jahre 1900 saß er ebenso wie Bebel, der ihn um 13 Jahre überlebte, im Reichstag. Das Gothaer Programm war der Lage der Sache nach ein Kompromiß zwischen Marxismus und Lassalleanismus. In der Theorie überwog der erstere, in der Praxis der letztere; so blieb es auch in der weiteren Geschichte der Partei. Marx schickte von fern eine scharfe Kritik des Programms, das ihm in wesentlichen Punkten von seiner Lehre abzuweichen schien. Seltsamerweise erschien er nicht auf dem historischen Parteitag. Er kam nur einmal kurz nach Deutschland und einmal zu einem Vortrag nach Wien. Sonst versuchte er zusammen mit Engels die Entwicklung von London aus zu dirigieren. Bebel suchte Marx zu beschwichtigen; im übrigen ließ er sich von den Londoner "Alten" nicht viel hineinreden.

Erst fünfunddreißig Jahre alt, war Bebel nun ein umjubelter Volksführer, der Lassalles Andenken rasch in den Schatten stellte. Bei den Reichstagswahlen von 1877 erhielt die sozialistische Partei, deren Anhänger sich meist schon Sozialdemokraten nannten, eine halbe Million Stimmen und zog mit 13 Abgeordneten in den Reichstag ein. Der marxistische Geschichtsmythos übte eine Anziehung aus wie keine der utopistischen Ideen zuvor. Der historische Determinismus verlieh den marxistischen Sozialisten, Bebel voran, ungeheure innere Sicherheit. Sie waren des baldigen Sieges "wissenschaftlich" sicher. "Es sind wenige hier im Saal", rief Bebel bei einer Versammlung aus, "die das Kommen des Sozialismus nicht erleben werden!"

Die Bewegung ergriff immer mehr die Massen. Der "Marschtritt der Arbeiterbataillone" – das Wort stammte von Lassalle – dröhnte durch die Straßen. Besonders machtvoll war der Aufmarsch im Frühjahr 1878 beim Begräbnis zweier verdienter Genossen in Berlin. Im Reichstag brachte die sozialistische Partei erfolglos eine Reihe sozialpolitischer Gesetze ein: Neunstundentag, Verbot der Sonntags- und Nachtarbeit, Mutterschutz, Lehrlingsschutz, Gewerbegerichte. Bismarck, nun längst zum Feind der Sozialisten geworden, griff zur Repression. Immer mehr Sozialisten kamen unter politischen Anschuldigungen ins Gefängnis, auch Bebel mußte wegen "Beleidigung des Reichskanzlers" und Herabsetzung der Armee wieder ein halbes Jahr in Haft.

Bismarcks Sozialistengesetz

Zwei von Anarchisten verübte Attentate auf Kaiser Wilhelm I. boten Bismarck willkommenen Anlaß, die sozialistische Partei zu verbieten. Er wußte gut um die Ablehnung von Anarchismus und Attentaten durch die Partei Bebels, die ihre Empörung über die Attentate kundgab. Marx verwarf den "individuellen Terror" durch Morde und setzte auf den organisierten Klassenkampf der Massen. Die Sozialdemokratie lag um diese Zeit in ständigem Kampf mit den Anarchisten, auch wenn manche von diesen sich Sozialdemokraten nannten. Bismarck warf ohne Zögern Sozialdemokraten, Kommunisten und Anarchisten in einen Topf. Der Widerhall war groß; die Sozialdemokratie mußte sich "Partei der Kaisermörder" nennen lassen.

Das "Sozialistengesetz" ging im Reichstag mit 221 gegen 149 Stimmen durch. Es hieß "Gesetz gegen die gemeingefährlichen Bestrebungen der Sozialdemokratie" und verbot jede politische Betätigung im Sinne der Sozialdemokratie, des Kommunismus und Anarchismus. Bismarck hatte zur Ausnutzung der Gelegenheit 1878 noch einmal Wahlen abhalten lassen, die unter der aufgepeitschten antisozialistischen Stimmung die Zahl der sozialdemokratischen Mandate auf neun reduzierten. Die Stimmenzahl betrug noch 437 000, aber da es noch kein Verhältniswahlrecht gab, wirkte sich dies weniger aus.

Vergeblich hielt Bebel im Reichstag eine fulminante Rede gegen das Gesetz und erinnerte Bismarck an seinen Flirt mit Lassalle, den der Kanzler sofort bagatellisierte. Er habe sich mit Lassalle nur des geistreichen Plauderns wegen unterhalten und würde auch gern mit Bebel privat sprechen, um zu hören, wie sich die Herren Bebel und Genossen eigentlich ihren Zukunftsstaat vorstellten. Darüber hatten Marx und Engels bekanntlich wenig gesagt.

Die Parteiorganisationen wurden aufgelöst, die sozialdemokratische Presse fast vollständig verboten, die Anhänger in Massen verfolgt und ins Gefängnis geworfen. Parteitage konnten nur in der Schweiz stattfinden, wohin auch das Parteiblatt unter der Redaktion von Eduard Bernstein verlegt wurde. Bebel ließ aus dem Gothaer Programm den Artikel streichen, der den Kampf auf gesetzliche Mittel beschränkte – nicht etwa, weil er nun für Attentate und Aufstände gewesen wäre, sondern weil illegale Handlungen wie heimliche Schriftenverteilung und Aufrechterhaltung geheimer Gruppen unerläßlich geworden waren.

Unter den Arbeitern führte das Sozialistengesetz zu einer Radikalisierung. Der Marxismus in seinen revolutionären Aspekten verbreitete sich immer mehr, die illegalen marxistischen Broschüren wurden wie heilige Schriften gelesen. Bebel wollte aber keine revolutionäre Politik; er wandte sich gegen den "Flinten- und Barrikadenschnickschnack" und strebte die Wiederherstellung der Parteilegalität mit legalen Mitteln an. Marx und Engels zürnten in London. War die Sozialdemokratie nicht zu zahm geworden? Bebel und Bernstein fuhren 1880 nach London, um die beiden "Alten" zu besänftigen. Marx sprach seine Hochachtung für Bebel aus. Die deutsche Sozialdemokratie hatte jedoch unter dem Sozialistengesetz zwölf Jahre Unterdrückung zu erdulden. Dann kehrte sie wesentlich gestärkt wieder. Vergeblich hatte Bismarck versucht, ihr durch Anfänge einer sozialen Gesetzgebung den Wind aus den Segeln zu nehmen. Ehe wir uns der weiteren Entwicklung unter dem Sozialistengesetz und nachher zuwenden, wollen wir auf zwei schon erwähnte, aber noch nicht eingehend beschriebene Erscheinungen zurückblenden: die I. Internationale und den Anarchismus.

6. KAPITEL

Die I. Internationale

Die I. Internationale (Internationale Arbeiter-Assoziation) wurde nicht von Marx gegründet, obwohl er eine große Rolle in ihr spielte. Die erste Hälfte der sechziger Jahre des 19. Jahrhunderts war von weltpolitischen Ereignissen erfüllt, die auch die englischen Arbeiter erregten, die nach dem Ende des Chartismus in politische Apathie verfallen waren. Der Chartismus hatte Sympathie mit freiheitlichen Bewegungen in der ganzen Welt in seinem Programm gehabt. Das Erbe dieser Lehre wirkte fort, als der amerikanische Bürgerkrieg, der polnische Aufstand von 1863 und Garibaldis Aktionen in Italien die Welt in Atem hielten. Englische Gewerkschaftsführer wußten den Kampf für das allgemeine Wahlrecht in ihrem Lande mit den internationalen Freiheitskämpfen zu verbinden; es kam zu Versammlungen und Demonstrationen für die amerikanischen Nordstaaten, die Polen und Italiener.

Auch die französischen Arbeiter und ihre Führer zeigten Sympathie für die Freiheitskämpfer in der Welt. Französische Gewerkschaftsführer benutzten eine internationale Ausstellung in London im Jahre 1862, um das englische Gewerkschaftswesen näher kennen zu lernen. Im folgenden Jahr vertieften sich diese Beziehungen und im Jahre 1864 wurde beschlossen, eine Internationale Arbeiter-Assoziation zu gründen. Die englischen Gewerkschaftsführer Odger, Cremer und Applegarth luden alle Arbeitervereine Londons zur Teilnahme an der Gründungsversammlung am 28. September 1864 ein; sie konnten Gäste oder Sprecher entsenden. Alte Chartisten und Owenisten erschienen zahlreich. Auch Karl Marx war unter den Eingeladenen. Er riß durch seine berühmte Eröffnungsansprache (die "Inaugural-Adresse") sogleich die geistige Führung an sich. Sein Satzungsentwurf wurde einstimmig angenommen.

Die Eröffnungsansprache und die Satzung knüpften in Sprache und Inhalt an den Chartismus an, den Marx auf diesem Wege wiederzubeleben hoffte. Es war einer seiner wenigen und erfolglosen Versuche, in die englische Politik einzugreifen. Er war in der Arbeiterbewegung schon bekannt und angesehen, aber doch dem Vorurteil der Engländer gegen Ausländer ausgesetzt. Seine Theorien, von denen erst ein Teil in englischer Sprache vorlag, waren den zum Pragmatismus neigenden Engländern zu abstrakt, während er umgekehrt den englischen Arbeitern ihren Mangel an Theorie vorwarf.

In der Eröffnungsansprache versuchte Marx durch Ziffern zu beweisen, daß trotz des gewaltigen Wachstums der englischen Wirtschaft die Lage der Arbeiter unverändert schlecht geblieben war; sie hatten keinen Anteil am Fortschritt erhalten. Immerhin hatten die Chartisten den Zehnstundentag und einige andere Sozialreformen durchgesetzt. Das war nach Marx ein Sieg der Wirtschaftslehre der Arbeiterklasse über jene des Bürgertums. Auch die von Owen inspirierten Genossenschaften waren ein Erfolg der Arbeiter; sie zeigten, daß es auch ohne Kapitalisten ging. Aber diese Erfolge hatten nur begrenzte Wirkung auf die Gesamtsituation der Arbeiter. Marx erklärte es zur hauptsächlichen Aufgabe der Arbeiter, die politische Macht im Staate zu erringen, um ihre Interessen auf der ganzen Linie durchzusetzen. Das erforderte Wissen und Organisation, und es erforderte internationale Zusammenarbeit. Die Arbeiter sollten sich für die auswärtige Politik interessieren und für friedliche, brüderliche Beziehungen zwischen den Völkern sorgen. "Arbeiter aller Länder, vereinigt euch!"

Auf die Rede von Marx folgte die offizielle Konstituierung der Internationalen Arbeiter-Assoziation. Die Satzung zeigte marxistischen Geist. Der Inhalt war: Die Befreiung der Arbeiterklasse muß das Werk der Arbeiterklasse selbst sein. Der Kampf gilt keiner neuen Klassenherrschaft, sondern der Aufhebung der Klassenherrschaft überhaupt. Die Abhängigkeit des Arbeiters von den Besitzern der Produktionsmittel ist eine Form der Sklaverei, die abgeschafft werden muß. Das kann nur im internationalen Rahmen geschehen. Marx riet den Arbeitern, eigene Parteien zu gründen, im Parlament auf soziale Verbesserungen zu dringen, jeder auf Krieg gerichteten

Außenpolitik entgegenzutreten und sich auf den Klassenkampf zu konzentrieren.

Innere Kämpfe in der Internationale

Die Praxis der Internationale entsprach nicht dem brausenden Beifall, der die Rede von Marx begleitet hatte. Die Internationale existierte nur wenige Jahre. Sie hielt insgesamt sechs satzungsgemäße Jahrestagungen ab (London 1865, Genf 1866, Lausanne 1867, Brüssel 1868, Bern 1869 und Den Haag 1872), deren letzte praktisch ihre Auflösung brachte. Die Tagungen waren von Kämpfen zwischen Marxisten, Owenisten, Proudhonisten und besonders Anarchisten erfüllt. Die englischen Gewerkschaften, die das Ganze begonnen hatten, zogen sich bald zurück, nachdem sie 1867 mit der Einführung des allgemeinen Wahlrechts in England durch den konservativen Premierminister Disraeli ihr Hauptziel erreicht hatten. Zwar behielten die Engländer die Mehrheit im Generalrat der Internationale, aber sie spielten mehr die Rolle bloßer Beobachter.

Die erste Internationale bestand nicht, wie die ihr später folgende zweite, aus sozialistischen Parteien der einzelnen Länder. Sowohl Vereine als auch Einzelpersonen konnten Mitglieder werden. Arbeitervereine aus Frankreich, Deutschland, Italien, Belgien, Rußland und der Schweiz waren der Internationale angeschlossen; die politischen wie nationalen Gegensätze waren groß. Insgesamt hatte die I. Internationale 4000 Mitglieder.

Nach außen übte die Internationale kaum einen nennenswerten politischen Einfluß aus. Sie war hauptsächlich mit ihren inneren Auseinandersetzungen beschäftigt. Marx, die Deutschen und die Engländer waren für Parteibildung und parlamentarische Aktion, während Russen, Italiener und Spanier revolutionäre Aktionen und Geheimbünde vorzogen. Die von Proudhon geführten Franzosen wollten keine parlamentarische Politik, sondern Selbsthilfe durch Genossenschaften und Volksbanken. Die Italiener waren an die Verschwörungstaktik der *Carbonari* gewöhnt. Die Russen unter Bakunin waren für eine Politik der Gewalt. Von Bakunin sprechen wir noch in dem Kapitel über den Anarchismus. Er war der Hauptgegner von Marx, den er einen autoritären Deutschen nannte. Gegenseitige Beschimpfungen und Verdächtigungen nahmen zu, die Internationale bröckelte schnell ab. Die Kriege während ihrer kurzen Lebenszeit konnte sie nicht verhindern. Im Jahre 1872 ließ Marx die Anarchisten aus der Internationale ausschließen und verlegte den Sitz der Rumpforganisation nach New York, was praktisch einer Auflösung gleichkam. Vier Jahre später übersiedelte das Büro nach Philadelphia und die Internationale löste sich auch formell auf.

Die letzte Rede von Marx in der Internationale war seine Verherrlichung der Pariser Kommune von 1871 vor dem Generalrat. Er schrieb ihr mehr Sozialismus, besonders Arbeitersozialismus zu, als sie verkörpert hatte. In der sozialistischen Legende lebt die Kommune dank Marxens Rede als großes geschichtliches Ereignis fort; namentlich die Kommunisten sehen in ihr ein Vorbild der proletarischen Demokratie. Marx beschäftigte sich mehr mit den an den Kommunarden verübten Greueltaten als mit den von ihnen verübten. Die Deutschen, die Paris umstellt hielten, griffen in die Vorgänge nicht ein; die Kommune wurde von französischen Regierungstruppen niedergeworfen. Jedenfalls blieb die Kommune ein Lokalereignis.

Im Jahre der Kommune (1871) schrieb E. Pottier die "Internationale", die das Lied der internationalen sozialistischen Bewegung werden sollte. Das Lied wurde in allen sozialistischen Liederbüchern der Welt in allen Sprachen verbreitet.

Hier die ersten zwei Strophen mit dem berühmten Kehrreim:

> Wacht auf, Verdammte dieser Erde,
> Die stets man noch zum Hungern zwingt!
> Das Recht, wie Glut im Kraterherde,
> Nun mit Macht zum Durchbruch dringt.
> Reinen Tisch macht mit den Bedrängern!
> Heer der Sklaven, wache auf!
> Ein Nichts zu sein, tragt es nicht länger,
> Alles zu werden, strömt zuhauf!
>
> Es rettet uns kein höh'res Wesen,
> Kein Gott, kein Kaiser noch Tribun.
> Uns aus dem Elend zu erlösen,
> Das können wir nur selber tun.
> Leeres Wort von des Armen Rechte,
> Leeres Wort von des Reichen Pflicht!
> Unmündig nennt man uns und Knechte,
> Duldet die Schmach nun länger nicht!

Völker, hört die Signale!
Auf zum letzten Gefecht!
Die Internationale
Erkämpft das Menschenrecht!

Debout, les damnés de la terre... Arisc, ye starvelings, from your slumber... Wstawáj, prokljátjem saklemjónnij... Wyklęty powstań ludu ziemi... Arriba los pobres del mundo... Compagni, avanti, il gran partito...

So klang es überall aus Millionen Kehlen. Keine sozialistische Versammlung, die nicht mit dem Gesang der Internationale schloß. Und doch sollte die Internationale nur eine Idee bleiben.

7. KAPITEL

Der Anarchismus

Der Anarchismus war im 19. Jahrhundert die radikalste Richtung des Sozialismus. Schon einige der Utopisten und ihrer Vorläufer hatten als gesellschaftliches Ideal die Aufhebung der Staatsgewalt, die "Anarchia", die Herrschaftslosigkeit hingestellt. Alle Staatsformen, ob Monarchie, Republik oder Staatssozialismus, haben gemeinsame Merkmale: Zwangsgewalt, Gesetze, Polizei, Gerichte, Gefängnisse, Militär. Bei gerechter Wirtschaftsorganisation werden alle diese Einrichtungen nach anarchistischer Ansicht überflüssig. An die Stelle der Zwangsgemeinschaft im Staat soll die freie Vereinigung von Personen und Gruppen treten. Der moralische Zwang wird genügen, um gerechte Zusammenarbeit und Güterverteilung, Einhaltung freiwillig geschlossener Verträge und Unterlassung von Vergehen zu sichern. Mit der Beseitigung der sozialen Ursachen von Vergehen, Verbrechen und Kriegen werden auch diese Übel verschwinden.

Theoretisch ist die Anarchie, die hier einen positiven Beiklang erhält, das Endziel aller Sozialisten. Auch Marx sagte, daß nach Einführung des Sozialismus die Staatsgewalt absterben wird. Sie dient nach seiner Ansicht nur der Aufrechterhaltung einer Klassenherrschaft; verschwindet die Klassenherrschaft, verschwindet auch die Staatsgewalt. Marx und seine Anhänger lagen im vorigen Jahrhundert in ständigem Kampf mit den Anarchisten. Schon aus Konkurrenzgründen mußten sie sich deren Endziel zueigen machen, aber wahrscheinlich haben sie dessen Erreichung in einer fernen Zukunft tatsächlich für wünschenswert und möglich gehalten. Noch Lenin sagte im Jahre 1917: "In der Frage des Absterbens des Staates gehen wir mit den Anarchisten gar nicht auseinander." Als Abschlagszahlung darauf errichtete er eine Staatsdiktatur von nie gesehenen Ausmaßen, die bis heute nichts von einem Absterben erkennen läßt. Selbst Stalin, der Inbegriff der Tyrannei, sprach von der Aufhebung der Staatsgewalt als Endziel des Kommunismus.

Nach ihrer Zielsetzung lassen sich die anarchistischen Richtungen in individualistische und sozialistische einteilen, nach ihren Methoden in revolutionäre und friedliche. Politische Bedeutung erlangten nur die revolutionären und sozialistischen Richtungen. Einen Anarchismus im Sinne der völligen Auflösung jeder gesellschaftlichen Ordnung hat es nicht gegeben. Auch die anarchistische Gesellschaft ist geordnet, aber auf Grundlage der Freiwilligkeit. Sie ist keine "Anarchie" im üblichen negativen Sinne des Wortes.

Max Stirner

Der einzige Vertreter eines individualistischen Anarchismus ist Max Stirner, der um 1840 das Buch *Der Einzige und sein Eigentum* schrieb. Sein wirklicher Name war Kaspar Schmidt; er war Lehrer an einer Mädchenschule. Er wählte ein Pseudonym, weil man seine Anschauungen kaum für vereinbar mit seiner beruflichen Position gehalten hätte. Das Buch macht einen verrückten Eindruck, hat aber mehr Einfluß ausgeübt, als man gedacht hätte. Marx widmete ihm eine beißende Kritik unter dem Titel *Sankt Max*. Stirner betont die Vorrangstellung des Individuums gegenüber der Gesellschaft. Das ist zwar privat die Meinung vieler Individuen, aber das Prinzip offen zu äußern, hat selten jemand gewagt. Jeder Mensch ist bei Stirner ein einzigartiges Ich, ein "Einziger", und grundsätzlich amoralisch. Gedanken wie Gerechtigkeit, Moral oder Staat sind prinzipiell abzulehnen. Es gibt keine "gute Sache", für die der "Einzige" sich etwa einzusetzen hätte: "Ich bin ja selber Meine Sache, und Ich bin weder gut noch böse." Stirner schrieb "Ich" und "Mein" stets groß, wie es sonst nur Monarchen taten. Jeder "Einzige" ist nur für sich selbst da, und sein Eigentum ist heilig.

Deshalb verwarf Stirner den Sozialismus und griff auch Proudhon, der als einer der Väter des Anarchismus gilt, wegen seiner grundsätzlich altruistischen Einstellung an. Stirners Anarchismus – er gehörte keiner Partei an – besteht nicht in einer Verwerfung jeglicher Gesellschaft; er weiß, daß der Mensch nicht allein auf der Welt ist. Aber die Gesellschaft ist nur ein "Verein von Egoisten", von lauter "Einzigen", die sich zwecks Wahrung ihrer individuellen Interessen zusammenschließen. Der Anarchismus Stirners besteht darin, daß er für diesen Zweck eine Staatsgewalt für überflüssig hält; der "Verein" kann sich durch den Ausgleich der Egoismen ohne Zwang regeln. Auch Hobbes, der englische Philosoph des Absolutismus, hatte anderthalb Jahrhunderte vorher gelehrt, daß die Gesellschaft nur ein Verein von Egoisten sei, aber eben deshalb eine absolute Staatsgewalt, seinen berühmten "Leviathan", für nötig gehalten, um Ausschreitungen des Egoismus zu verhindern. Stirner zog die entgegengesetzte Folgerung und kam dadurch in die Nähe des radikalen Liberalismus, obwohl er auch die Liberalen angriff.

Das Merkwürdige ist, daß Stirner trotzdem ein Sozialkritiker war. Er setzte sich für Gewerkschaften und Genossenschaften ein, wieder nur aus utilitaristisch-egoistischen Gründen. Schließlich hätte ihm als "Einzigem" das Los der Arbeiter gleichgültig sein können; plötzlich aber trat der "Einzige" für eine fremde "gute" Sache ein. Er widersprach sich also selbst. Politisch hatte Stirners Buch kaum Wirkung, weder bei Liberalen noch Sozialisten oder Anarchisten. Dagegen hatte er philosophischen Einfluß, vor allem auf Nietzsche, der den Ausdruck "jenseits von gut und böse" hier bezogen haben dürfte und dessen amoralischer Übermensch deutlich Stirnersche Züge trägt. Von Nietzsche beeinflußte moderne Diktatoren wie Hitler und Mussolini, die ihre eigene Persönlichkeit für wichtiger hielten als das Leben von Millionen, handelten als "Einzige" im Sinne Stirners. Den Einfluß Stirners will man auch bei neueren Denkern wie Camus und Sartre erkennen.

Von Proudhon haben wir früher schon gesprochen. Obwohl er die Beseitigung der Staatsgewalt anstrebte, ließ er sich nicht gern einen Anarchisten nennen. Er näherte sich insofern einem individualistischen Anarchismus, als er eine freie, staatlose Gesellschaft von Kleineigentümern anzielte. Ungeachtet seiner früheren revolutionären Schriften muß man ihn, wenn man ihn überhaupt einen Anarchisten nennen kann, der friedlichen Richtung des Anarchismus zurechnen. In seinen reiferen Jahren vertrat er den Gedanken einer staatsähnlichen Föderation kleiner, sich selbst verwaltender Gebiete. Marx sah in ihm, wie übrigens auch in Stirner, nur einen "Kleinbürger". Die Anarchisten beriefen sich jedoch gern auf Proudhon, weil er die Gefahr des Despotismus im Staatssozialismus erkannt hatte. Diese sollte auch weiter ihr Thema bleiben.

Als der eigentliche Vater des politischen Anarchismus gilt Michael Bakunin (1814-1876), ein russischer Adliger und ursprünglich Offizier. Er verließ den Militärdienst anfangs der vierziger Jahre und ging nach Paris, wo ihn Marx, Proudhon und Weitling beeinflußten. Er wurde Revolutionär, wobei er revolutionäre Gedanken mit panslawistischen verknüpfte. Er hoffte auf die Vernichtung der russischen und der österreichischen Monarchie; aus den Völkern Rußlands und den slawischen Völkern Österreichs wollte er eine allslawische revolutionäre Föderation bilden. Der Kommunismus hat diesen Gedanken in veränderter Form im folgenden Jahrhundert verwirklicht. Bakunin war ein echter Russe seiner Zeit. Der Panslawismus war schon immer mit Ideen der Weltbeglückung verbunden gewesen. Vom Nationalismus waren die internationalen Revolutionäre nie frei. Bei Bakunin trat das russische nationale Motiv immer wieder hervor, er fand Marx "zu deutsch" und "typisch deutsch". Marx wieder äußerte sich privat verächtlich über die slawischen Völker.

Bakunin beteiligte sich 1849 am Dresdner Aufstand, wurde verhaftet und nach Rußland ausgeliefert. Er mußte mehrere Jahre in der Peter-Paul-Festung verbringen wie mancher andere russische Revolutionär; dann kam er durch eine unterwürfige "Beichte" an den Zaren frei, wurde aber nach Sibirien verbannt. Erst 1861 konnte er nach Westeuropa entfliehen. Er beteiligte sich an der I. Internationale, gründete aber eine eigene "Internationale sozialdemokratische Allianz", die in Frankreich, Italien, Spanien und Rußland Aufstände organisierte, die sämtlich erfolglos blieben. In der Schweiz war Bakunins Organisation die anarchistische Jura-Föderation. Wie schon früher erwähnt, nannten sich auch die Anarchisten um diese Zeit oft Sozialdemokraten; so gab sich der Berner sozialdemokratische Verein 1876 ein anarchistisches Programm. In der Phraseologie waren sozialdemokratische und anarchistische Publikationen kaum zu unterscheiden.

Im Ziel wie in der Methode stand Bakunin, der über eine relativ zahlreiche Gefolgschaft verfügte, Marx diametral gegenüber. Marx wollte einen Staatssozialismus unter Herrschaft des Proletariats. Das lehnte Bakunin mit allen Anarchisten ab; er sagte richtig voraus, daß das nur zu einer neuen Tyrannei führen würde. Er wollte den Staat sofort auflösen und das Eigentum an den Produktionsmitteln an kleine örtliche Verbände übertragen, die sich zu einer lockeren Föderation vereinigen sollten, ohne eine Regierung oder sonstige Zwangsgewalt zu schaffen. In der Methode setzte Bakunin auf örtliche Aufstände revolutionärer Geheimbünde. In Rußland war eine andere Methode damals nicht möglich; der russische Emigrant übertrug sie auf westeuropäische Verhältnisse, wo um diese Zeit die frühere Geheimbündelei der offenen Organisations- und Parteibildung zu weichen begann. Die Arbeitermassen waren für Bakunin nur eine Gefolgschaft, die elitären Berufsrevolutionären zu gehorchen hatte. Seine Grundbegriffe waren "Elite" und "Avantgarde". Bei Lenin werden wir ein halbes Jahrhundert später diese Prinzipien wiederfinden, wenn auch durch eine betonte Massenanbetung getarnt. Bakunin lehnte Teilnahme an Wahlen oder parlamentarische Arbeit grundsätzlich ab.

Auf Bakunin geht die Identifizierung des Anarchismus mit Morden und anderen Gewalttaten zurück. In Genf arbeitete Bakunin 1869 zusammen mit einem anderen russischen Anarchisten namens Netschajew den *Katechismus eines Revolutionärs* aus, ein Handbuch des revolutionären Machiavellismus. Der Revolutionär hat völlig skrupellos zu sein. Im Interesse der Revolution ist alles gestattet. Recht und Moral sind belanglos, denn sie sind immer nur Recht und Moral der herrschenden Klasse. Der Zweck heiligt die Mittel (was andere vorher ebenfalls schon gesagt hatten, und zwar nicht nur Revolutionäre), weshalb der Revolutionär nicht vor Lüge, Treubruch und Mord zurückzuschrecken braucht.

Netschajew verkündete mit Billigung Bakunins die "Propaganda der Tat". Die Ermordung von Staatsoberhäuptern, Bombenanschläge auf öffentliche Gebäude u.dgl. seien die besten Mittel zur Herbeiführung der Revolution. Sie würden die Massen aufrütteln und Aufstände auslösen. Dieser Anweisung folgend ermordeten Anarchisten aus verschiedenen Ländern – der Anarchismus war eine internationale Bewegung – den Zaren Alexander III. von Rußland, den König Humbert I. von Italien, die Kaiserin Elisabeth von Österreich, den französischen Präsidenten Carnot und den amerikanischen Präsidenten McKinley (1898). Auch die beiden Attentate auf Kaiser Wilhelm I., die Bismarck die Handhabe zum Sozialistengesetz boten, wurden von Anarchisten durchgeführt. "Anarchist" wurde damals ein Schreckenswort. Die Attentate waren sinnlos, der erwartete revolutionäre Effekt blieb aus. Die Sozialdemokraten verwarfen die anarchistischen Untaten in schärfster Weise. Die Arbeitermassen teilten ihren Standpunkt. Die Ermordung irgendeines Staatsoberhauptes oder hohen Funktionärs ändert nichts an der Klassenlage, hatte Marx gesagt; an die Stelle des Ermordeten trat ein anderer, das System blieb unverändert. Der Anarchismus dieses Typs beschränkte sich weiter auf kleine geheime Grüppchen und erlosch zu Anfang des 20. Jahrhunderts.

Er hat aber seine Spuren hinterlassen. Der Machiavellismus der heutigen Kommunisten ist das Erbe Bakunins, den sie als Anarchisten im übrigen ablehnen. Die *Netschajewschtschina*, der Netschajewismus, wird offiziell verworfen, praktisch aber ist sie in der kommunistischen Politik nur zu oft angewendet worden. Auch sonst sind manche Prinzipien Bakunins, seine Gewaltverherrlichung und sein russischer Nationalismus unter der marxistischen Hülle in Rußland zu erkennen. Nur sein anarchistisches Freiheitsprinzip wird nicht übernommen; der Bolschewismus ist genau der despotische Staatssozialismus, den Bakunin befürchtete und bekämpfte. Wie alle Marxisten verwerfen jedoch die Kommunisten den "individuellen Terror" als Mittel der Revolution und erwarten diese nur vom Klassenkampf der Massen (unter der elitären Führung durch die kommunistische Partei). Es ist bis heute unsinnig, die Kommunisten mit Attentaten oder mit Anschlägen wie dem Reichstagsbrand von 1933 in Verbindung zu bringen. Individuellen Terror haben sie nur gegen emigrierte Abtrünnige der eigenen Partei angewandt; einmal entführten sie auch einen emigrierten gegenrevolutionären Zarengeneral aus Frankreich. Sonst lebt sich ihr Terrorbedarf nur im sowjetischen Inland aus, dies in gerichtlicher Maske.

Die Anarchisten Bakunins führten nicht die rote Fahne der Marxisten, sondern eine schwarze Fahne. Netschajew starb später in einem russischen Gefängnis. Bakunin schrieb zahlreiche Bücher und Broschüren, darunter *Staat und Anarchie* und *Gott und Staat* (mit der Losung "Weder Gott noch Staat"). In der Kritik des Kapitalismus stimmte Bakunin mit Marx überein, in allen anderen Punkten war er sein heftigster Gegner. Der Kampf zwischen Marx und Bakunin bildete den Hauptinhalt der Tagungen der I. Internationale;

beide zusammen bekämpften Proudhon, von dem Bakunin im übrigen manches übernahm (auch von Blanqui). Mit dem Ausschluß der Anarchisten aus der Internationale zerfiel diese, wie schon dargestellt. Auch Bakunins "Internationale sozialdemokratische Allianz" war kurzlebig.

Bakunin eilte überallhin, wo es einen Aufstand gab, zuletzt noch nach Bologna 1874. Er starb 1876 in Bern, enttäuscht über die Massen, die "nicht für ihre eigene Befreiung zu begeistern" waren. Bakunin war Voluntarist; den historischen Determinismus und Materialismus von Marx und Engels lehnte er ab. Seine Lehren inspirierten den Syndikalismus oder Anarchosyndikalismus, dessen Anhänger ihn bis in die neueste Zeit hinein verehrten. Über diese Massenbewegung, die besonders in Frankreich und Spanien eine Rolle spielte, vgl. 9. Kapitel.

Die "Propaganda der Tat" durch Bombenexplosionen u. dgl. ist in neuester Zeit auch im Rahmen nationaler Kämpfe wieder aufgegriffen worden, z.B. von Iren und Südtirolern. Als Mittel sozialer Revolution wenden deutsche und französische "Terroristen" neuerdings wieder Morde und Bombenanschläge an, wobei sich die Morde mehr gegen Wirtschaftspersönlichkeiten und die Anschläge auf Banken und Kaufhäuser richten. Die Taktik ist anarchistisch, in Frankreich ist auch der anarchistische Ausdruck "direkte Aktion" wieder aufgegriffen worden. Ob die Ziele der Terrorgruppen mit jenen der alten Anarchisten identisch sind, ist unklar, obwohl man sie gern als Anarchisten bezeichnet. Sogenannte autonome Gruppen machen anarchistische Andeutungen, die anderen Gruppen wie "Rote Armee Fraktion" und "Revolutionäre Zellen" bedienen sich einer leninistisch-kommunistischen Phraseologie und werden mit kommunistischen Splittergruppen in Verbindung gebracht. Diese Terrorgruppen finden ebensowenig einen Widerhall unter den Arbeitern wie die Anarchisten des vorigen Jahrhunderts; meist handelt es sich um Intellektuelle, die aus den Studentenunruhen von 1968 hervorgegangen sind. Marx hätte ihre Vorstellung, daß durch Morde an Bank- und Industriedirektoren oder durch Bombenanschläge auf Banken und Kaufhäuser eine sozialistische Revolution hervorgerufen werden könnte, primitiv und absurd gefunden.

Fürst Peter Kropotkin (1842-1921) entstammte dem russischen Hochadel und war wie Bakunin zuerst Offizier. Dann wandte er sich der Wissenschaft zu und wurde ein bedeutender Geograph. Ein Aufenthalt in der Schweiz 1871 machte ihn zum Anhänger Bakunins. Die revolutionäre Propaganda in Rußland, die er danach versuchte, führte zu seiner Verhaftung im Jahre 1874. Nach zwei Jahren konnte er ins Ausland entfliehen. In Genf gab er eine Zeitschrift *La Révolte* heraus. In Frankreich war er mehrfach wegen revolutionärer Agitation im Gefängnis. Schließlich ließ er sich in London nieder. Kropotkin, der zweite führende Theoretiker des Anarchismus, dessen anerkanntes Haupt er nach Bakunins Tod war, mäßigte sich mit der Zeit sichtlich. Er arbeitete hauptsächlich theoretisch und griff wenig in die praktische Politik ein. Mit den anarchistischen Mordtaten ist er kaum in Verbindung zu bringen. Sein bekanntestes Werk sind die *Memoiren eines Revolutionärs* (1889), die in viele Sprachen übersetzt wurden und seine radikalere Periode widerspiegeln. Programmatisch waren seine Schriften *Die Eroberung des Brotes* (1892) und *Landwirtschaft, Fabrik und Werkstatt* (1899). Er schrieb anarchokommunistische Utopien. Hier vertrat er den alten Utopistengedanken von einem System kleiner sozialistischer Gemeinschaften, die möglichst autark und miteinander möglichst lose verbunden sein sollten. Das sollte gesellschaftliche Reibungen ausschließen. Auf den Einwand, daß im Zeitalter der Industrie eine solche kleinbetriebliche Organisation unmöglich ist, gab Kropotkin die Antwort, daß man eben auf die große Industrie aus seelischen Gründen verzichten müsse. Die Industrie beruht auf der Arbeitsteilung, die das größte Übel überhaupt ist. Aus ihr stammen Zwang und Disziplin. Kropotkin forderte die "Arbeitsintegration" in handwerklichen Werkstätten. Auf die Technik sollte nicht ganz verzichtet werden, aber sie sollte sich auf Kleinmaschinen beschränken. Die Werkstätten sind kommunistische Gemeinschaften, es gibt kein Lohnsystem, jeder arbeitet, so gut er kann, und erhält alles, was er wünscht. Die Arbeitszeit soll nur vier bis fünf Stunden täglich betragen. Es gibt weder Staatsgewalt noch Politik. Den Staatssozialismus lehnte Kropotkin wie alle Anarchisten ab.

Auch in Kropotkin brach der nationale Russe bald durch. Den französischen Sozialisten empfahl er schon vor 1914 die Bewilligung der Militärkredite zur Abwehr des "deutschen Imperialismus". Im Ersten Weltkrieg unterstützte er die Sache der Entente. Nach der russischen Revolution von 1917 kehrte Kropotkin nach Rußland zurück, wo er den Demokraten Kerenski gegen Lenin unterstützte. Den diktatorischen Kommunismus verwarf er. Auch nach der Oktoberrevolution blieb Kropotkin in Rußland; er zog sich nach Tiflis zurück, wo ihn die Sowjetregierung seines Ansehens wegen unbehelligt ließ. Er starb 1921, nachdem er noch eine Erklärung in den Westen gesandt hatte, in der er heftig gegen das despotische kommunistische System protestierte und vor seiner Ausbreitung warnte.

Kropotkin hatte Einfluß auf die Siedlungsbewegung, die nach dem Ersten Weltkrieg in kleinerem Umfang von der deutschen Jugendbewegung ausging. Diese sozialistischen Siedlungen ("Melkeimer-Sozialismus") hielten sich nicht lange. Kropotkins Grundsätze waren auch das Leitmotiv der Kibbuz-Siedlungen in Israel, die einen freiheitlichen Genossenschaftssozialismus, verknüpft mit nationalen Prinzipien und Wehrwillen, verwirklichten. Nicht ganz nach Kropotkin beschäftigen manche von ihnen neuerdings auch Lohnarbeiter.

Noch heute gelesen wird Kropotkins biologisch-politisches Werk *Gegenseitige Hilfe in der Tier- und Menschenwelt* (1902), eine Polemik gegen den Darwinismus und die These vom Kampf ums Dasein. Durch Beispiele aus der Herdenbiologie und der Anthropologie wollte Kropotkin die "spontane Solidarität" der Lebewesen gleicher Art beweisen, ebenso durch den Hinweis auf mittelalterliche Einrichtungen und moderne Genossenschaften. Es war die alte sozialistische These von dem ursprünglich gütigen Wesen des Menschen. Kropotkin ließ allerdings Erscheinungen wie Revierverteidigung und Rangordnung unbeachtet, die in der Tierwelt auftreten und eigentlich eher "kapitalistisch" zu deuten sind. Er war nicht der erste, der die Biologie unter Auswahl bestimmter Fakten und Weglassung anderer in der Politik benutzte, von den Darwinisten über die Anarchisten bis zu den Rassisten, jedesmal mit einem anderen Vorzeichen.

Auch der belgische Freund und Fachgenosse Kropotkins, der Geograph Jacques-Elisée Reclus (1830-1905), schrieb eine anarchistische Utopie, in der sogar ewige Freundschaft des Menschen mit den Tieren herrschte. Er war für friedliche Politik und lehnte eine Revolution ab. Die Güte und Vernunft des Menschen werde schon für die richtige Gesellschaft sorgen. Der friedlichste aller Anarchisten war der berühmte russische Schriftsteller Graf Leo Tolstoi (1828-1910). Es ist interessant, daß die drei bedeutendsten russischen Anarchisten Aristokraten waren. Tolstoi hielt Staat und Gesetz für mit dem Christentum unvereinbar. Er verlangte Regierung der Liebe statt des Gesetzes. Jedermann habe die Pflicht und die Möglichkeit einer Gesellschaftsänderung; das Mittel dazu sei nicht die Revolution, sondern der gewaltlose Widerstand. Wenn jeder den Gehorsam gegenüber Behörden und Gerichten, Steuerzahlung und Militärdienst verweigert, bricht die bestehende Ordnung sogleich zusammen. Für sich tat Tolstoi nichts dergleichen, fand auch in Rußland keinen Widerhall. Der Gedanke des gewaltlosen Widerstands wurde jedoch von Gandhi in Indien aufgegriffen und spielte in der indischen Unabhängigkeitsbewegung zumindest eine propagandistische Rolle. Die Zarenregierung nahm Tolstois Schriften für bloße Literatur und ließ den berühmten Romanautor gewähren. Er war auch strenger Vegetarier, weil Tiere nicht getötet werden sollen. Auch die russischen Kommunisten ehren sein Andenken und haben aus seiner Besitzung Jasnaja Poljana eine nationale Gedenkstätte gemacht.

Ein deutscher Anarchist der friedlichen Richtung war Gustav Landauer (1870-1919), der den "seelenlosen" materialistischen Marxismus ablehnte und dafür einen Kommunensozialismus nach Owen und Kropotkin propagierte. Er wollte wie Proudhon eine föderative Staatsform kleiner Gemeinschaften. Er schrieb zwar eine historische Studie über die Revolution, verwarf aber die Gewalt. Nach dem Ersten Weltkrieg rief er in Schriften (*Aufruf zum Sozialismus* und *Stelle dich, Sozialist!*) zu einer sozialistischen Siedlungsbewegung auf. Dann ließ er sich trotz seiner grundsätzlichen Gewaltablehnung in die Münchner Räterepublik von 1919 hineinziehen und war dort Volkskommissar für Bildungswesen. Mit den Greueltaten der Münchner Kommunisten während der Räteherrschaft hatte er nichts zu tun, fiel aber den Gegengreueln der "weißen" Truppen nach der Niederwerfung des Münchner Aufstands zum Opfer.

8. KAPITEL

Der Revisionismus

Die Sozialdemokratie hielt sich in Deutschland auch unter dem Sozialistengesetz, das zunächst nur auf drei Jahre beschlossen worden war, dann aber immer wieder verlängert wurde. Das in der Schweiz gedruckte Parteiblatt wurde regelmäßig mit einer "roten Feldpost" nach Deutschland geschmuggelt. Bei den Wahlen in den achtziger Jahren hielt sich die sozialdemokratische Stimmenzahl um eine halbe Million, die Zahl der Reichstagsabgeordneten um ein Dutzend. Zwischendurch verlor Bebel sein Dresdner Mandat und kam erst über eine Hamburger Nachwahl wieder ins Parlament. Er mußte noch einmal neun Monate ins Gefängnis wegen "Geheimbündelei". Allmählich nahm auch bei den bürgerlichen Parteien die Erkenntnis zu, daß das Sozialistengesetz wenig wirksam war. Die sozialistische Literatur zirkulierte offiziell wie inoffiziell. Bebels Buch *Die Frau und der Sozialismus*, unter der Maske der Frauenemanzipation eine populäre Darstellung des Marxismus, fand große Verbreitung. Bei den Wahlen von 1887 stieg die sozialistische Stimmenzahl auf 763.000, wenn auch die Zahl der Mandate nur 11 betrug, weil es ja kein Verhältniswahlrecht gab. Bei den Wahlen von 1890, noch unter der Geltung des Sozialistengesetzes, schnellte die sozialdemokratische Stimmenzahl auf 1,500.000 empor, die Zahl der Abgeordneten auf 35.

Mit diesem Ergebnis waren die Tage des Sozialistengesetzes gezählt. Der Reichstag lehnte seine Verlängerung ab. Mit Bismarcks Entlassung im gleichen Jahr hörte die Repressionspolitik endgültig auf. Bismarck hatte bis zum Schluß die Verlängerung des Sozialistengesetzes verlangt und soll sogar an noch schärfere Maßnahmen gedacht haben. Der junge Kaiser Wilhelm II. wollte den lästigen alten Mentor aber loswerden; auch wollte er seine Regierung nicht mit Barrikadenkämpfen beginnen, obwohl er die "vaterlandslosen Gesellen", wie er die Sozialisten nannte, nicht minder verabscheute als der alte Kanzler. Bismarck, in der Außenpolitik immer noch Meister, war in der Innenpolitik starrsinnig geworden. Er versuchte die vom Kaiser begünstigte internationale Konferenz für Sozialpolitik zu hintertreiben und wollte unsoziale Einrichtungen wie den Zehnstundentag und die Kinderarbeit beibehalten. Er sagte, man dürfe dem Arbeiter nicht verwehren, durch längere Arbeit mehr Geld zu verdienen, und auch nicht in seine Vaterrechte bei der Kinderarbeit eingreifen. Der alte Fürst war offenkundig reif für den Ruhestand. Die Sozialdemokratie jubelte über den Sturz ihres Erzfeindes; sie sah keinen Anlaß, sich in die persönliche Tragik des Reichsgründers zu versenken.

Die Partei nahm nun den Namen "*Sozialdemokratische Partei Deutschlands*" (SPD) an. Sie trat in die 1889 gegründete II. Internationale ein, die nur aus den Landesparteien bestand. Bebel blieb Vorsitzender. Die SPD war die größte Partei der Internationale und spielte dort bis 1914 die führende Rolle. Die Internationale beschränkte ihre Tätigkeit praktisch auf Debatten und Resolutionen. Irgendeine Macht erwarb sie nie. Wohl aber zeigten ihre Diskussionen die Veränderung der ideologischen Entwicklung in der sozialistischen Bewegung an.

Bernsteins Bedenken

Die Entwicklung ging in Richtung des Reformismus anstelle einer Revolution. Großen Anteil an dieser Veränderung hatte Eduard Bernstein (1850-1932), der zunächst in Zürich das illegale Parteiblatt redigiert hatte und sich dann mehrere Jahre in England aufhielt. Zusammen mit Bebel hatte er dort Marx und Engels besucht. In England gelangte Bernstein zu einer neuen sozialistischen Perspektive. Der Marxismus war in Marxens Wohnland schwach geblieben, aber in der Gesellschaft der Fabier hatte der Sozialismus ein eigenständiges geistiges Zentrum erworben. Die Fabier lehnten den Marxismus, seine Wirtschaftstheorie und seine Geschichtsmetaphysik ab. Sie orientierten sich nicht an Hegel und Marx, sondern an Bentham, Jevons und J.St. Mill, für damalige Verhältnisse moderne Volkswirte, die über die klassische Nationalökonomie hinausgingen und sozial eingestellt waren. Die Fabier wollten den Sozialismus wissenschaftlich fundieren, ihre Wissenschaft war aber anders als die marxistische. Sie war in marxistischen Augen "bürgerlich". Als praktische Engländer trieben die Fabier empirische, objektive Studien über die wirtschaftliche und soziale Entwicklung. Sie hielten sich an die Fakten und brachten mit den "Fabischen Abhandlungen" eine Reihe ausgezeichneter wissenschaftlicher Arbeiten heraus. Eine Arbeiterpartei gab es damals in England noch nicht; die Fabier hatten Anhänger in allen Parteien, was ihren reformierenden Einfluß verstärkte. Sie arbeiteten der Gründung der englischen Arbeiterpartei vor, aber es war noch nicht so weit.

Bernstein lernte bei den Fabiern. Er übernahm von ihnen die Kritik des Marxismus, die reformistische Politik und die Selbstverständlichkeit der Demokratie. Heimgekehrt suchte er die Entwicklung der deutschen Sozialdemokratie in ähnliche Bahnen zu lenken. Dort stieß er aber auf heftigen marxistischen Widerstand. Als sich die SPD im Jahre 1891 das Erfurter Programm gab, wurde es in zwei Teilen konzipiert. Die Abfassung des zweiten Teils, der sich mit den noch unter der bestehenden Gesellschaftsordnung anzustrebenden Reformen befaßte, darunter dem Achtstundentag, wurde Bernstein übertragen; den grundsätzlichen ersten Teil aber lieferte der strenge Marxist Kautsky. Er gab eine marxistische Geschichtsanalyse und folgerte aus ihr die objektive Notwendigkeit des Sozialismus gemäß den Lehren von Marx. Eigentlich waren die beiden Teile nicht vereinbar, denn der Marxismus behauptete die Unmöglichkeit sozialer Reformen im Rahmen der kapitalistischen Marktwirtschaft. Offenkundig waren zwei gegensätzliche Richtungen in der Partei vorhanden. Dennoch wurde das Erfurter Programm einstimmig angenommen.

Der greise Engels nickte von ferne Beifall. Er war in den letzten Jahren mäßiger geworden und hatte unter Beibehaltung der marxistischen Prinzipien reformfreundliche Andeutungen gemacht. Auch ausländische Sozialistenführer wie Jaurès in Frankreich und Labriola in Italien hatten Marx kritisiert und sich für einen Reformkurs ausgesprochen.

Bernstein ging mit dem bei den Fabiern gelernten Realismus davon aus, daß die Dinge nicht so gelaufen waren, wie Marx es vorhergesagt hatte. In zahlreichen Artikeln und in seinem 1897 erschienenen Buch *Die Voraussetzungen des Sozialismus und die Aufgaben der Sozialdemokratie* legte er dar, daß die wirtschaftliche und politische Erfahrung eine Revision des Marxismus erforderte. Der

"Kapitalismus" hatte sich gefestigt und machte nicht den Eindruck, dem Zusammenbruch nahe zu sein. Es war keine Verelendung der Arbeiter eingetreten, ihre Lage hatte sich deutlich gebessert. Die Mittelschichten, Marxens "Kleinbürgertum", waren nicht verschwunden und ins "Proletariat" abgesunken; das letztere hatte keine Aussicht, zur Mehrheit der Gesellschaft zu werden.

Bernstein verlangte den Verzicht auf die Katastrophentheorie von Marx und die daraus gefolgerte Revolutionstaktik. Vielmehr solle man sich auf eine Politik der Reformen konzentrieren, die im Rahmen der Marktwirtschaft durchführbar waren, von denen Bernstein aber erwartete, daß sie Stufen auf dem Wege zum Sozialismus bilden konnten. Das Endziel des Sozialismus gab Bernstein nicht auf; er wollte den Sozialismus aber sozusagen auf Raten einführen. Das Endziel modifizierte er insofern, als er nur die Verstaatlichung der großen Industrie ins Auge faßte, das kleinere mittelständische Gewerbe aber unter staatlicher Lenkung und Förderung durchaus erhaltungswürdig fand. Auch dieser Sozialismus würde nach Bernstein nicht als objektive Notwendigkeit automatisch kommen, sondern erforderte menschliche Entscheidungen. Der Sozialismus müsse wissenschaftlich sein, sich aber hier nicht an Marx binden. Zur Übernahme der Wirtschaft müßten die Arbeiter erst durch Bildungsarbeit reif gemacht werden. Die dialektische Mystik des Marxismus lehnte Bernstein als unrichtig und überflüssig ab.

Der Revisionismus-Streit

Dieser Grabgesang des Marxismus rief in der Partei einen Sturm der Entrüstung hervor. Nach heftigen Auseinandersetzungen wurde der "Revisionismus" auf dem Dresdener Parteitag von 1903 verworfen und das Festhalten am Marxismus bekräftigt. Bebel neigte im stillen zum Reformismus, gebärdete sich aber aus taktischen Gründen streng marxistisch. Der linke Flügel unter Kautsky und Rosa Luxemburg erklärte den Revisionismus schlicht für Verrat am Sozialismus. Stark revisionistisch war dagegen der rechte Flügel unter dem bayerischen Sozialistenführer Georg v. Vollmar (1850-1922). Zu den Revisionisten zählte auch der spätere Reichspräsident Friedrich Ebert. Die praktische Politik der Partei war in der Folge revisionistisch, die Phraseologie blieb aber marxistisch und sogar revolutionär. Im Ausland war die Entwicklung ähnlich. Auf die Dauer setzte sich der Revisionismus in allen sozialdemokratischen Parteien durch, obwohl die II. Internationale sich ein marxistisches Programm gegeben hatte.

Die inzwischen erstarkten Gewerkschaften der Arbeiter neigten zum Revisionismus. Sie wollten greifbare Vorteile für ihre Mitglieder, höhere Löhne, kürzere Arbeitszeit, bessere Sozialversicherung. Es hatte sich gezeigt, daß solche Fortschritte durchaus erzielbar waren. An abstrakten Geschichtstheorien waren die Gewerkschaften weniger interessiert. Sie waren größtenteils eng mit der Sozialdemokratie verbunden und hatten die Partei schon lange auf den Pfad des Reformismus gedrängt. Bernstein hatte recht, wenn er die Sozialdemokratie aufforderte, sie solle "zu scheinen wagen, was sie ist".

Die Militärfrage

Die theoretisch streng internationalistische und kriegsfeindliche Haltung der Sozialdemokratie kam in Konflikt mit der Haltung zur Landesverteidigung. Der Gegensatz zwischen Marxisten und Lassalleanern lebte wieder auf, auch wenn die letzteren sich nicht mehr so nannten. Zwar lehnte die Sozialdemokratie unter Bebel stets die Militärvorlagen ab, aber Bebel erklärte schon 1880, mitten in der Periode des Sozialistengesetzes, seine Partei sei bereit, den Boden des Vaterlands gegen fremde Eroberer zu verteidigen. Auf Angriffe aus dem linken Flügel seiner Partei erwiderte Bebel, die Sozialdemokratie sei zwar international gesinnt, aber nicht vaterlandslos, und es könne ihr nicht gleichgültig sein, ob Deutschland unter Fremdherrschaft komme oder fremde Eroberer Teile deutschen Landes an sich rissen. Auch der proletarische Emanzipationskampf setze nationale Unabhängigkeit voraus. Bebel verbot auch die Kasernenagitation und die Verteilung revolutionärer Flugblätter unter den Soldaten.

Bebel teilte offensichtlich nicht die These des *Kommunistischen Manifests*, die Arbeiter hätten kein Vaterland. Die Sprecher anderer Parteien sahen einen Widerspruch darin, daß die SPD zwar das Land verteidigen wollte, der Regierung aber die Mittel dazu ständig verweigerte. Der immer mehr zwischen den Parteiflügeln lavierende Bebel suchte einen Ausweg darin, daß er eine milizartige

"Volkswehr" statt des stehenden Heeres vorschlug; für diese würde die Partei die Mittel bewilligen. Der Vorschlag hatte im Kaiserreich keine Aussichten.

Wiederholt erklärte Bebel, daß er noch "als alter Kerl die Knarre auf den Buckel nehmen" wollte, wenn das Rußland der Zaren etwa Deutschland angreifen würde. Auf dem Erfurter Parteitag sagte Bebel:

"Greift Rußland, der Hort der Grausamkeit und Barbarei, der Feind aller menschlichen Kultur, Deutschland an, um es zu zerstückeln und zu vernichten, und das kann nur der Zweck eines solchen Krieges sein, so sind wir so gut und mehr interessiert wie diejenigen, die an der Spitze Deutschlands stehen, und werden dem entgegentreten. ... Rußlands Sieg bedeutete unsere Niederlage als Sozialdemokraten."

Die "süddeutsche Fronde" unter v. Vollmar neigte zu Kompromissen. Sie war beispielsweise für Budgetbewilligung in den Ländern und für Stichwahlabkommen mit den Liberalen. Es wäre besser, sagte sie, einem Demokraten zu einem Mandat zu verhelfen, als die Wahl eines Konservativen zuzulassen. Ferner erregte die sogenannte Hofgängerei die Gemüter der Parteigenossen. Die Sozialdemokratie war in manchen Bundesländern zur stärksten Partei geworden; ihre Vertreter wurden Landtagspräsidenten. In dieser Eigenschaft hatten sie in Frack und weißer Weste zur Neujahrsgratulation beim Landesfürsten zu erscheinen. Das war für den linken Parteiflügel ein schrecklicher Gedanke...

Der Wahlsieg von 1912

Bei den Reichstagswahlen von 1903 erhielt die SPD drei Millionen Stimmen und 81 Mandate. Bei den Wahlen von 1907 blieb die Stimmenzahl zwar auf der erreichten Höhe, aus Gründen des Wahlrechts sank aber die Zahl der sozialdemokratischen Mandate auf weniger als die Hälfte. Die Wahlen von 1912 brachten einen gewaltigen Sieg: viereinviertel Millionen Stimmen und 110 Abgeordnete bei 1 Million eingeschriebener Parteimitglieder. Die SPD war zur stärksten Partei des Reichstags geworden. Die Wahl eines sozialistischen Reichstagspräsidenten wurde allerdings von der nichtsozialistischen Mehrheit verhindert.

Bebel sollte den Triumph nicht lange genießen. Am 31. August 1913 starb er in einem Schweizer Kurort. Zu seiner Einäscherung in Zürich kamen die Führer aller sozialistischen Parteien Europas. Zehntausende gaben ihm das letzte Geleit. Einen gleichwertigen Nachfolger fand er nicht.

Bebels Tod schwächte auch die Position seines Marx-Experten Karl Kautsky. In der Vorweltkriegs-SPD spielte der aus Prag stammende Kautsky (1854-1938) die Rolle eines Marxismus-Papstes. Er redigierte das Parteiorgan *Neue Zeit* und popularisierte den Marxismus in zahlreichen Schriften, die zur obligaten Parteilektüre gehörten. Auch das *Kapital* von Marx gab er in einer verständlicher gemachten Form heraus. Der linke Parteiflügel meinte, daß Kautsky in seinem Popularisierungsbestreben den Marxismus verwässert habe. Lenin nannte ihn einen Renegaten. Kautsky war aber gegen den Revisionismus. Dem rechten Flügel war er zu "links", was im Ersten Weltkrieg zu seinem Sturz führte. Der einst jedem Sozialisten bekannte Marx-Theoretiker ist heute fast vergessen.

Ehe wir uns der Zäsur zuwenden, die das Jahr 1914 für die sozialistische Bewegung bedeutete, wollen wir noch die Entwicklung der wichtigsten anderen Parteien der II. Internationale und das Phänomen des Syndikalismus betrachten, der eine Zeit lang eine große Rolle in der sozialistischen Bewegung spielte.

9. KAPITEL

Der Syndikalismus

Der Syndikalismus war in der Zeit vor dem Ersten Weltkrieg die radikalste Richtung der Arbeiterbewegung. Er nahm die Stelle ein, die später der Kommunismus besetzte. Fast alle Syndikalisten – ausgenommen in Spanien – gingen in der Tat nach dem Ersten Weltkrieg zu den Kommunisten über, deren Programm dem ihren gerade entgegengesetzt war. Denn der Syndikalismus fürchtete nichts so sehr wie den Staatssozialismus mit seiner Funktionärs- und Bürokratenherrschaft.

Die Syndikalisten wollten die Industrie nicht verstaatlichen, sondern den Gewerkschaften (frz. *syndicat*) übergeben. Die Gewerkschaften sollten eine Föderation mit zwanglosen planwirtschaftlichen Vereinbarungen bilden. Der Gewerkschaftsbund sollte an die Stelle des Staates treten, der Gewerkschaftskongreß an die Stelle des Parlaments. Eine Regierung sollte es in diesem gewerkschaftlichen Ständestaat nicht mehr geben. Die Syndikalisten waren Anarchisten und nannten sich meist auch Anarchosyndikalisten. Ihr Programm stammte teils von Owen, teils von Bakunin, übernahm aber auch große Teile des Marxismus. Man kann die Syndikalisten als eine Kreuzung von Anarchismus und Marxismus bezeichnen. Mit dem Marxismus teilten sie den Glauben an die geschichtliche Sendung des industriellen Proletariats, die Wirtschafts- und Sozialtheorie und das Prinzip des Klassenkampfs. Vom Anarchismus übernahmen sie die Sorge um die menschliche Freiheit im Sozialismus; in ihrem System sollte volle Demokratie herrschen.

Der Syndikalismus entstand in den neunziger Jahren des vorigen Jahrhunderts in Frankreich aus den sogenannten Arbeitsbörsen, einer gewerkschaftlichen Selbsthilfeaktion, deren Name an Owens *Labour Exchanges* erinnerte. Die Bewegung nannte sich *syndicalisme révolutionnaire* im Unterschied zu den normalen Gewerkschaften, die zumindest dem Namen nach unpolitisch waren und nur bessere Löhne und Arbeitsbedingungen in der gegebenen Wirtschaftsordnung anstrebten. Der Syndikalismus ergriff bald die Hälfte der französischen Gewerkschaftsbewegung. In der *Charte d'Amiens* von 1906 gab sich der ganze französische Gewerkschaftsbund ein syndikalistisches Programm, das theoretisch bis 1939 galt, aber nie verwirklicht wurde.

Es ist kennzeichnend, daß alle Syndikalistenführer aus der praktischen Gewerkschaftsarbeit kamen, sehr zum Unterschied von den sozialistischen Theoretikern wie Marx, Bakunin und Lassalle. In Frankreich waren es Pelloutier, Lagardelle, Berth und Griffelhues, in Italien war es Malatesta, in Spanien Durruti und in Irland Connolly. Die meisten sind heute vergessen – aber in dieser Arbeiterbewegung waren wirklich Arbeiter die Führer. Unter den wenigen beteiligten Intellektuellen war der Ingenieur Sorel in Frankreich und der Soziologieprofessor De Leon in den USA. Dieser war zuerst Marxist und wurde dann Syndikalist.

Die Syndikalisten wollten keine Arbeiterpartei und keine Arbeit im Parlament. Die Träger des Klassenkampfes waren die Gewerkschaften, ihr Kampfmittel war die "direkte Aktion", hauptsächlich der Streik, öfter auch der Aufstand. Eines Tages sollte der Generalstreik kommen und die Revolution einleiten. Der Syndikalismus neigte zur Massengewalt, weniger jedoch zu dem individuellen Terror der früheren Anarchisten, wenn er diesen auch nicht ganz verschmähte. Einige Morde und Banküberfälle in Spanien, dem Zentrum des kämpferischen Syndikalismus, gingen in den Jahren vor 1914 auf Rechnung der Anarchosyndikalisten. Nicht umsonst hatte Bakunin, den die Syndikalisten mehr verehrten als Marx, schon zu seinen Lebzeiten 50.000 Anhänger in Spanien gehabt.

Den Gruppensozialismus übernahmen die Syndikalisten von den Utopisten, hielten jedoch im Zeitalter der Großindustrie die Genossenschaften Owens und Kropotkins für zu klein; die Gewerkschaften hatten gerade die richtige Größe zwischen den utopistischen Genossenschaften und dem Staatsleviathan der Marxisten. Die Fahne der Syndikalisten war schwarzrot, gemischt aus der schwarzen Fahne der Anarchisten und der roten der Marxisten.

In Spanien waren die Syndikalisten mit einer anarchistischen Geheimgesellschaft, der *Federación Anarquista Iberica*, liiert, über deren wirklichen Umfang nichts bekannt ist. Unter den Arbeitern hatte der Syndikalismus jedoch in Spanien einen viel größeren

Anhang als die Sozialdemokratie. Er beherrschte den Gewerkschaftsbund CNT (*Confederación national de trabajo*) mit 2 Millionen
Mitgliedern. Im Jahre 1917 versuchten die Syndikalisten im damals
neutralen Spanien einen Generalstreik, der jedoch vom Militär nie-
dergeschlagen wurde.

Der Syndikalismus war hauptsächlich eine Arbeiterbewegung
der romanischen Länder; außer in Spanien war er besonders in
Frankreich und Italien stark. Im mittleren und nördlichen Europa
nahm er keinen größeren Umfang an. In den Vereinigten Staaten
spielte in den zwanziger Jahren die syndikalistische Organisation
I.W.W. (*International Workers of the World*) unter De Leon eine
gewisse Rolle, konnte sich aber in dem allem Sozialismus abge-
neigten Amerika nicht lange halten.

Die Syndikalisten pflegten eine hochgespannte Kampfmoral,
betonten den persönlichen Einsatz und die Rolle von Eliten. Sie
waren kriegsfeindlich und antimilitaristisch, doch verflog diese
Stimmung 1914 bei den französischen und italienischen Syndikalisten ebenso schnell wie bei den Marxisten. Nach dem Ersten Weltkrieg zog der Leninsche Kommunismus fast die ganze Mitglied-
schaft des Syndikalismus an sich. Lenins Rätesystem schien den
Syndikalisten eine halbanarchistische Organisation zu sichern; zu
spät erkannten sie, daß sie eine totalitäre Diktatur förderten, für die
das Rätesystem nur eine Maske war. Den Antiparlamentarismus
und die Ersetzung des "bürgerlichen" Staates durch eine neue, auf
die Arbeiter gestützte Organisation – freilich nicht den Gewerkschaftsbund, sondern die Arbeiterräte – übernahm Lenin ebenso wie
ihre hohe Kampfmoral, die zu bewähren die Syndikalisten allerdings noch wenig Gelegenheit gehabt hatten.

Der Syndikalismus schrumpfte nach dem Ersten Weltkrieg überall auf kleine Reste zusammen, während er vorher über ein Millio-
nenheer geboten hatte. Nur in Spanien hielt er sich, um erst im
Bürgerkrieg 1936-1939 mit der Niederlage der Republik zugrunde
zu gehen. Die Syndikalisten hatten sich auf der republikanischen
Seite am Kampf beteiligt. Ihr Führer Durruti (1896-1936) fiel im
Kampf um Madrid am 21. November 1936; man munkelte, er sei
von einem seiner Anarchisten hinterrücks erschossen worden, weil
er auf militärischer Disziplin bestand. 200.000 Menschen geleite-
ten ihn in Barcelona zu Grabe.

Die Syndikalisten stellten zeitweise, ganz im Gegensatz zu ihren Prinzipien, einige Minister der republikanischen Regierung. Eine führende Rolle spielte Federica Montseny, eine Intellektuelle aus Barcelona. Sie floh nach dem Bürgerkrieg nach Frankreich. Die Freiheitlichkeit der Syndikalisten, die eigene Truppen aufstellten, ging allerdings oft so weit, daß sie schlecht Disziplin hielten und dadurch militärische Niederlagen erlitten. Mit Kommunisten und Sozialdemokraten lagen sie in ständigem Konflikt. In den von ihnen beherrschten Gebieten versuchten sie Sozialisierungen in ihrem Sinne durchzuführen. Mit dem Sieg Francos im Bürgerkrieg 1939 verschwand der Syndikalismus mit den übrigen republikanischen Parteien. Auch nach dem Ende des Franco-Regimes erstand er nicht wieder. Nur noch Reste von ihm sind erhalten, wie auch in einigen anderen Ländern. Auch in Südamerika gibt es syndikalistische Gruppen.

Ein Buchbinder aus Mainz, Rudolf Rocker (1873-1958), wurde 1891 während eines Londoner Aufenthalts Anarchist. Er kannte Kropotkin. Rocker lebte von 1895 bis 1918 in London. Er gründete 1919 in Deutschland die Freie Arbeiter-Union, in der er den Syndikalismus mit Kropotkins Ideen zu verbinden suchte. Er war an der Schaffung einer syndikalistischen Internationale beteiligt, die 1922 unter dem Namen Internationale Arbeiter-Assoziation (wie die sozialistische Internationale) zusammentrat. Diese sehr geschrumpfte Internationale hielt 1951 in Toulouse ihren letzten Kongreß ab. Rocker mußte 1933 nach Amerika emigrieren, wo er 1958 starb. Inzwischen hatte er ein Buch *Absolutistische Gedankengänge im Sozialismus* (Darmstadt 1954) veröffentlicht, das sich mit dem Diktaturgedanken beschäftigte, der vom Utopismus bis zum Kommunismus die sozialistischen Programme durchzieht. Die syndikalistische Gruppe in Deutschland blieb bedeutungslos.

Die Syndikalisten standen und stehen in schärfstem Gegensatz zu den Kommunisten, in denen sie ihre schlimmsten Befürchtungen eines sozialistischen Despotismus erfüllt sehen. Im Kommunismus sind die Gewerkschaften nur Instrumente der herrschenden Partei; eine Bewegung, in der die Gewerkschaften herrschen würden, lehnen die Kommunisten naturgemäß ab.

Außer durch ihre Freiheitlichkeit sind die Syndikalisten durch ihren Optimismus hinsichtlich des Menschen gekennzeichnet, der noch über den (nominell zur Schau getragenen) Optimismus der Kommunisten und übrigen Sozialisten hinausgeht. Die Syndikalisten waren stets überzeugt, daß die Gewerkschaften der Arbeiter, vom Kapitalismus befreit, brüderlich und gerecht zusammenarbeiten würden. Sie waren überzeugt, daß nicht etwa die großen Gewerkschaften versuchen würden, sich Vorteile auf Kosten der kleineren zu verschaffen oder in bestimmten Fällen ihre wichtige wirtschaftliche Stellung zur Erlangung von Sondervorteilen auszunützen. Auch sahen die Syndikalisten nicht, daß die Herrschaft von Verbänden praktisch die Herrschaft von Verbandsbürokratien bedeutet, besonders in großen Verbänden. Sie sahen auch nicht, daß sich aus dem syndikalen Wirtschaftssystem leicht ein Gruppenkapitalismus entwickeln konnte. Ihrer Überzeugung nach würde die Ethik der Arbeiter das verhindern.

In der Forderung nach dem Mitbestimmungsrecht der Arbeitnehmer in den Industriebetrieben, die übrigens schon Bernstein erhoben hatte, und besonders in der Teilnahme von Gewerkschaftsfunktionären an dieser Mitbestimmung sehen manche einen Überrest des Syndikalismus. Das gilt auch für die gelegentliche unternehmerische Betätigung der Gewerkschaften, deren Ergebnisse allerdings wenig ermutigend sind.

Einen dem Syndikalismus ähnlichen Anlauf nahm nach dem Ersten Weltkrieg in England der "Gildensozialismus", der die Industrie an "Gilden" der Gewerkschaften übertragen wollte, wobei der Staat jedoch als Verbrauchervertreter und Schiedsrichter erhalten bleiben sollte. Wie Owen gründeten die Gildensozialisten eine "Baugilde", die 1925 wie ihr Owensches Vorbild zusammenbrach. Die Bewegung ist heute vergessen.

Noch einige Worte über Georges Sorel (1847-1922), der durch Proudhon und Marx zum Sozialisten wurde, gleichzeitig aber Nietzsche und Bergson verehrte. Er begleitete den Syndikalismus mit theoretischen Schriften, unter denen *Réflexions sur la violence* (1908), *Les illusions du progrès* und *La décomposition du marxisme* (ebenfalls 1908) am bekanntesten wurden. Er schrieb auch *Matériaux d'une théorie du prolétariat* (1919). Aus den Buchtiteln geht schon seine Grundhaltung hervor. Den Marxismus verwarf er als flach und spießig; er hielt eine heroischere Auffassung für notwendig.

Diese sah er im Syndikalismus verkörpert, zu dessen Schöpfern er jedoch nicht gehörte. Er wollte die Arbeiterbewegung vom Parlamentarismus lösen und zu revolutionären Kampfesformen zurückführen.

Den Humanismus, Pazifismus und Fortschrittsglauben der demokratischen Sozialisten lehnte Sorel ab und forderte die Arbeiter auf, heroische Werte anzunehmen, die zum Teil der aristokratischen Tradition entlehnt waren. Die Arbeiterbewegung dürfe kein bloßer Sklavenaufstand werden. Der Sozialismus erforderte nach Sorel eine Umgestaltung des Proletariats, nicht nur der Wirtschaftsordnung. Die Geschichts- und Wirtschaftstheorien von Marx lehnte Sorel ab. Die marxistische Lehre, wonach die industrielle Arbeit das Proletariat organisiere und diszipliniere, romantisierte Sorel dahin, daß die Industrie die moralischen Voraussetzungen für die Revolution der Arbeiter schaffe, welche die Tugenden von "Produzenten und Kriegern" verkörpern. Soziale Eliten, "Helden eines sozialen Krieges", würden die neue Zeit heraufführen. Das Industriekapital lobte Sorel wegen seiner "heroischen Leistungen" und wegen seiner grandiosen Disziplin; nur das Finanzkapital verwarf er.

Von den Theorien Sorels ist nur seine Lehre vom politischen Mythos interessant geblieben. Sorel fand, daß alle großen Bewegungen in der Geschichte von Mythen getragen worden seien. Man solle den Mythos nicht rationalistisch verwerfen, sondern benutzen. Eine Prüfung eines Mythos auf seinen Wahrheitsgehalt ist zwecklos. Nur ein Mythos erreicht die motorischen Schichten der menschlichen Seele. In der Politik sind nicht rationale, sondern Instinktkräfte ausschlaggebend. Der für die Arbeiter wesentliche Mythos war bei Sorel nicht der Marxismus, dessen mythischen Gehalt er nicht erkannte, sondern der Syndikalismus. Sorel betonte, daß ein moderner Mythos sich "wissenschaftlich" geben müsse, um Anklang zu finden.

Die praktischen Gewerkschafter der syndikalistischen Bewegung nahmen ihren literarischen Propheten nie ganz ernst. Seine Bücher wurden aber von wichtigen Leuten anderer Richtungen gelesen. Seine Theorien konnten den romantisierenden Faschismus ebenso stützen wie den revolutionären Sozialismus. Noch 1919 fügte Sorel einem seiner Bücher eine Widmung *Pour Lénine* bei. Der so Geehrte nannte Sorel einen Wirrkopf, notierte sich aber seine Elitentheorie und seine Proletarierromantik. Mussolini wieder feierte Sorel als einen der geistigen Väter des Faschismus. In der Tat begrüßte Sorel, wenige Jahre nach seiner Widmung an Lenin, den italienischen Faschismus als den herrlichen "Imperialismus von Produzenten". Sorel selbst wandte sich in seinen letzten Jahren den nationalistisch-autoritären Kreisen um die *Action française* zu.

10. KAPITEL

Die Parteien der II. Internationale

Aus einem 1889 in Paris abgehaltenen internationalen Kongreß der sozialistischen Parteien ging die II. Internationale hervor, die sich 1900 eine Organisation mit einem Sekretariat in Brüssel gab. Sie bestand aus den sozialistischen Parteien der einzelnen Länder. Die II. Internationale gab sich ein marxistisches Programm wie alle kontinentaleuropäischen sozialistischen Parteien; als einzige blieb die englische Arbeiterpartei nichtmarxistisch, nahm aber an der Internationale teil, deren Führung sie nach dem Ersten Weltkrieg in Nachfolge der bis dahin dominierenden deutschen Partei übernehmen sollte.

Entwicklung der englischen Arbeiterpartei

Das Kennzeichen der englischen Arbeiterpartei ist der maßgebende Einfluß der Gewerkschften, aus denen die Partei hervorging. Überall stehen die sozialdemokratischen Parteien in enger Verbindung mit den Gewerkschaften, aber fast nur in England sind diese direkt Mitglieder der Partei, wobei alle Gewerkschaftsangehörigen, sofern sie nicht ausdrücklich Einspruch erheben, automatisch Mitglieder der Arbeiterpartei sind. Ihren Einfluß üben sie aber nur durch die Vertreter ihrer Gewerkschaft aus. Ihrer Größe wegen stellen die Gewerkschaften in England den weitaus größten Teil der Parteimitglieder.

Nach dem Ende des Chartismus waren die englischen Arbeiter lange Zeit politisch wenig interessiert. Im allgemeinen neigten sie zu den Liberalen, die sich besonders unter Gladstone durch sozialpolitische Reformen und gewerkschaftsfreundliche Gesetze die Arbeiterstimmen zu sichern wußten. Gladstone berief die ersten Minister aus dem Arbeiterstand in seine Regierung. Die Einführung des allgemeinen Wahlrechts 1867 durch den Konservativen Disraeli kam lange Zeit den Liberalen zugute. Der 1868 gegründete Gewerkschaftsbund (*Trades Union Congress*) blieb noch lange im liberalen Fahrwasser und zeigte wenig Neigung zum Sozialismus.

Marx und Engels, obwohl in London lebend, gewannen mit ihren abstrakten Theorien wenig Einfluß auf die englische Arbeiterbewegung. Eine marxistische Gruppe gründete Henry M. Hyndman, der engen Kontakt mit Marx pflegte, sich aber dann mit ihm zerstritt. Er organisierte 1881 eine Demokratische Föderation mit einem Programm demokratischer Reformen, die 1884 auf Sozialdemokratische Föderation mit einem marxistischen Programm umbenannt wurde. Noch im gleichen Jahr spaltete sich von ihr die Sozialistische Liga ab, an der sich u.a. Eleanor Marx-Aveling, eine Tochter von Karl Marx, beteiligte. Noch andere Gruppen, darunter eine anarchistische, splitterten sich ab. Wirtschaftskrise und Arbeitslosigkeit führten 1885 zu blutigen Unruhen, in deren Gefolge die SDF in Konflikte mit den Behörden geriet. Immerhin hatte sie 1887 schon 30 Ortsvereine mit 5000 Mitgliedern. Bis 1912 wuchs die Zahl auf 12.000 an. Im Parlament war die SDF nicht vertreten. Sie versuchte bis zum Ende des 19. Jahrhunderts vergeblich, die Gewerkschaften zu durchdringen.

Von großer Bedeutung war die Gründung der schon früher erwähnten Gesellschaft der Fabier im Jahre 1884. Ihre führenden Köpfe waren Sidney und Beatrice Webb sowie der Dichter Bernard Shaw, dessen Telegrammadresse bis zu seinem Tod lautete "Sozialist, London". Ihren Namen leitete die Gesellschaft von Q. Fabius Maximus ab, dem römischen Feldherrn, der durch seine zögernde Taktik schließlich Hannibal besiegte. Das Programm war, wie schon aus der Wahl des Namens hervorgeht, nicht revolutionär. Wie erwähnt, lehnten die Fabier den Marxismus ab und ließen sich von neueren Volkswirten wie J.St. Mill inspirieren; auch Comte, die deutsche historische Schule der Nationalökonomie unter Schmoller und der deutsche "Kathedersozialismus" hatten Einfluß. Die Fabier waren Sozialisten, aber ohne ein genau definiertes Programm. Unter ihrem Einfluß entstand der Revisionismus in Deutschland und anderen Ländern.

Auch in England suchten die Sozialisten die Arbeiter vom Liberalismus zu lösen. Im Jahre 1893 gründete Keir Hardie die Unabhängige Arbeiterpartei (*Independent Labour Party*) mit einem sozialistischen, halbmarxistischen Programm. Diese I.L.P. vermochte im

Jahre 1900 gemeinsam mit den Fabiern, die eine eigene Arbeiterpartei für dringend angebracht hielten, und der Sozialdemokratischen Föderation Hyndmans die Gewerkschaften zu bewegen, eine eigene parlamentarische Vertretung der Arbeiter anzustreben. Der Widerstand der alten liberalen Gewerkschaftsführer war groß, aber nun konnte das *Labour Representation Committee* gegründet werden, das 1906 den Namen *Labour Party* (Arbeiterpartei) annahm. Die I.L.P. trat korporativ als Mitglied bei. Schon bei den Wahlen von 1906 entsandte die neue Organisation, die 900.000 Mitglieder (hauptsächlich Gewerkschaftsangehörige) hatte, 29 Abgeordnete ins Unterhaus. Nur die große Bergarbeitergewerkschaft, die vierzehn Abgeordnete unter liberaler Flagge gestellt hatte, blieb noch außerhalb der neuen Partei. Später schloß sie sich an. Im Jahre 1913 hatte die Arbeiterpartei schon 39 Abgeordnete im Parlament; da es in England keine Verhältniswahl gab, war diese Vertretung geringer als der Stimmenanteil. Noch arbeitete die *Labour Party* mit den Liberalen zusammen, die ihr stellenweise Leihstimmen zur Verfügung stellten.

Das Programm der Partei war noch nicht eindeutig sozialistisch, sondern auf demokratische Reformen gerichtet. Die marxistische Sozialdemokratische Föderation war schon 1901, kurz nach der Gründung des LRC, aus diesem ausgetreten und fristete dann bis zum Ersten Weltkrieg eine selbständige Existenz ohne nennenswerten Einfluß. Auch die anderen Splittergruppen blieben ohne Bedeutung.

Im Jahre 1911 wurde Ramsay MacDonald (1866-1937), früher Sekretär der I.L.P. und 1906 ins Parlament gewählt, Vorsitzender der Arbeiterpartei. Er sollte später englischer Ministerpräsident werden, allerdings nicht immer für die Arbeiterpartei.

Sozialisten in Frankreich

Obwohl Frankreich ideell schon eine umfangreiche sozialistische Geschichte hatte, blieben die französischen Sozialisten im 19. Jahrhundert zersplittert. Außer den schon erwähnten Blanquisten gab es u.a. die Marxisten unter Guesde, einem Schwiegersohn von Marx, die reformistischen Broussisten und die Unabhängigen unter Jaurès. Alle vereinigten sich 1905 zur SFIO (*Section française de l' internationale ouvrière*), nachdem die Gruppen Jaurès und Guesde schon 1901 mit der Vereinigung vorangegangen waren. Jaurès war sehr gemäßigt. Auch hier zeigte sich der Widerspruch zwischen dem revolutionären marxistischen Programm und der maßvollen reformistischen Praxis. Die sozialistische Partei hatte 1905 etwa 35.000 Mitglieder und 800.000 Wähler. Der schon 1885 für eine sozialistische Gruppe in die Kammer gewählte Millerand trat 1899 in eine "bürgerliche" Regierung ein. Das war der "Ministerialismus", der von allen Parteien der II. Internationale verworfen wurde. Millerand ging später nach rechts und war wiederholt Minister. Schließlich wurde er Präsident der Republik. Von den Sozialisten hatte er sich längst getrennt. Jaurès steuerte ungeachtet des syndikalistischen Gewerkschaftsprogramms seinen maßvollen Kurs. Im Jahre 1914 hatte die sozialistische Partei 76.000 Mitglieder und 1,400.000 Wähler. Bei Kriegsausbruch wurde Jaurès, der sich gegen den Krieg gestellt hatte, von einem Chauvinisten ermordet. Die Partei unterstützte wie alle anderen Parteien der II. Internationale den Krieg.

Anfänge des russischen Sozialismus

Die revolutionäre Bewegung in Rußland wurde anfangs von den "Narodniki", den Volksparteilern, getragen, die hauptsächlich unter den Bauern arbeiteten. Aus ihnen entstand später die Sozialrevolutionäre Partei, die bis zur Revolution von 1917 illegal war. Sie vertrat einen bäuerlichen Sozialismus und lag mit den marxistischen Sozialisten, die auf die Industriearbeiterschaft setzten, ständig in Konflikt. Wie die Anarchisten Bakunins war sie an Zarenmorden beteiligt.

Der marxistische Sozialismus begann mit Plechanow, Martow, Axelrod und Lenin. Plechanow gilt als der bedeutendste russische Marxist, wenn ihm Lenin das auch streitig machte. Der 1856 geborene G.W. Plechanow war seit 1875 unter den russischen Arbeitern tätig. Wegen polizeilicher Verfolgung ging er 1880 ins Exil. Ursprünglich Sozialrevolutionär, wurde er im Exil Marxist und war an der Gründung des marxistischen russischen "Kampfbunds für die Befreiung der Arbeit" beteiligt. Er spielte dann eine führende Rolle in der aus diesem Bund entstandenen russischen Sozialdemokratischen Arbeiterpartei, die sich 1898 in Minsk konstituierte. Im Ersten Weltkrieg trat Plechanow für den Sieg der Entente ein, weil, wie er sagte, ein deutscher Sieg die Vernichtung der europäischen Demokratie bedeuten würde. Bebel wieder war für den Krieg gewesen, weil der Zarismus die Demokratie bedrohte. So fand jeder eine Formel dafür, den Sieg seines Landes zu unterstützen. Bei der russischen Revolution von 1917 war Plechanow einer der Führer der gemäßigten "Menschewiki" und bekämpfte Lenins "Bolschewiki". Er starb 1918 in Finnland.

P.B. Axelrod (1850-1928) emigrierte 1880 in die Schweiz, war zuerst ein Anhänger Bakunins, dann an der Gründung des russischen marxistischen Kampfbundes beteiligt. Er wollte eine sozialdemokratische Massenpartei westlicher Art. Im Ersten Weltkrieg war er unter den Kriegsgegnern. Zusammen mit Martow (1873-1923) war er der Führer der "Menschewiki". Martow war einige Jahre in der sibirischen Verbannung. Im Jahre 1898 war er an der Gründung der russischen Sozialdemokratie beteiligt. Er lebte meist im Exil. Mit den "Menschewiki" kämpfte er 1917 gegen Lenin und mußte 1920 wieder emigrieren. Er starb 1923 im Schwarzwald.

Die Sozialdemokratie fristete zunächst eine halblegale Existenz. Ihren Parteitag von 1903 mußte sie in London abhalten. Hier kam es zur Spaltung. Lenin vertrat einen konspirativ-revolutionären Kurs mit "Berufsrevolutionären" und eine diktatorische Führung, während die anderen Führer für eine demokratische Entwicklung nach westlichem Muster eintraten. Bei der Abstimmung auf dem Londoner Parteitag erzielte Lenin die Mehrheit (russ. *Bolschinstwó*), wonach seine Anhänger den Namen "Bolschewiki", eigentlich "Mehrheitler", erhielten. Die Anhänger Martows, Plechanows und Axelrods waren bei dieser Zufallsabstimmung in der Minderheit geblieben (russ. *Menschinstwó*) und hießen seither die "Menschewiki". Über die tatsächlichen Kräfteverhältnisse in der russischen Partei sagte dieser Zwischenfall nichts aus; zu Hause waren die Menschewiki in der Mehrheit. Die beiden Parteiflügel blieben bis 1912 in der gemeinsamen Partei. Dann machte Lenin aus seiner Fraktion eine selbständige Partei.

Beide Gruppen waren, die Menschewiki am meisten, an der russischen Revolution von 1905 beteiligt, die zu einem Parlament mit begrenztem Wahlrecht führte. Hier traten zum ersten Mal Arbeiterräte (Sowjets) auf. Der damalige Menschewik Trotzki war Vorsitzender des Petersburger Sowjets. Die Partei war nach 1905 einigermaßen legal, aber polizeilichem Druck ausgesetzt. Lenin, Trotzki und andere Führer mußten in der Emigration leben. Politische Erfolge hatte die Partei in dieser Periode kaum.

Andere Länder

In *Italien* hatte Turati (1857-1932) nach anarchistischen und syndikalistischen Vorläufern die Sozialistische Liga gegründet, aus der 1892 die italienische sozialistische Partei entstand. Sie stand in Verbindung mit Gewerkschaften und Genossenschaften, litt aber unter zahlreichen Abspaltungen.

In *Österreich* entstand 1889 die Sozialdemokratische Partei unter Viktor Adler (1852-1918). Einige kleinere Gruppen waren vorangegangen und hatten sich 1874 ein Programm nach dem Muster des Eisenacher Programms gegeben. Der Hainfelder Parteitag von 1889 vereinigte die Gruppen und beschloß ein marxistisches Programm, dazu die Forderung nach dem damals in Österreich noch nicht vorhandenen allgemeinen Wahlrecht. Im Jahre 1901 folgte das Wiener Programm mit sozialpolitischen Forderungen. Die Partei erkämpfte 1905 durch einen Generalstreik das allgemeine Wahlrecht in der österreichischen (nicht der ungarischen) Reichshälfte. Im Jahre 1911 war sie die stärkste Partei im Wiener Parlament. Den rechten Flügel führte Karl Renner, den linken Otto Bauer. Viktor Adler nahm eine mittlere Stellung ein. Das Programm war marxistisch und lehnte sich wie bei den meisten kontinentaleuropäischen sozialistischen Parteien an das Erfurter Programm der SPD an. Doch entstand in Österreich der "Austromarxismus" (Max Adler 1873-1937), der idealistische und voluntaristische Elemente in den Marxismus hineintrug und seine philosophische Stütze mehr in Kant sah als in Hegel. Die Partei führte eine radikale Sprache, war aber in der Praxis gemäßigt und reformistisch. Sie litt unter den Nationalitätenkämpfen in der Donaumonarchie, die in der Gründung eigener sozialistischer Parteien durch die einzelnen Völker endeten.

In der *Schweiz* wurde die SPS (Sozialistische Partei der Schweiz) im Jahre 1888 nach verschiedenen Vorläufern gegründet und arbeitete lange mit der freisinnigen (liberalen) Partei zusammen. Die ersten Programme sahen die "Umwandlung der Lohnarbeit in genossenschaftliche Arbeit" und verschiedene sozialpolitische Reformen vor. Eine Vorgruppe gab sich 1878 ein Programm nach Eisenacher Muster. Das Berner Programm von 1888 forderte schon die Verstaatlichung der Produktionsmittel. Ein Programm von 1904 war radikaler und dem Erfurter Programm der SPD nachgebildet. Unter den Bedingungen der schweizerischen Demokratie hoffte die Partei auf die direkte Gesetzgebung durch das Volk.

In *Holland* spaltete sich 1894 die sozialdemokratische Partei von dem anarchosyndikalistischen sozialistischen Bund unter Nieuwenhuis ab. Nieuwenhuis war einer der Theoretiker des Anarchismus. In *Schweden* bildete sich 1889 die sozialdemokratische Partei unter Branting. In *Spanien* war schon 1879 die Spanische Sozialistische Arbeiterpartei unter Iglesias entstanden; sie hatte ein demokratisches, reformistisches Programm und litt unter der starken anarchosyndikalistischen Konkurrenz. In *Belgien* entstand 1885 eine sozialistische Partei unter der Mitwirkung von Gewerkschaften, Genossenschaften und politischen Vereinen. Ihr Schwerpunkt lag im wallonischen Industriegebiet. Das Programm war verhältnismäßig radikal. Die Partei litt unter dem flämisch-wallonischen Gegensatz, der viel später (1978) zur Trennung in eine flämische und eine wallonische Partei führen sollte.

Im Jahre 1914 gab es in Europa kaum noch ein Land ohne organisierte Sozialdemokratie.

Die Internationale und der Krieg

Die Sozialisten waren überall gegen das Wettrüsten und gegen einen Krieg gewesen, allerdings mit Einschränkungen, wie sie schon Bebel verkündet hatte. Der linke Flügel verlangte schon seit der Gründung der II. Internationale, einen Krieg zur sozialistischen Revolution zu benützen; jedenfalls sollten die Arbeiter sich gegen ihre "eigene" Bourgeoisie stellen. Es gelang aber nicht, von der Internationale bindende Regeln für das Verhalten der Partei im Kriegsfalle zu erlangen. Die Internationale hatte an sich kein Weisungsrecht. Auf dem Stuttgarter Kongreß der Internationale im Jahre 1907 gab es nur eine gewundene Resolution, wonach die

126

arbeitenden Klassen und ihre parlamentarischen Vertreter verpflichtet waren, mit den ihnen am wirksamsten erscheinenden Mitteln den Ausbruch eines Krieges zu verhindern bzw., wenn er dennoch ausbrechen sollte, für dessen rasche Beendigung einzutreten. Die Krise des Krieges sollte dazu benützt werden, das Volk aufzurütteln und die Beseitigung der kapitalistischen Klassenherrschaft zu beschleunigen. Im Jahre 1912 sagte die Internationale, im Falle eines Krieges würden die Arbeiter die Gewehre gegen die eigene Regierung richten.

Im August 1914 geschah nichts dergleichen. Mit der Ermordung von Jaurès war der einzige namhafte Sozialistenführer, der seine Stimme gegen den Krieg erhoben hatte, ausgeschaltet worden. Alle anderen wurden hochpatriotisch, stellten sich hinter ihre Regierungen und kämpften für den Sieg ihres Landes.

11. KAPITEL

Krieg und Spaltung

Am 4. August 1914 stimmten die Sozialdemokraten im deutschen Reichstag für die Kriegskredite. Vierzehn Abgeordnete hatten in der Fraktion protestiert, sich aber der Parteidisziplin gefügt. Unter ihnen war Karl Liebknecht, der Sohn des Parteigründers Wilhelm Liebknecht. Zu den vierzehn Protestierenden gehörte auch der Abgeordnete Hugo Haase (1863-1919), ein überzeugter Marxist und Gegner des Revisionismus, der sich mit Ebert, wie schon vorher mit Bebel, den Vorsitz der SPD teilte. Von 1912 bis 1915 war er Vorsitzender der SPD-Fraktion im Reichstag. Dieser prominente SPD-Führer wurde von der Mehrheit der Fraktion genötigt, entgegen seiner Überzeugung eine Erklärung für die Bewilligung der Kriegskredite durch die Partei abzugeben. Die Verantwortung für den Krieg, sagte Haase, falle den herrschenden Schichten zu, aber angesichts des nun einmal hereingebrochenen Krieges sei nichts mehr zu machen; jetzt gelte es, die Schrecken eines feindlichen Einfalls und den Sieg der russischen Despotie abzuwehren. "Da machen wir wahr, was wir immer betont haben: wir lassen in der Stunde der Gefahr das Vaterland nicht im Stich."

Die französischen und englischen Sozialisten bewilligten gleichfalls die Kriegskredite. In Frankreich widersprach nach der Ermordung von Jaurès kaum jemand, in England protestierte eine kleinere Gruppe um die Parteigründer Keir Hardie und MacDonald, die große Mehrheit der Arbeiterpartei war jedoch für den Krieg. Man erklärte, daß im Interesse der sozialistischen Arbeiterbewegung der Sieg der westlichen Demokratien über den deutschen und österreichischen Absolutismus zu wünschen sei. Die sozialdemokratischen Führer beriefen sich gegenseitig aufeinander. Die deutschen Führer verwiesen darauf, daß der Genosse Viviani in Frankreich und der Genosse Vandervelde in Belgien, der Vorsitzende der Internationale, gleichfalls für ihr Land Stellung genommen hatten (man nannte einander weiter "Genosse", indes man einander totschoß). Der deutsche Cheftheoretiker Kautsky erklärte, die Internationale sei nur ein Instrument des Friedens und sei nicht für den Krieg gedacht. Haase sagte in seiner Reichstagsrede sogar: "Wir fühlen uns im Einklang mit der Internationale, die das Recht jedes Volkes auf nationale Selbständigkeit und Selbstverteidigung jederzeit anerkannt hat... Wir hoffen, daß die grausame Schule der Kriegsleiden in neuen Millionen den Abscheu vor dem Kriege wecken und sie für das Ideal des Sozialismus und des Völkerfriedens gewinnen wird. Von diesen Grundsätzen geleitet, bewilligen wir die Kriegskredite."

Das war also aus den allerdings ziemlich lahmen Beschlüssen der Internationale für den Kriegsfall geworden. Lenin konnte in seinem Exil in Zürich die Meldung, daß die deutschen Sozialdemokraten für die Kriegskredite gestimmt hatten, zunächst nicht glauben. Er hielt sie für eine propagandistische Erfindung der deutschen Regierung. Bald mußte er sich aber davon überzeugen, daß nicht nur die deutschen Sozialdemokraten sich so verhalten hatten, sondern auch die Sozialdemokraten der anderen kriegführenden Länder. Auch in Rußland unterstützte der Großteil der Menschewiki den Krieg. Die kleinen Gruppen der Bolschewiki waren machtlos. Lenin tobte über den Verrat aller sozialistischen Parteien an ihren Grundsätzen und rief, das seien keine Sozialdemokraten, sondern "Sozialpatrioten".

Während des Krieges bildeten sich jedoch in allen kriegführenden Ländern linke Flügel der sozialistischen Parteien, die sich gegen die Kriegspolitik ihrer Parteiführungen stellten. Es muß wieder gesagt werden, daß nicht nur die Führer "umgefallen" waren, sondern daß die überwältigende Mehrheit der Parteimitglieder und der Arbeiter überhaupt die patriotische Haltung ihrer Führer bejahten. Die gegenteilige Haltung hätte kaum die Unterstützung einer Mehrheit in den sozialistischen Reihen gefunden. Die sozialistischen Parteiführungen hatten überall, nicht nur in Deutschland, genug patriotische Erklärungen abgegeben, und konnten sich jetzt schwer anders verhalten. Die Grundsätze der Internationale blieben auf dem Papier.

Opposition gegen den Krieg

Karl Liebknecht war der erste, der das Verhalten der deutschen Partei bereute. Im Dezember 1914 verweigerte er als Einziger die neuen Kriegskredite. Mit der Verlängerung des Krieges wuchs überall die Opposition. Im Jahre 1915 enthielten sich schon 44 sozialdemokratische Reichstagsabgeordnete bei der Bewilligung der Kriegskredite der Stimme. Linke Sozialdemokraten hielten in Zimmerwald und Kienthal in der Schweiz internationale Konferenzen ab, forderten die Beendigung des Kriegs und die revolutionäre Erhebung. Lenins Gestalt trat in den Vordergrund.

In Deutschland spaltete sich im Zeichen der Antikriegspolitik im Jahre 1917 die Unabhängige Sozialdemokratische Partei (USP) von der Sozialdemokratie ab. Sie war eine Minderheit; von den Anhängern der alten Parteimehrheit sprach man fortan als von den "Mehrheitssozialisten". Zu den Führern der USP gehörte Haase, der die Bewilligung der Kriegskredite verlesen hatte. Die USP barg einen radikaleren Kern in sich, den "Spartakusbund", der von Karl Liebknecht und Rosa Luxemburg geführt wurde. Die letztere, die als linke Theoretikerin der SPD eine Rolle gespielt hatte, mußte allerdings um diese Zeit wegen ihrer politischen Haltung ins Gefängnis. Auf den Schweizer Konferenzen der linken Sozialdemokraten hatte sich gezeigt, daß in dieser Linken überall zwei Fraktionen bestanden: die "Sozialpazifisten", die nur den Krieg beendigen wollten, und die eigentlichen Revolutionäre, die nach Lenin "den imperialistischen Krieg in den Bürgerkrieg umwandeln" und die proletarische Revolution nach Marx durchführen wollten. Die letzteren waren weniger zahlreich, aber kämpferischer und aktiver.

In der USP begegneten sich zwei so gegensätzliche Gestalten wie der strenge Marxist Kautsky und der Reformist Bernstein. Kautsky wurde alsbald seiner Position als Cheftheoretiker und Herausgeber der Parteizeitschrift enthoben.

Bald sollte sich zeigen, daß eine Revolution nur in Ländern zu erreichen war, die im Kriege Niederlagen erlitten hatten. Zuerst kam Rußland an die Reihe, dessen Truppen von den Deutschen und Österreichern weit zurückgedrängt worden waren, wenn man auch noch nicht von einer vollständigen Niederlage sprechen konnte. Der lange Krieg brachte die revolutionäre Gärung in Rußland im Februar 1917 zum Durchbruch.

Ende Februar 1917 brach nach großen Streiks und Demonstrationen unter dem Ruf nach Frieden, Freiheit und Brot die Revolution in Petersburg aus, der sich die Garnison der Hauptstadt alsbald anschloß. Zar Nikolaus II. dankte ab, es wurde eine provisorische Regierung unter dem Fürsten Lwow gebildet, die sich hauptsächlich auf die konstitutionell-demokratische Partei ("Kadetten") stützte. Die Regierung wollte den Krieg fortsetzen.

Mit deutscher Hilfe konnte Lenin in einem Sondertransport aus der Schweiz über Deutschland nach Rußland zurückkehren. Er hatte versichert, daß er den Krieg so schnell wie möglich beenden werde, wenn er an die Macht käme. In der SPD war ein aus Odessa stammender russischer Revolutionär namens A.I. Helphand (1867-1924) tätig, der den Parteinamen Parvus führte. Dieser Parvus machte Weltgeschichte, indem er das deutsche Auswärtige Amt dazu bewog, die Beförderung Lenins durch Deutschland zu genehmigen. Er hatte sich während des Krieges an neutralen Plätzen als deutscher Agent betätigt und genoß das Vertrauen des Auswärtigen Amtes. Er hatte dieses auch zur finanziellen Unterstützung revolutionärer Bewegungen in Rußland veranlaßt.

Parvus-Helphand hatte von 1891 bis 1905 bei deutschen sozialdemokratischen Blättern gearbeitet. Er eilte 1905 bei der ersten russischen Revolution nach Petersburg und trat dort im ersten Sowjet hervor. Nach dem Scheitern der Revolution verhaftet und verbannt, floh er wieder nach Deutschland. Von 1910 bis 1914 lebte er in der Türkei, wo er durch Handelsgeschäfte mit politischem Hintergrund ein großes Vermögen erwarb. Nach der Revolution blieb er in Deutschland, obwohl ihm Lenin einen hohen Posten in Rußland anbot. Parvus-Helphand wurde später in der Weimarer Republik weniger durch seine geschichtliche Rolle als durch Korruptionsaffären bekannt.

Mit einigen Mitarbeitern fuhr Lenin über Deutschland und Schweden nach Petersburg. Dort traf auch der frühere Menschewik L.D. Trotzki aus dem New Yorker Exil ein, der zu Lenins Bolschewiki-Fraktion überging und Lenins wichtigster Mitarbeiter wurde.

In Petersburg hatten sich nach dem Muster der Revolution von 1905 Arbeiterräte bzw. Arbeiter- und Soldatenräte (Sowjets) gebildet. Der zentrale Arbeiter- und Soldatenrat übte bald neben der Regierung eine Art Doppelherrschaft aus, zumal sein revolutionäres Militärkomitee die Garnison zu gewinnen begann. Eine Erweiterung der Regierung durch gemäßigte Sozialisten machte das neue Regime nicht populärer. Lenins bolschewistische Fraktion hatte in der Februarrevolution kaum eine Rolle gespielt und bildete auch in den Arbeiterräten zunächst nur eine Minderheit. Die Mehrheit stellten Menschewiki und Sozialrevolutionäre.

Lenin versprach sofortigen Frieden, Freiheit und Boden. Sein Anhang wuchs. Im Juli 1917 übernahm Kerenski mit gemäßigt sozialistischen Ministern die Regierung, wollte den Krieg aber immer noch fortsetzen. Die Bolschewiki versuchten einen Aufstand, der jedoch scheiterte. Ein "weißer" General namens Kornilow marschierte auf Petersburg, wurde aber zurückgeschlagen. Die Bolschewiki, deren Führer Lenin zeitweise nach Finnland geflohen war, erstarkten wieder und stürzten im Oktober die Regierung Kerenski. Die Petersburger Garnison hatte sich ihnen angeschlossen. In den Arbeiter- und Soldatenräten hatten sie jetzt die Mehrheit.

Nun führten Lenin und Trotzki die bolschewistische Revolution durch. Kleine bewaffnete Abteilungen besetzten am 7. November 1917 (nach dem alten russischen Kalender 26. Oktober, daher "Oktoberrevolution") die wichtigsten Punkte der Hauptstadt; dann stürmten sie das Winterpalais, den Sitz der Regierung. Kerenski war machtlos und floh ins Ausland. Mit verhältnismäßig kleinen Kräften und wenig Verlusten siegte Lenins Fraktion unter der Losung "Alle Macht den Räten!" Lenin proklamierte eine "Räterepublik" mit einem aus den Räten hervorgegangenen "Rat der Volkskommissare" als Regierung. Er übernahm den Vorsitz. Den militärischen Hauptanteil an dem leichten Sieg hatte Trotzki gehabt, der nun Kriegskommissar wurde und eine Rote Armee organisierte. Schon unter dem Sowjetregime wurde am 25. November 1917 die von der vorigen Regierung geplante konstituierende Nationalversammlung gewählt. Die einigermaßen demokratisch gewählte Konstituante hatte eine sozialistische, aber keine bolschewistische Mehrheit; von 36 Millionen Stimmen hatte Lenins Partei nur 9 Millionen erhalten. 40% der Stimmen gingen an die Sozialrevolutionäre. Die Konstituante erklärte am 5. Januar 1918 Rußland zu einer demokratischen föderativen Republik. Am 6. Januar 1918 jagte Lenin die Konstituante mit militärischer Gewalt auseinander. Der in bolschewistischen Händen befindliche Kreuzer "Aurora" dampfte die Newa hinauf und richtete seine Geschütze auf die Konstituante, die keine Verteidiger fand.

Lenin beendete in der Tat den Krieg mit dem Frieden von Brest-Litowsk am 3. März 1918. Beim Friedensschluß mußte Rußland auf die Ukraine, Polen und die baltischen Länder verzichten. Auf Lenins Versuch, die Verhandlungen in die Länge zu ziehen, hatten die Mittelmächte mit einem neuen Vormarsch und der Besetzung weiterer russischer Gebiete geantwortet. Die russischen Soldaten hatten, nachdem es zu einigen Verbrüderungs-Szenen mit den Soldaten der Mittelmächte gekommen war, die Front verlassen und kaum noch Widerstand geleistet. Sie hatten "mit ihren Füßen den Krieg beendet". Lenin unterschrieb nun alles, um sich dem inzwischen eingetretenen Bürgerkrieg widmen zu können. In schweren Kämpfen von 1918 bis 1920 behauptete er seine Macht.

Im Bürgerkrieg hatte Lenin nicht nur gegen die "Weißen" zu kämpfen, sondern auch gegen die anderen sozialistischen Parteien. Nur kleine linke Flügel der Menschewiki und der Sozialrevolutionäre schlossen sich ihm an. Die "Diktatur des Proletariats", die er proklamiert hatte und die nichts anderes war als die Diktatur der Kommunisten, wurde von den übrigen Sozialisten abgelehnt. Seine weit überlegenen Gegner im Bürgerkrieg konnte Lenin infolge ihrer Uneinigkeit allmählich besiegen, obwohl inzwischen französische, englische und amerikanische Truppen in Rußland gelandet waren und die Gegner Lenins zu unterstützen versuchten. Sie wurden 1919 abgezogen. Lenin versuchte die Rückeroberung Polens, wurde aber vor Warschau zurückgeschlagen. Er hatte zwar das Selbstbestimmungsrecht aller Nationalitäten Rußlands verkündet, suchte sie aber, wenn auch unter Zusage der Autonomie, mit militärischen Mitteln zurückzuholen. Mit der Ukraine und den kaukasischen Gebieten gelang ihm dies, nicht jedoch mit Finnland und den baltischen Ländern, die sich mit deutscher Hilfe halten konnten.

Lenin sah in der russischen Revolution den Anfang einer Weltrevolution. Zwar war Rußland noch wenig industrialisiert und die Industriearbeiter machten kaum 5% der Bevölkerung aus; nach der Lehre von Marx hätte Rußland zunächst eine Periode der kapitalistischen Industrialisierung durchmachen müssen, ehe eine sozialistische Revolution in Frage kam. Lenin erfand jedoch die Theorie, daß der Weltkapitalismus an seiner schwächsten Stelle zusammenbrechen werde, und das sei eben Rußland. Lenin war überzeugt, daß die Revolution bald auf den industriellen Westen übergreifen werde. Er benannte seine Partei in "Kommunistische Partei" um und gründete die III. (kommunistische) Internationale (Komintern). In Rußland verstaatlichten die Kommunisten die Industrie und verteilten den Boden der Großgrundbesitzer unter die Bauern, die dem Regime deshalb zunächst geneigt waren. Nach innen regierten die Kommunisten mit den Mitteln des Terrors, der von einer "Außerordentlichen Kommission" (*Tschreswytscháinaja Komisia*, abgekürzt Tscheka) unter Dzierzynski ausgeübt wurde. Es kam zu Massenhinrichtungen von "Gegenrevolutionären" und "Klassenfeinden". Die "Weißen" antworteten mit Gegenterror. Ehe wir die russische Entwicklung weiter verfolgen, wenden wir den Blick auf die inzwischen eingetretene Entwicklung in Deutschland und Österreich.

Revolution in Deutschland

Nach dem Frieden von Brest-Litowsk konnte Deutschland alle seine Truppen nach dem Westen werfen und versuchte, durch die Märzoffensive von 1918 einen militärischen Sieg zu erringen. Die Offensive scheiterte, zumal Amerika gegen Deutschland in den Krieg eingegriffen und große Armeen nach Frankreich gebracht hatte. Am 29. September 1918 verlangte die Oberste Heeresleitung die Aufnahme von Waffenstillstandsverhandlungen. In Berlin wurde der liberale Prinz Max von Baden zum Reichskanzler bestellt und bildete eine Regierung aus Mehrheitssozialisten, Liberalen und der katholischen Zentrumspartei. Demokratische Versprechungen hatten keine Wirkung mehr. Am 28. Oktober meuterte die Flotte, am 4. November bildete sich in Kiel ein Arbeiter- und Soldatenrat. Die von hier ausgehende revolutionäre Welle erreichte am 9. November Berlin. Nachdem die Abdankung Kaiser Wilhelms II. bekanntgegeben war, rief der Sozialdemokrat Scheidemann die Republik aus. Prinz Max übergab die Regierung dem Vorsitzenden der SPD, Friedrich Ebert, mit den Worten: "Herr Ebert, ich lege Ihnen das Deutsche Reich ans Herz." Ebert erwiderte: "Ich habe zwei Söhne für dieses Reich verloren."

Ebert hätte gerne die Monarchie unter einer Regentschaft aufrechterhalten, konnte sich aber der republikanischen Welle nicht entgegenstellen. Am 10. November übernahm unter seinem Vorsitz ein Rat der Volksbeauftragten, nach russischem Vorbild so benannt, die Regierung. Er bestand aus je drei Mehrheitssozialisten und USP-Abgeordneten. Der Führer der USP, Haase, teilte sich mit Ebert den Vorsitz. Schon am 12. November verkündete der Rat das Frauenstimmrecht und den Achtstundentag. Überall hatten sich Arbeiter- und Soldatenräte gebildet, die einen Kongreß einberiefen. Wieder nach russischem Vorbild wurde eine konstituierende Nationalversammlung geschaffen; die Wahlen zu ihr fanden am 19. Januar 1919 statt. Sie wurde nicht nach Berlin, sondern nach Weimar einberufen.

Die Koalition SPD-USP hielt nicht lange. Ende 1918 schied die USP aus der provisorischen Regierung aus, weil diese Militär gegen einen Matrosenaufstand am 24. Dezember eingesetzt hatte. Ebert hatte sich mit der Heeresleitung unter Hindenburg über die geordnete Rückführung der Armee von der Front geeinigt, wo am 11. November ein Waffenstillstand unterzeichnet worden war, der praktisch die deutsche Kapitulation bedeutete. Aus der alten Armee bildete die Regierung nun Kampfverbände gegen die Aufstandsversuche des Spartakusbundes, der radikalsten Fraktion der USP. Nur reaktionär gesinnte Truppen standen zur Verfügung.

Immer größere Teile der USP entglitten der noch gemäßigten Führung durch Haase. Inzwischen hatte sich der Spartakusbund unter Karl Liebknecht und Rosa Luxemburg am 1. Januar 1919 als Kommunistische Partei Deutschlands (KPD) konstituiert. Die KPD lehnte mit Dreiviertelmehrheit die Beteiligung an den Wahlen zur Nationalversammlung ab. Es kam zu Spartakus-Aufständen in vielen Städten. Nun hatte das von Rosa Luxemburg entworfene Programm des Spartakusbundes den Terror verworfen und die Machtgewinnung durch Erreichen einer Mehrheit verlangt. Sowohl Liebknecht als auch Rosa Luxemburg waren gegen die Aufstände. Doch wurden sie von den gegen Spartakus eingesetzten Truppen verhaftet und auf dem Transport ermordet. Die Regierungstruppen unter dem Mehrheitssozialisten Noske warfen den Spartakusaufstand blutig nieder. Auch Versuche, in München und Bremen Räterepubliken zu errichten, wurden von Regierungstruppen unterdrückt.

Die Wahlen zur Nationalversammlung erbrachten 37,9% für die Mehrheitssozialisten und 7,6% für die USP. Zusammen waren das 45,5%. Das war noch keine Mehrheit für den Sozialismus. Die Sozialdemokraten erklärten, ohne demokratische Mehrheit den Sozialismus nicht einführen zu wollen. Nun bildete sich die Weimarer Koalition aus Mehrheitssozialisten, liberalen Demokraten und dem Zentrum, mit Ebert als Reichspräsident. Es wurde die demokratische Weimarer Verfassung beschlossen.

Unter ständigen Unruhen wurde die kommunistische Partei, die bei den Reichstagswahlen im Juni 1920 nur 1,7% der Stimmen erhalten hatte, zu einer Massenpartei, weil der linke Flügel der USP sich ihr anschloß. Der rechte Flügel, der seinen Führer Haase im November 1919 durch ein Attentat verlor, lehnte einen Anschluß ab. Lenin hatte 21 Bedingungen für den Beitritt zu seiner III. Internationale gestellt, die auf Diktatur der Komintern, d.h. der russischen Partei, über die Landesparteien hinausliefen. Er verlangte "militärische Disziplin". Auf dem Parteitag der USP in Halle im Oktober 1920 wurde der Beitritt zur III. Internationale abgelehnt ("In die Sklaverei gehen wir nicht"). Ein Drittel der 900.000 Mitglieder der USP trat zu den Kommunisten über. Die USP versuchte sich noch zwei Jahre zu halten und beteiligte sich mit der österreichischen und einigen anderen linkssozialistischen Parteien an einer kurzlebigen "Internationale 2 1/2". Dann kehrte die USP mit noch 200.000 Mitgliedern zur SPD zurück.

Die provisorische Regierung hatte 1919 eine Sozialisierungskommission gegründet. Der Vorsitz wurde Kautsky, damals USP, übertragen. Trotz langen Beratungen kam es nicht zu Sozialisierungen. Kautsky ging später nach Wien, von wo er 1938 nach Amsterdam emigrierte, wo er bald darauf starb.

Das Ende Österreichs

Die österreichisch-ungarische Monarchie war am 28. Oktober 1918 zusammengebrochen, mehr durch den Abfall der zahlreichen Nationalitäten als durch einen Arbeiteraufstand. In Wien übernahm nach der Abdankung des Kaisers Karl die Sozialdemokratie unter Renner die Regierung. Sie trat radikal auf, wodurch sie den Kommunisten den Wind aus den Segeln nahm; die praktische Politik war gemäßigt und reformistisch. Zu einer Einführung des Sozialismus kam es nicht. Der von der Nationalversammlung beschlossene Anschluß Deutschösterreichs an Deutschland wurde von den Alliierten verhindert. Die Sozialdemokratie wurde bald von den Christlichsozialen abgelöst und blieb in der Opposition.

Auch in den neuen Nachfolgestaaten der Monarchie waren die nationalen Sozialdemokratien, soweit es zu einem demokratischen System kam, gemäßigt und reformistisch. Daneben spalteten sich kommunistische Parteien ab. Zu einer kommunistischen Revolution kam es nur in Ungarn, wo eine Räterepublik gebildet wurde. Sie wurde bald von den Truppen des Admirals Horthy beseitigt, der eine langdauernde Diktatur errichtete.

SPD-Programme

Die SPD gab sich 1921 in Görlitz ein gemäßigtes Programm, das keine Verstaatlichungen verlangte. An seine Stelle trat 1925 das Heidelberger Programm, eine abgeschwächte Version des Erfurter Programms. Die Partei hielt am sozialistischen Endziel fest, beharrte aber auf der Notwendigkeit einer demokratischen Mehrheit hierfür. Theoretisch bekannte sie sich weiter zum Marxismus.

Die Weimarer Koalition war bald zerfallen. Die Sozialdemokratie war bis 1928 in der Opposition. Die Weimarer Republik konsolidierte sich unter zunehmend nach rechts gehenden Regierungen. Ebert war bis zu seinem Ableben im Jahre 1925 Reichspräsident. Dann wurde Hindenburg zum Präsidenten gewählt und regierte zunächst republikanisch, auch mit einer großen Koalition unter einem sozialdemokratischen Kanzler.

Die sozialistische Szene wurde in der Folge international vom Konflikt zwischen Sozialdemokraten und Kommunisten beherrscht.

12. KAPITEL

Lenin und sein Werk

Wladimir Iljitsch Lenin, der Begründer des Kommunismus, wurde am 22. April 1870 in Simbirsk als Sohn eines Gymnasialdirektors geboren. Sein wirklicher Name war Uljanow. In der revolutionären Bewegung in Rußland war die Annahme von Decknamen üblich. Lenin studierte Jura und schloß sich frühzeitig der sozialistischen Bewegung an. Sein Bruder wurde wegen Beteiligung an einem Komplott gegen den Zaren hingerichtet. Lenin war 1897 an der Gründung des Kampfbundes für die Befreiung der Arbeit beteiligt, aus dem die russische sozialdemokratische Arbeiterpartei entstand. Lenin war von 1897 bis 1900 nach Sibirien verbannt, dann ging er ins Ausland. Die Spaltung der Partei in den radikalen "Bolschewismus" unter Führung Lenins und die gemäßigte Fraktion unter Martow haben wir schon erwähnt. Lenin lebte von 1907 bis 1917 im Exil in Paris, Wien und Zürich. Seine Rolle im Ersten Weltkrieg und seine Machtergreifung in Rußland im November 1917 ist im vorigen Kapitel besprochen worden.

Das Zeitalter des Imperialismus

Lenin glaubte buchstäblich an jedes Wort, das Marx geschrieben hatte. Er sagte: "Die Lehre von Marx ist allmächtig, weil sie wahr ist." Lenin beanspruchte die Fortführung dieser Lehre. Nach seiner Theorie war der Kapitalismus in das (bei Marx nicht vorgesehene) Zeitalter des Imperialismus eingetreten, gekennzeichnet durch den Kampf um Kolonien und Einflußsphären. Lenin knüpfte an den englischen Fabier Hobson an, der ein damals vielgelesenes Buch über die wirtschaftlichen Grundlagen des Imperialismus geschrieben hatte, in dem er allerdings zu anderen Folgerungen gelangt war als Lenin. Er wies auf den zunehmenden Kapitalexport als Triebfeder des Imperialismus hin und empfahl, statt dessen durch Lohnerhöhungen den Inlandsverbrauch zu steigern. Die zweite Quelle Lenins war der deutsche Sozialdemokrat Hilferding, der eine Theorie des "Finanzkapitals" aufstellte. Die Konzentration des Kapitals, wie sie Marx vorausgesagt hatte, führte nach Hilferdings Theorie zu einer engen Verflechtung des Bank- und Industriekapitals. Dieses konzentrierte Kapital drängte die Staaten auf die Bahn des Imperialismus; das Kapital wollte Märkte und Rohstoffquellen. Daraus entstand nach Lenin der Erste Weltkrieg. Das Finanz- und Monopolkapital litt unter dem Marxschen Gesetz der fallenden Profitrate und suchte seine Profite durch Ausbeutung der Kolonien aufzubessern. Zugleich schränkte es durch Kartelle und Trusts die "Produktivkräfte" ein; so war der von Marx vorausgesagte Zeitpunkt gekommen, in welchem die "Produktionsverhältnisse" für die Produktivkräfte zu eng geworden waren und der Sozialismus geschichtlich fällig geworden war. Lenin erklärte im Sinne der marxistischen Geschichtsperiodisierung den Imperialismus für das höchste und letzte Stadium des Kapitalismus, dem mit Sicherheit die proletarische Revolution folgen werde.

Den "Verrat" der Sozialdemokraten am Sozialismus erklärte Lenin damit, daß das Kapital aus den kolonialen Extraprofiten höhere Löhne an eine Oberschicht der Arbeiterklasse zahle; aus dieser "Bestechung" sei eine "Arbeiteraristokratie" entstanden, die die Arbeiterbewegung auf den Weg des Reformismus statt der Revolution führe. Es ist die Aufgabe der Kommunisten, die Vertretung der Arbeiteraristokratie, die Sozialdemokratie, zu bekämpfen und die Führung der Arbeiterbewegung zu übernehmen. Dann kann die fällige marxistische Revolution vollzogen werden.

Die Diktatur des Proletariats

Die Revolution muß den "bürgerlichen" Staat zerschlagen und ein neues System, das Rätesystem, an seine Stelle setzen. Lenin hielt nichts von Demokratie und Mehrheit; die Freiheit sei ein bürgerliches Vorurteil. "Ausbeutern" dürfe keine Freiheit gewährt werden. Der Sozialismus müsse durch die "Diktatur des Proletariats" eingeführt werden.

In diesem zentralen Punkt berief sich Lenin auf eine Äußerung von Marx in einem Brief aus dem Jahre 1875, in welchem Marx gesagt hatte, zwischen dem Kapitalismus und dem Sozialismus liege eine Periode der Diktatur des Proletariats. Ob er damit die Diktatur einer Minderheit gemeint hatte, ist ungewiß; nach Marxens Theorie sollte sich das Proletariat inzwischen zur Mehrheit der Bevölkerung entwickelt haben und seine Herrschaft hätte auf dem demokratischen Mehrheitswillen beruht. Die zweideutige Äußerung von Marx wurde erst 1891 veröffentlicht.

Lenin deutete sie diktatorisch, zumal in Rußland seit jeher autoritäre Verhältnisse geherrscht hatten und an eine demokratische Mehrheit für den Sozialismus nicht zu denken war, solange die Arbeiterschaft kaum 5% der Bevölkerung ausmachte und Lenins Partei nur 12.000 Mitglieder hatte. Die große Mehrheit der Bevölkerung war bäuerlich. Auch die sozialistische Partei verstand Lenin nicht als demokratische Massenpartei, sondern als eine Kaderpartei von Berufsrevolutionären unter straffer zentralistischer Leitung. Das Rätesystem, das er als höchste Form der Arbeiterdemokratie erklärte, diente ihm nur als Tarnung für seine Parteidiktatur. Formell wählten die örtlichen Sowjets die nächsthöheren Räte (Kreise, Gebiete usw.), diese wieder die höheren usw. Die Wähler konnten ihre Vertreter jederzeit abberufen. Nur die Arbeiter hatten volles Stimmrecht, die Bauern nur ein Fünftel des Stimmrechts der Arbeiter, die übrigen Stände überhaupt kein Stimmrecht. Ein jährlicher Rätekongreß war die gesetzgebende Instanz. Zwischen seinen Tagungen fungierte ein Vollzugsausschuß als eine Art Parlament und wählte die Räteregierung. Lenin sorgte dafür, daß in den Räten nur seine Partei herrschte.

Das Rätesystem war bis 1936 ein Heiligtum des Kommunismus. Dann wurde das System in Rußland abgeschafft und durch ein nominell parlamentarisches System ersetzt, in welchem wieder die kommunistische Partei die Alleinherrschaft innehat. An die Rätezeit erinnert nur noch der Name des Staates, den Lenin auf "Sowjetunion" umbenannt hatte. Sowjet (auf der *zweiten* Silbe zu betonen) ist das russische Wort für "Rat". Davon wurde sogar eine neue Nationalitätsbezeichnung "sowjetisch" abgeleitet.

Zur Untergrabung des Imperialismus empfahl Lenin die Förderung der Unabhängigkeitsbestrebungen der Kolonialvölker. Damit wollte er dem Imperialismus die wirtschaftliche Basis entziehen. Die Förderung dieser bald mit der gleichzeitigen Einführung des Kommunismus verknüpften Bestrebungen ist bis heute ein Merkmal der russischen Politik. Sie ist nicht mehr so uneigennützig, wie sie Lenin noch erschienen sein mag. Sicher hat jedoch Lenins Politik hier eine welthistorische Rolle gespielt.

Lenin als Theoretiker

Lenins marxistische Theorien sind schon recht verstaubt. Zu seiner Zeit bewegten sie die Welt, obwohl sie noch unrichtiger waren als die marxistische Stammideologie. Wie Marx hat auch Lenin mehr durch seine Irrtümer gewirkt als durch seine Wahrheiten. Der "Marxismus-Leninismus" ist zur offiziellen Weltanschauung eines Drittels der Welt und auch von Millionen Menschen außerhalb der kommunistischen Sphäre geworden.

Die Richtigkeit politischer Mythen ist von untergeordneter Bedeutung, wie wir schon von Sorel wissen. Sie haben mehr eine anfeuernde, integrierende Funktion als eine wissenschaftlich informierende. Das gilt gewiß für Lenins "Theorien". In Philosophie dilettierend, stellte er die Hegel-Marxsche "Dialektik" in den Mittelpunkt und gestaltete sie zum "dialektischen Materialismus" aus. Der Ausdruck stammt übrigens nicht von Marx oder Engels, sondern von Plechanow. In dieser Metaphysik sah Lenin die Bürgschaft für das Kommen der Revolution. Wie Marx suchte er die ganze Weltgeschichte wirtschaftlich zu erklären. Er war mehr Agitator als Wissenschaftler. Das geht auch aus seiner Kriegstheorie hervor. Wie die Geschichte zeigt, haben Kriege auch andere Ursachen als die Profitgier des Finanzkapitals. Es hat sie vor dem Kapitalismus gegeben und wird sie, wenn man die heutigen kommunistischen Staaten betrachtet, auch nach dem Kapitalismus geben. Der Kapitalexport in unentwickelte Länder spielt längst nicht mehr die Rolle, die er zu Lenins Zeiten gespielt haben mag, und hat weitgehend der Entwicklungshilfe Platz gemacht. Die Zahlungsunfähigkeit der unentwickelten Schuldnerländer macht den Kapitalexport dorthin immer weniger verlockend, aber Krieg wird es deshalb nicht mehr geben. Die "Imperialisten" haben ihren Kolonien, nicht immer zu deren Heile, längst die Freiheit gegeben.

Der Kapitalismus existiert auch ohne Kolonien weiter und hat immer neue Produktionsrekorde erreicht, indes er nach Lenin bei

Verlust der Kolonien zum Absterben verurteilt war. Lenins Lehre beruhte wie jene von Marx auf der Zusammenbruchstheorie. In jeder Generation haben die Marxisten behauptet, daß die kapitalistische Marktwirtschaft vor dem Zusammenbruch stehe. Schon Bernsteins Revisionismus war dieser Behauptung entgegengetreten. Doch wird Bernstein bis heute vom gesamten Kommunismus verflucht und das schlimmste Schimpfwort, das eine kommunistische Fraktion einer anderen entgegenwerfen kann, ist immer noch "Revisionist".

Unter dem Kapitalismus sind soziale Reformen durchgeführt worden, die Lenin für ebenso unmöglich hielt wie Marx. Es ist richtig, daß die großen Reformen nach dem Ersten Weltkrieg in gewissem Grade unter dem Druck der russischen Revolution durchgesetzt wurden; die Bereitwilligkeit der "Bourgeoisie" zu diesen Reformen beruhte zum Teil auf der Furcht vor einer kommunistischen Revolution nach russischem Vorbild. Gerade dadurch wurde eine solche Revolution in Mittel- und Westeuropa verhindert. Es hatte aber auch schon vorher die Tendenz zu Reformen gegeben; der Kampf zwischen Reformismus und Revolution setzte sich nun in Gestalt des Kampfes zwischen Sozialdemokratie und Kommunismus fort.

Doch trennte Sozialdemokraten und Kommunisten nicht nur die alte Frage des Reformismus, nicht nur die Auslegung der Schriften von Marx und Engels, sondern eine ganze Weltanschauung, eine verschiedene Auffassung des Menschen und des Staates. Die Sozialdemokratie wurzelte in der westeuropäischen Tradition, im Freiheitsbegriff des Liberalismus, der zu ihren unveräußerlichen Werten gehörte. Der Kommunismus dagegen hatte seine Wurzel im russischen Absolutismus, war diktatorisch und totalitär und glaubte, daß der Zweck die Mittel heilige. Die Sozialdemokraten glaubten nicht, daß von einer terroristischen Minderheitsdiktatur eine höhere sozialistische Demokratie zu erwarten wäre; vielmehr erwarteten sie davon nur eine Verewigung der Diktatur, eine "Diktatur über das Proletariat", ausgeübt von einer Klasse von Funktionären, die sich auf eine mordende und folternde Geheimpolizei stützte. Die weitere Entwicklung in Rußland gab diesen Warnungen recht. Dennoch ging damals von der russischen Revolution eine ungeheure Faszination aus. Viele glaubten, im Osten sei das große Licht der Menschheit aufgegangen. Manche glauben es heute noch, wenn sich ihre Zahl auch im Lichte der russischen Erfahrungen verringert hat.

Lenin verherrlichte das Proletariat noch mehr, als es Marx getan hatte. Dabei hatte er im Grunde eine pessimistische Auffassung von den Arbeitern. Nach seiner Ansicht waren sie aus sich selbst heraus höchstens zu einer gewerkschaftlichen Denkweise fähig; die sozialistische Ideologie mußten sie von "bürgerlichen" Intellektuellen lernen. Infolge der ungenügenden geistigen und politischen Fähigkeit der Arbeiter mußte die Partei eine befehlende Elite bilden. Der Kommunismus verlangt eine höchst optimistische Auffassung vom Menschen; pessimistische Gedanken werden als Reflexe des untergehenden Kapitalismus erklärt. Die Praxis der regierenden Kommunisten zeugt dagegen von einem Pessimismus, der mehr an die alten Konservativen erinnert: der Mensch muß autoritär regiert werden, seine Meinung muß ihm vorgeschrieben werden, er ist zu Freiheit und Selbstregierung unfähig.

Die III. Internationale

Am 2. März 1919 fand in Moskau der Gründungskongreß der kommunistischen III. Internationale statt. Es waren 51 Delegierte aus 29 Ländern erschienen, die nur kleine kommunistische Gruppen vertraten. Besser beschickt war der zweite Kongreß im Juli 1920. Inzwischen war die deutsche kommunistische Partei (KPD) stark angewachsen, auch die Mehrheit der französischen sozialistischen Partei und ein Großteil der italienischen war zum Kommunismus übergegangen. Die Satzung der III. Internationale sah eine straff organisierte Weltpartei vor, deren Sektionen die Parteien der einzelnen Länder waren. Der kommunistischen Internationale gelang in keinem europäischen Land eine Revolution. Über ihr wechselvolles Schicksal sprechen wir noch in einem späteren Kapitel. In der Zeit von 1920 bis 1943, dem Jahr ihrer Auflösung, hielt sie statt der vorgesehenen Jahrestagungen nur sieben Kongresse ab.

Mit dem Scheitern der Aufstandsversuche von 1923 in Deutschland und Bulgarien war die Epoche der kommunistischen Revolutionsversuche in Europa abgeschlossen; die kommunistischen Parteien beschränkten sich auf Wahlkämpfe. Sie bildeten insbesondere in Deutschland und Frankreich, auch in der Tschechoslowakei beachtliche Parlamentsfraktionen, die radikal redeten und sterile Opposition betrieben.

Die Anfänge der Sowjetunion

Im Jahre 1922 ließ Lenin die Verfassung der Union sozialistischer Sowjetrepubliken beschließen – wie Rußland, bisher die Russische Föderative Sowjetrepublik genannt, nun heißen sollte. Die Verfassung sah eine sozialistische Wirtschaftsordnung und das Rätesystem als Regierungsform vor. Die nicht großrussischen Nationalitäten (Ukrainer, Weißrussen, Turkmenen, Usbeken usw.) erhielten autonome Sowjetrepubliken mit dem theoretischen Recht zum Austritt aus dem Verband. Kleinere Nationalitäten erhielten autonome Gebiete. Wie erwähnt, hatten die Bauern nur ein Fünftel des Stimmrechts der Arbeiter. Die Minister hießen Volkskommissare. Die Zentrale der staatlichen Planwirtschaft hieß Gosplan (aus *Gossudárstwo*, Staat, und Plan). Sie lenkte die wirtschaftliche Tätigkeit bis in die Einzelheiten hinein. Die Internationale wurde zur Staatshymne gemacht.

So war der erste sozialistische Staat der Welt entstanden. Freilich mußte Lenin angesichts der vom "Kriegskommunismus" zerrütteten Wirtschaft zunächst Reformen kapitalistischer Art zulassen, vor allem durch Vergabe industrieller Konzessionen an ausländische Unternehmen. Auch sonst wurde die Planwirtschaft zeitweise etwas gelockert und der Privatinitiative in kleinem Rahmen etwas Spielraum gegeben. Durch diese "Neue ökonomische Politik" (NEP) kam die Wirtschaft notdürftig wieder in Gang. Die Volksernährung litt durch Hungersnöte, die wieder ausländische Hilfe erforderten. Schon während des Bürgerkriegs hatten die Bauern die Nahrungsmittel versteckt; blutige Requisitionen der Roten Armee machten viel böses Blut. Bald sollten die Bauern die Errungenschaften, die ihnen die Revolution gebracht hatte, wieder verlieren.

Lenins Ende

Im Jahre 1921 wurde Lenin von einer Sozialrevolutionärin namens Dora Kaplan angeschossen. Er hatte die sozialrevolutionäre Partei wie alle anderen (auch die sozialistischen) Parteien verboten und verfolgte ihre Anhänger. Einen Aufstand der Kronstädter Matrosen, die wenigstens in den Räten wirkliche Demokratie und freie Wahlen forderten, hatte Lenin blutig niedergeworfen. Das Attentat war ein Protest gegen Lenins Tyrannei. Die Attentäterin wurde sofort ohne Prozeß hingerichtet. Lenin kam mit dem Leben davon, doch dürften die Folgen des Attentats seine Lebenszeit verkürzt haben. Im Jahre 1923 erkrankte er und mußte sich praktisch von den Regierungsgeschäften zurückziehen. Lenin starb am 21. Januar 1924. Seine Leiche wurde einbalsamiert und ist bis heute in einem Mausoleum im Kreml ausgestellt, wo sie ein Gegenstand kultischer Verehrung geworden ist.

In einem lange geheimgehaltenen Testament wog Lenin seine beiden präsumptiven Nachfolger, Trotzki und Stalin, gegeneinander ab. Er warnte vor Stalin, der zuviel Macht angesammelt habe, und schien eher zu Trotzki zu neigen, ohne den er wahrscheinlich den Bürgerkrieg nicht gewonnen hätte. Er fand aber an Trotzki dessen "nicht zufällige" menschewistische Vergangenheit auszusetzen. Trotzki war um diese Zeit noch Kriegskommissar. Der Georgier Josef Wissarionowitsch Stalin, dessen eigentlicher Name Dschugaschwili war, war seit 1904 Bolschewik gewesen, hatte sich an Bankraub zugunsten der Partei beteiligt und war viel in Gefängnissen und in Sibirien gewesen. Dem Zentralkomitee der Partei gehörte er seit 1912 an. In der ersten Sowjetregierung hatte er das vergleichsweise unbedeutende Amt eines Volkskommissars für Nationalitätenfragen inne. Bald war er aber Generalsekretär der Partei geworden und war als solcher für fast alle Ernennungen von Funktionären zuständig, was ihm unverhältnismäßig großen Einfluß verlieh.

Die nächsten Jahre waren von dem Kampf zwischen Stalin und Trotzki um die Nachfolge Lenins erfüllt. Während Stalin seine Position ausbaute, wurden unbedeutende Persönlichkeiten an die Spitze gestellt. Nachfolger Lenins als Vorsitzender des Rates der Volkskommissare (Ministerpräsident) wurde Rykow, das mehr repräsentative Amt des Vorsitzenden des Vollzugsausschusses, der dem Staatspräsidenten gleichkam, erhielt Kalinin.

13. KAPITEL

Der Sozialismus in der Zwischenkriegszeit

Mit dem Abebben der sozialistischen Welle, die nach dem Ersten Weltkrieg über Europa hinwegging, trat das ein, was die Kommunisten die "relative Stabilisierung des Kapitalismus" nannten. Sie war gar nicht so relativ, denn die kapitalistische Marktwirtschaft besteht außerhalb der kommunistischen Welt immer noch, obwohl seither sechs Jahrzehnte verflossen sind. Wenn man aber die Marxsche Zusammenbruchstheorie nicht aufgeben wollte, konnte die Stabilisierung des Kapitalismus nur eine relative sein.

Die sozialdemokratischen Parteien Mittel- und Westeuropas setzten ihren Vorkriegskurs fort. Die sozialistischen Parteien Englands und Frankreichs taten nichts gegen das Versailler Friedensdiktat, das gewiß nicht in Einklang mit dem "proletarischen Internationalismus" zu bringen war. Die Kommunisten verwarfen es. Lenin fand es noch räuberischer als den Frieden von Brest-Litowsk, der mit der Niederlage Deutschlands erloschen war. Ein Vierteljahrhundert später sollte die kommunistische Sowjetunion einen Frieden mitdiktieren, gegen den Versailles nur ein sanftes Säuseln war. Aber zunächst lag es im russischen Interesse, zu dem anderen Besiegten des Ersten Weltkriegs zu halten und gegen die siegreichen "Imperialisten" des Westens Front zu machen.

Im ganzen war die Politik der sozialdemokratischen Parteien in Mittel- und Westeuropa durch weiteren, zum Teil sehr erfolgreichen Reformismus gekennzeichnet, wobei der "Ministerialismus", der einst einen so großen Streitpunkt gebildet hatte, zur Selbstverständlichkeit geworden war. Immer öfter traten die Sozialdemokraten in die Regierung ihrer Länder ein oder bildeten sie sogar selbst. Sie regierten durchaus "bürgerlich", zu Sozialisierungen kam es nicht. Radikale Reden der linken Flügel blieben ohne praktischen Effekt, wurden aber von den überall maßgebenden rechten Flügeln geduldet, weil sie dazu halfen, die kommunistische Konkurrenz im Zaum zu halten. Eine offene Absage an den Sozialismus hätte die marxistisch erzogene Generation den Kommunisten in die Arme getrieben. In England, wo die Kommunisten stets schwach blieben, war das nicht zu befürchten, aber auch dort gab sich die Arbeiterpartei – erst 1918 – ein Programm der Verstaatlichung der Industrie. Von Marxismus war hier auch weiter nicht die Rede.

Neben dem Anwachsen des Kommunismus, wenn er auch auf dem bald nach dem Krieg erreichten Niveau stagnierte, waren zwei Ereignisse für die politischen Schicksale des Sozialismus in der Zeit zwischen den zwei Weltkriegen wesentlich: die große Wirtschaftskrise von 1929 und das Aufkommen der Diktaturen des faschistischen Typs. Die II. Internationale wurde zwar 1923 unter englischer statt deutscher Führung wiederbelebt, redete radikaler und kriegsfeindlicher als je zuvor, blieb aber wieder ein papierenes Gebilde und erlosch mit dem Zweiten Weltkrieg noch kläglicher als ihre Vorgängerin von 1914.

Der Beginn des Faschismus

Die faschistische Welle begann in Italien. Dort hatte der radikale Flügel der Sozialisten, die "Maximalisten" genannt, mit Fabrikbesetzungen und eigenwilligen Sozialisierungen schwere innere Kämpfe heraufbeschworen. Italien war zwar unter den Siegern des Ersten Weltkriegs, doch herrschte Mißstimmung, weil die Italiener das Gefühl hatten, bei der Verteilung der Beute benachteiligt worden zu sein. Neben dem radikalen Sozialismus wuchs der Nationalismus. Er fand einen Führer in einem früheren Sozialisten, Benito Mussolini (1883-1945), dem Sohn eines Schmieds in Predappio. Er war in seiner Jugend radikaler Sozialist gewesen und hatte zeitweise in die Schweiz emigrieren müssen.

Nach seiner Rückkehr wurde er als eifriger Sozialdemokrat zum Chefredakteur der sozialistischen Parteizeitung *Avanti* bestellt. Er setzte sich dort 1914 für den Kriegseintritt Italiens an der Seite der Westmächte ein, weshalb er aus der sozialistischen Partei ausgeschlossen wurde. Er gründete dann im November 1914 seine eigene Zeitung *Popolo d'Italia*, in der er mit französischer finanzieller Unterstützung weiter den Kriegseintritt Italiens propagierte. Mussolini ging 1915, nachdem der Kriegseintritt ohne ernstlichen Widerstand der Sozialisten erreicht worden war, an die Front, erreichte nur Korporalsrang und kehrte nach einer Verwundung zu seinem Blatt zurück.

Nach dem Kriege gründete er in Mailand einen Kampfverband gegen die radikalen Sozialisten, das erste *Fascio di combattimento* (*fascio* = Bündel, Bund). Die im Anschluß hieran *fascismo* genannte Bewegung wuchs schnell, zumal die besitzenden Kreise in ihr einen Schutz vor den Radikalsozialisten erblickten. Schon 1921 schlossen die traditionell regierenden Rechtsliberalen mit Mussolini ein Wahlabkommen. Er konnte bereits 38 Abgeordnete in die Kammer entsenden. Nach einem Parteitag in Neapel marschierten am 28. Oktober 1922 etwa 40.000 Faschisten von Neapel nach Rom (der "Marsch auf Rom"), wo Mussolini vom König zum Ministerpräsidenten ernannt wurde. In seiner ersten Regierung saßen noch einige Rechtsliberale und katholische Volksparteiler. Mussolini machte sich dann zum Diktator. Stellenweiser Widerstand sozialistischer Arbeiter wurde blutig niedergeworfen. Im Jahre 1923 sicherte ein Wahlgesetz der Partei, die ein Viertel der Stimmen erhielt, zwei Drittel der Parlamentssitze. So konnte Mussolinis Partei bei den Wahlen im April 1924 die Parlamentsmehrheit erlangen. Am 10. Juni 1924 wurde der gemäßigte Sozialistenführer Matteotti von Faschisten ermordet. Als beim nächsten Namensaufruf der Abgeordneten in der Kammer die Reihe an Matteotti kam, erhob sich die sozialistische Fraktion wie ein Mann und antwortete: *Presente*! Die heroische Geste half wenig. Die Opposition (Sozialisten, Kommunisten, Liberale und katholische Volksparteiler) verließ die Kammer. Mussolini gewann durch einen vom König tolerierten Staatsstreich 1925 die alleinige Macht. Ein Jahr später wurden alle anderen Parteien verboten. Oppositionelle wurden verhaftet, auf Inseln deportiert oder zur Emigration gezwungen.

Die faschistische Partei beruhte auf dem Führerprinzip. Der *Duce* (Führer) Mussolini war unbeschränkter Diktator; selbst der König spielte nur noch eine Nebenrolle. "Mussolini hat immer recht", lautete das Parteischlagwort. Bei den Kommunisten, deren Parteistruktur ähnlich autoritär ist, heißt es bis heute: "Die Partei hat immer recht." Die Partei ist in ihrem jeweiligen Führer verkörpert.

Auf das Programm des Faschismus und sein Verhältnis zum Sozialismus kommen wir zurück, wenn wir Mussolinis mächtigeren Nachahmer in Deutschland und den sogenannten Nationalsozialismus betrachten. Zunächst wenden wir uns den Verhältnissen in der Weimarer Republik zu, wo auch in der Sozialdemokratie nur wenige den langen Schatten bemerkten, den der Faschismus auf die Demokratie und die Arbeiterbewegung zu werfen begann. Man hielt ihn für eine lokale italienische Angelegenheit; hatte doch Mussolini selbst erklärt, der Faschismus sei kein Exportartikel. "Deutschland ist nicht Italien", hieß es noch bis 1932.

Die Entwicklung in Deutschland

Die SPD schied schon im ersten Reichstag von 1920 aus der Reichsregierung aus, behielt aber bis 1932 die Macht in Preußen, dem wichtigsten Bundesland. In einem Kieler Programm von 1927 wurde die Teilnahme an "bürgerlichen" Koalitionen als Grundsatz festgeschrieben. Sozialdemokratische Theoretiker sahen in dem "organisierten Kapitalismus" der in Deutschland stets mächtigen Kartelle und Konzerne die Marxsche Vorstufe einer sozialistischen Planwirtschaft und hofften auf das "Hineinwachsen" in den Sozialismus, wie es schon dem noch aktiven Bernstein vorgeschwebt hatte. Vom Rätesystem der Revolutionszeit war noch ein Gesetz über Betriebsräte übriggeblieben, die geringe Befugnisse hatten und in der Politik keine Rolle spielten. Andere Reformen bezogen sich auf die Sozialversicherung und eine etwas schattenhafte "Wirtschaftsdemokratie", ferner auf das Schlichtungswesen bei Arbeitskonflikten. Im ganzen wurde die Weimarer Republik das Land mit der fortgeschrittensten Sozialpolitik der Welt. Die mit amerikanischen Krediten gespeiste Wirtschaftskonjunktur von 1924 bis 1929 half dabei mit.

Im Jahre 1928 kamen die Sozialdemokraten unter Hermann Müller endlich wieder an die Regierung. Sie hatten 153 Abgeordnete im Reichstag und bildeten eine große Koalition, die bis zu der weit rechtsstehenden Volkspartei Stresemanns reichte. In der Opposition verblieben nur die Deutschnationalen, die Kommunisten und die wenigen schon im Reichstag vorhandenen Nationalsozialisten. In der SPD kam es wieder zu einem Krach in einer Frage der Wehrpolitik. Die vorangegangenen rechtsgerichteten Regierungen hatten den Bau eines Panzerkreuzers beschlossen. Gegen dieses Projekt hatten die Sozialdemokraten in der Wahlpropaganda mit den bekannten pazifistischen Argumenten agitiert. Das Kabinett Müller beschloß, den Panzerkreuzer – er hieß "Deutschland" – doch zu bauen. Dabei spielte der Einfluß der bürgerlichen Koalitionspartner ebenso eine Rolle wie der Wille der sozialdemokratischen Führung, die in Versailles diktierte Wehrlosigkeit Deutschlands wenigstens im Rahmen des damals noch Erlaubten zu verringern.

In der Partei brach ein Sturm los. Der alte Konflikt zwischen Patriotismus und Pazifismus war wieder da wie schon in den Tagen Lassalles. Selbst die Reichstagsfraktion der SPD distanzierte sich von dem Beschluß über den Panzerkreuzerbau, verlangte aber nicht den Rücktritt der Minister der Partei. Die Linke sah in der Bewilligung des Kriegsschiffbaus eine Fortsetzung der Politik des "Umfalls" von 1914. Die Kommunisten nutzten den Zwischenfall nach Kräften aus; sie brauchten nur die Anti-Panzerkreuzer-Flugblätter der SPD aus der vorangegangenen Wahlzeit zu zitieren. Ein junger sozialdemokratischer Redakteur, Dr. Kurt Schumacher in Stuttgart, zählte zu den heftigsten Bekämpfern des Panzerkreuzers. Er sah darin den Beginn eines Militärbündnisses mit den Westmächten gegen die Sowjetunion. Es war derselbe Schumacher, der nach dem Zweiten Weltkrieg zum Führer der deutschen Sozialdemokratie werden sollte und dabei nationale Töne anschlug.

Es gab noch andere Schwierigkeiten in der Koalition. Im Herbst 1928 verärgerte ein Schiedsspruch des sozialdemokratischen Ministers Severing in einem Lohnkampf an der Ruhr beide Parteien, Arbeitgeber wie Bergarbeiter. Im März 1930 sprengte ein Streit um eine geringe Erhöhung der Arbeiterbeiträge zur Arbeitslosenversicherung die Koalition. Die Gewerkschaften und die Parteilinke verlangten von Müller eine feste Haltung in dieser Frage. Müller trat zurück. Es folgte die Regierung des Zentrumsmannes Brüning. Inzwischen war die große Wirtschaftskrise von 1929 ausgebrochen. Die Arbeitslosigkeit stieg bis auf sechs Millionen. Bei den Wahlen stiegen die kommunistischen Stimmen – und die nationalsozialistischen. Hitlers Nationalsozialisten wurden mit 107 Abgeordneten zur zweitstärksten Partei im Reichstag. Sie erhielten die Stimmen der durch Inflation und Krise ruinierten Mittelschichten und arbeitslosen Angestellten; die Finanzhilfe der Großindustrie ermöglichte ihnen eine ungeheure Propaganda. Das Beispiel Mussolinis wirkte.

Er hatte in Italien "Ordnung gemacht". Der Ruf nach dem "starken Mann" wurde auch in Deutschland immer lauter.

Die Stimmenzahl der Sozialdemokratie blieb mit 7 Millionen bemerkenswert stabil, aber die Partei wagte angesichts der kommunistischen Konkurrenz, die über den "Hungerkanzler" tobte, keine weitere Regierungsbeteiligung. Der Kanzler griff zu unpopulären Maßnahmen wie Lohnsenkungen und sozialen Einschränkungen, dem "kapitalistischen" Programm zur Überwindung von Wirtschaftskrisen. Daran wollte sich die SPD, obwohl sie die Notwendigkeit einsah, nicht aktiv beteiligen. Die Kommunisten erklärten die Krise für die von Marx vorausgesagte Endkrise des Kapitalismus und riefen nach der sozialistischen Revolution. Die SPD wollte davon nichts hören, da sie selbst zusammen mit den Kommunisten keine Mehrheit im Reichstag gehabt hätte. Ihr Prinzip blieb: nichts ohne Mehrheit. Gebt uns die Macht, rief sie den Wählern bei den nun rasch aufeinanderfolgenden Wahlen zu, dann wollen wir eine sozialistische Lösung der Krise suchen. Die Wähler gaben jemand anderem die Macht.

Bei den Juliwahlen von 1932 waren die Nationalsozialisten zur stärksten Partei des Reichstags geworden. In dem Bestreben, eine Machtergreifung Hitlers zu verhindern, entschloß sich die SPD für die historische "Tolerierungspolitik"; sie duldete als "kleineres Übel" die unpopulären Sparmaßnahmen Brünings, ohne ihnen direkt zuzustimmen. Das machte sie ebenso unbeliebt wie eine unmittelbare Regierungsbeteiligung. Innerer Widerstreit zwang die Partei wieder zu einer unentschiedenen Haltung. Bei den Wahlen gewannen die Nationalsozialisten immer mehr Stimmen. Gegen ihre Putschdrohungen stellte die Sozialdemokratie unter Mitwirkung des Zentrums die Kampforganisaton "Reichsbanner Schwarz-Rot-Gold" auf; die Gewerkschaften organisierten "Hammerschaften". Zusammen bildeten sie die "Eiserne Front", die sich in Demonstrationen und Versicherungen der Verteidigung der Demokratie erging. Ein wirklicher Kampfwille bestand aber nicht, auch hatten die Kampfverbände kaum Waffen und machten auch keine Anstalten, sich ernsthaft zu bewaffnen, weil das "ungesetzlich" gewesen wäre. Die Sozialdemokratie war ungeachtet aller ihrer Gesten nicht zu außerparlamentarischen Aktionen bereit. Das Parlament war der einzige Boden, auf dem sie zu agieren verstand. Der linke Flügel schimpfte auf die Parteileitung, die immer wieder zu "Ruhe und Besonnenheit" aufrief statt zum Kampf. Aber auch die Linke kam über Demonstrationen und Schlägereien mit den "Nazis" nicht hinaus.

Der wohlmeinende Brüning sagte voraus, daß er die Krise binnen zwei oder drei Jahren meistern werde, wenn man ihn nur seine Politik weiterführen lasse. Bei der Vertrauensfrage wurde er von der Sozialdemokratie gestützt, aber eine Reichstagsmehrheit für seine Gesetzgebung hatte er nicht. Er regierte mit Notverordnungen des Reichspräsidenten, wie sie in der Verfassung vorgesehen waren. Nun machte er bei der Präsidentenwahl 1932 einen entscheidenden Fehler, bei dem ihn die Sozialdemokratie unterstützte: er stellte den 85jährigen Hindenburg wieder als Präsidentschaftskandidaten auf.

Hindenburg hatte Brüning seiner unbedingten Hilfe versichert. Die sozialdemokratischen Wahlplakate riefen ins Land: "Jede Stimme für Hindenburg ist eine Stimme gegen Hitler!" Es zeigte sich bald, daß jede Stimme für Hindenburg eine Stimme für Hitler war. Der alte Feldmarschall war nicht gerade ein Streiter für die Demokratie, hatte aber, solange alles gut ging, durchaus korrekt verfassungsmäßig regiert. Jetzt war er seinem Amt nicht mehr gewachsen und ein Werkzeug in den Händen einer Kamarilla, zu der sein Sohn gehörte. Als man ihn zu seiner Wiederwahl beglückwünschte, antwortete er: "Diesen Glückwunsch nehme ich nicht an. Wer hat mich denn gewählt? Die Sozen, die Katholiken und das Berliner Tageblatt. Meine Leute haben mich nicht gewählt." Seine Leute waren die Deutschnationalen, die inzwischen ein Bündnis mit Hitler geschlossen und diesen als Gegenkandidaten unterstützt hatten. Mit dem "Berliner Tageblatt" spielte Hindenburg wohl auf dessen jüdischen Verleger Mosse und seine jüdische Leserschaft an. Immerhin hatte Hindenburg 18 Millionen Stimmen erhalten gegen nur 13 Millionen für Hitler. Man hielt die Republik für gesichert.

Ungeachtet seiner unverkennbaren Alterserscheinungen hatte Hindenburg noch genug politisches Bewußtsein, um sich darüber zu ärgern, daß die Linke ihn gewählt hatte – und zögerte nicht, seine Wähler an seinen Wahlgegner Hitler zu verraten. Dem Volke war er jahrzehntelang als "getreuer Eckart" präsentiert worden. Zutreffender war es, wenn ein Nachruf feststellte, daß er jeden verriet, der ihm vertraute. Es war eine katastrophale Dummheit von den Sozialdemokraten, sich auf die Unterstützung Hindenburgs einzulassen. Es hätte sich wohl ein anderer Präsident finden lassen, vielleicht Brüning selbst. Die 18 Millionen Stimmen hatten der verfassungsmäßigen Republik gegolten, nicht einer Person.

Alsbald entließ der getreue Eckart seinen getreuen Paladin Brüning. Es folgten die halbautoritären Regierungen Papen und Schleicher. Am 20. Juli 1932 schickte Papen mit Billigung Hindenburgs eine Abteilung Militär gegen die sozialdemokratische Landesregierung in Preußen und setzte sie ab. Sie kapitulierte kampflos, obwohl sie über eine große, wohlbewaffnete Polizeimacht verfügte. Die Preußenregierung hatte noch eine Mehrheit im Landtag und hätte bis zur nächsten Landtagswahl verfassungsmäßig weiterregieren können. Alles, was sie tat, war eine Beschwerde beim Reichsgericht, das Papens Aktion für verfassungswidrig erklärte. Weiter geschah nichts.

Bei der Herbstwahlen 1932 gingen die nationalsozialistischen Stimmen von 13,7 auf 11,7 Millionen Stimmen zurück. Der Tiefpunkt der Wirtschaftskrise schien überwunden, Hitlers Stern im Sinken. Reichskanzler war damals der General v. Schleicher; er war kein Freund Hitlers, der ihn später auch ermorden ließ. Schleicher regierte nur mit Hilfe Hindenburgs. Er soll einen Fühler zu den sozialdemokratischen Gewerkschaften ausgestreckt haben: danach sollten Reichswehr und Gewerkschaften gemeinsam einen Staatsstreich unternehmen, Hindenburg auf einen Truppenübungsplatz bringen und die Hitlerpartei verbieten. Die Sozialdemokraten wehrten entsetzt ab: das wäre ja ungesetzlich, das Reichsgericht würde das nicht billigen. Marx hätte eine solche Haltung als "legalen Kretinismus" bezeichnet.

Papen organisierte inzwischen ein Abkommen zwischen Deutschnationalen und Nationalsozialisten über eine Regierungsübernahme Hitlers unter deutschnationaler Aufsicht. Die Deutschnationalen unter Hugenberg flüsterten Hindenburg zu, sie hätten sich Hitler "engagiert" und würden ja in der Regierung die Macht behalten. Der alte Präsident stimmte zu, denn es waren ja "seine" Leute, obwohl sie ihn bei den Wahlen nicht minder verraten hatten, als er sie bald darauf mit der Duldung des Verbots ihrer Partei durch Hitler verriet. Am 30. Januar 1933 ernannte er Hitler zum Reichskanzler, denselben Hitler, den er einige Monate zuvor noch als einen "böhmischen Gefreiten" bezeichnet hatte, den er nicht einmal zum Postminister ernennen würde.

Die Sozialdemokraten taten nichts. Auch die Kommunisten, die bei den letzten freien Wahlen im November 1932 immerhin 5,9 Millionen Stimmen erhalten hatten, taten nichts. Sie proklamierten zwar den Generalstreik, doch folgte niemand ihrer Parole. Immer noch war ihre Losung: "Hauptfeind ist die Sozialdemokratie!" So hatte es ihnen der in Moskau regierende Stalin befohlen. Erst zwei Jahre später begann er die "Volksfrontpolitik" des Zusammengehens mit den Sozialdemokraten, aber es war zu spät. Ein Wort eines Mannes im Kreml, rechtzeitig gesprochen, hätte den Lauf der Weltgeschichte ändern können. Sozialdemokraten, Kommunisten und die Reste der bürgerlichen demokratischen Parteien hätten die deutsche Republik mit einer wenn auch knappen parlamentarischen Mehrheit retten können. Hitler hätte nie einen Aufstand gewagt oder gewonnen. Übrigens fühlte ein sozialdemokratischer Spitzenfunktionär bei der Sowjetbotschaft in Berlin wegen einer gemeinsamen Front mit den Kommunisten vor; es wurde ihm bedeutet, daß man in Moskau mit einem Sieg Hitlers rechne, diesen aber nur für ein kurzlebiges Übergangsstadium zur proletarischen Revolution kommunistischen Stils halte. Die "Widersprüche des Kapitalismus" könne auch Hitler nicht besiegen. Auf diese marxistische Formel baute man in Moskau.

Wo war der "Marschtritt der Arbeiterbataillone", eine andere marxistische Zauberformel? Die Arbeiterbataillone zerstoben vor Hitlers SA und SS, die von den Marxisten als politisch bedeutungslose Kleinbürger angesehen worden waren. "Reichsbanner" und "Eiserne Front" lösten sich kampflos auf. Die deutsche Demokratie ging an ihrer inneren Schwäche zugrunde, vor allem an der seither fast sprichwörtlich gewordenen Rückgratschwäche der Sozialdemokratie. Der anfangs große Kampfgeist ihrer Anhänger wurde allmählich von der Haltung ihrer Führer erstickt, die man "unten" nur noch die "Bremser" nannte. Eine Auswechslung der Führung zu verlangen, dazu raffte sich die Masse der Gefolgschaft allerdings nicht auf. Die Eigentümlichkeit der sozialistischen Parteien, von ihrem Funktionärsapparat beherrscht zu werden, wirkte sich aus. Nur eine Spaltung der Partei wäre das Gegenmittel gewesen, aber die Erinnerung an die Spaltung durch den Kommu-

154

nismus schreckte. Als die SPD einige linke, gegen die Passivität der Parteileitung protestierende Abgeordnete im September 1931 ausschloß, versuchten sie in der Tat die Gründung einer neuen Partei, der SAP (Sozialistische Arbeiterpartei) mit einem der alten USP ähnlichen Programm. Diese Splitterpartei zählte nur 13 Abgeordnete und erlangte keine Bedeutung. Zu ihr gehörte auch Willy Brandt, der spätere Bundeskanzler und Führer der SPD.

Am 27. Februar 1933 inszenierte Hitler den Reichstagsbrand, den er den Kommunisten in die Schuhe schob. Hindenburg gab ihm durch die "Verordnung zum Schutz von Volk und Staat" freie Hand für den nun einsetzenden Terror. Hitler ließ noch einmal wählen und heizte die Stimmung der Wähler mit dem Reichstagsbrand an. Er erhielt 44% der Stimmen, die mit ihm verbündeten Deutschnationalen konnten 8% buchen, so daß die Hitler-Koalition eine knappe parlamentarische Mehrheit aufwies. Die Deutschnationalen hatten nichts aus dem Beispiel Mussolinis gelernt, der ebenfalls durch eine Scheinkoalition mit Konservativen einem senilen Staatsoberhaupt seine Ernennung annehmbar gemacht hatte, nur um die Koalitionspartner bald hinauszudrängen und seine Alleinherrschaft aufzurichten.

Hitler ließ sich vom Reichstag ein Ermächtigungsgesetz bewilligen, das seine Diktatur legalisierte. Vorher hatte er 81 gewählte kommunistische Abgeordnete aus dem Reichstag entfernt. Die Sozialdemokraten waren die einzigen, die gegen das verfassungswidrige Gesetz stimmten, das Hindenburg entgegen seinem Verfassungseid unterzeichnete, obwohl es ihm wichtige Rechte und Pflichten nahm. In einer mutigen Rede protestierte der SPD-Vorsitzende Wels (1873-1939) gegen das Gesetz und rief Hitler zu: "Wenn Sie eine legale Regierung sein werden, werden wir eine legale Opposition sein!" Es war natürlich absurd, Hitler aufzufordern, eine legale Regierung zu sein und die parlamentarischen Spielregeln einzuhalten. Er antwortete mit den ersten Verhaftungen sozialdemokratischer Politiker.

Das ruhmlose Ende der SPD

Man konnte mit Sicherheit sagen, daß die sozialdemokratische Führung nie kämpfen würde. Hitler hatte mit seinem scheinbar mächtigsten Gegner leichtes Spiel. Bei der nächsten Abstimmung im Reichstag – über Hitlers heuchlerische Friedensresolution vom 17. Mai 1933 – stimmte die SPD, von Morddrohungen der Nationalsozialisten eingeschüchtert, für die Resolution Hitlers. Der kurz vorher gezeigte Mut war ihr vergangen.

Schon am 20. März 1933 hatte der Gewerkschaftsbund eine Loyalitätserklärung an Hitler abgegeben. Die Gewerkschaften würden ihre Aufgabe erfüllen, hieß es darin, gleichviel welcher Art das Staatsregime sei. Am 19. April beschloß der Vorstand des Gewerkschaftsbunds, sich an der Maifeier des nationalsozialistischen Regimes zu beteiligen; die Arbeiter wurden aufgerufen, diesem Beschluß zu folgen. Hitler antwortete am Tag nach der Maifeier mit der Besetzung der Gewerkschaftshäuser durch seine Parteitruppe SA und der Verhaftung der Gewerkschaftsführer. Bald wurden die Gewerkschaften aufgelöst und in die "Deutsche Arbeitsfront" Hitlers überführt. Keine Hand rührte sich dagegen. Funktionäre, die vorher Gewerkschaftsgelder ins Ausland gerettet hatten, lieferten sie brav den Nationalsozialisten ab.

Am 4. Mai 1933 hatte der SPD-Vorstand einige Mitglieder ins Ausland geschickt. Die Emigranten erließen Kampferklärungen gegen Hitler; die in Deutschland verbliebenen Führer waren dagegen, da sie davon ungünstige Folgen befürchteten. Es sei leicht, hieß es, vom sicheren Port der Emigration her zu hetzen; in Deutschland sei Widerstand eben unmöglich. Immer noch hoffte man, daß Hitler bei Wohlverhalten eine legale SPD dulden werde. Ein am 19. Juni 1933 gewählter neuer Parteivorstand verwarf öffentlich die Äußerungen der emigrierten Genossen. Zwei Tage später verbot Hitler die SPD und strich ihre Parlamentsmandate. Die sozialdemokratischen Politiker und Funktionäre hatten schwerste Verfolgungen zu erdulden; sie hatten sich nichts durch ihre passive Haltung erspart. Hitler verbot auch alle anderen Parteien; sie verhielten sich ebenso kläglich, darunter auch die Deutschnationalen, die immer noch Minister in Hitlers Regierung hatten. Hindenburg schwieg, obwohl er als Oberbefehlshaber der Reichswehr immer noch der mächtigste Mann in Deutschland war.

Zu Tausenden warf Hitler die Sozialdemokraten und Kommunisten in die Konzentrationslager. Kleine Organisationen versuchten illegal weiterzubestehen, konnten aber nur eine geringe Tätigkeit entfalten. Die Kommunisten hatten sich nur in Worten aktiver verhalten als die Sozialdemokraten. Auch in der Illegalität blieben beide Parteien verfeindet.

War der Nationalsozialismus sozialistisch?

Nach Hindenburgs Tod 1934 erklärte sich Hitler auch formal zum Staatsoberhaupt. Seine Nationalsozialistische Deutsche Arbeiterpartei (NSDAP) war weder sozialistisch noch eine Arbeiterpartei. Der Name war bei der Gründung der Partei kurz nach dem Ersten Weltkrieg angenommen worden, als die große sozialistische Welle über Europa ging. Der Nährboden des Nationalsozialismus war nicht nur der Nationalismus, sondern zweifellos auch der Sozialismus. Auf Hitlers Programm stand nichts geringeres als die "Verstaatlichung der Trusts und Konzerne". Das war reiner Sozialismus. Hitler machte sich das Erbe jahrzehntelanger sozialistischer Propaganda zunutze. Inmitten der Wirtschaftskrise zog die Hoffnung auf eine sozialistische Planwirtschaft.

Die sozialistischen Programmpunkte blieben auf dem Papier. Nichts wurde verstaatlicht. Jedoch verstärkte sich der Staatseingriff in die Wirtschaft. Die Krise flaute ab, die Arbeitslosigkeit wurde überwunden. Der "Sozialismus" Hitlers war ein Propagandabetrug, aber in gewissem Sinne gehört diese Bewegung, wenn auch nur am Rande, in die Geschichte des Sozialismus, der ihr zumindest die klimatischen Vorbedingungen lieferte. Viele wählten Hitler, weil sie glaubten, einen Sozialisten vor sich zu haben. Psychologisch trat der Rassenwahn an die Stelle der Klassenideologie. Man erinnert sich an Bebels Ausspruch: "Der Antisemitismus ist der Sozialismus der dummen Kerle". Die politischen Methoden von der monopolistischen Einheitspartei bis zum Terror hatte Hitler von den Kommunisten gelernt, das Führerprinzip von seinem italienischen Vorbild. Mussolini beschränkte sich auf Phrasen gegen die "Plutokratie", ohne ihr wirklich etwas zu tun, und eine *Carta del lavoro*, die den Arbeitern auf dem Papier soziale Rechte versprach.

Hitler redete etwas stärker sozial, appellierte an die "Arbeiter der Stirn und der Faust", sprach über die Aufhebung der Unterschiede zwischen den Klassen, schmeichelte den Arbeitern und suchte sie mit Einrichtungen wie "Kraft durch Freude" zu ködern, die übrigens nicht wenig Anklang fanden. In den Fabriken hatte er nach kommunistischem Muster "Betriebszellen" seiner Partei. Die führerlosen Arbeiter rebellierten nicht und wußten die Beseitigung der Arbeitslosigkeit zu schätzen, wenn sie auch zu einem großen Teil auf die schnelle Aufrüstung zurückging. Die egalitären, etatistischen und populistischen Elemente in der Politik und noch mehr der Phraseologie der Nationalsozialisten veranlaßten viele, den Nationalsozialismus wirklich für eine Art Sozialismus zu halten.

Die "Verstaatlichung der Trusts und Konzerne" war gewiß nicht der Zweck, für den die Trusts und Konzerne die Hitlerbewegung finanziert hatten. Sie wußten wohl, daß es dazu nicht kommen würde. Dennoch ist die marxistische Deutung des Nationalsozialismus einerseits als Instrument des Großkapitals, anderseits als Klassenbewegung des Kleinbürgertums nicht ausreichend, obwohl beide Faktoren zweifellos wesentlich an dem Geschehen beteiligt waren. Solche Entwicklungen sind immer multifaktoriell. Hier war ein weiterer entscheidender Faktor die unfaßbare Schwächlichkeit der Demokraten, vor allem der Sozialdemokraten; dazu kam die Unvernunft der Moskauer Kommunisten. Die Massenhysterie um einen skrupellosen Demagogen, die Massensehnsucht nach einem charismatischen Führer trug Hitler zur Macht, noch ehe er sie durch einen beispiellosen Terror absichern konnte. Ohne Massenpsychologie ist der Erfolg Hitlers nicht zu verstehen; das resultierende Menschenbild gibt keinen Grund zum Optimismus. Auch der Marxismus mit seinem Schema der heroischen Proletarier und der jämmerlichen Kleinbürger fand keine Bestätigung. Er ist an diesem geschichtlichen Scheideweg allen, die ihm folgten, ein schlechter Berater gewesen.

In der Emigration

Der Parteivorstand der SPD emigrierte fast zur Gänze und ging über Prag und Paris nach London. Auch viele Funktionäre und andere Parteiangehörige gingen in die Emigration. Unter den Emigranten entspann sich eine heftige Diskussion über die vergangene wie die zukünftige Politik. Zunächst führte die Linke das Wort und ließ eine Schrift "Neu beginnen" drucken, die einen revolutionären Kurs empfahl und alle marxistischen Illusionen über die revolutionäre Natur des Proletariats aufwärmte.

Die alten Führer mußten Diskussionsfreiheit gewähren, gaben aber nicht zu, falsch gehandelt zu haben. Man spekulierte über Programme nach dem erhofften Sturz Hitlers, zu dem die emigrierten Sozialdemokraten allerdings noch weniger beitragen konnten als die im Lande verbliebenen. Das Prager Programm des emigrierten Parteivorstands hoffte noch auf eine Arbeiterrevolution. Noch 1936 sprach man vom "Sieg im revolutionären Kampfe", von der Ausnützung der Bedingungen einer revolutionären Situation durch eine "entschlossene, von radikalem Kampfgeist durchseelte, von einer erfahrenen Elite geführte Partei des revolutionären Sozialismus". In einer Erklärung des emigrierten Parteivorstands vom gleichen Jahr hieß es: "Nur aus den dicht zusammengedrängten Massen der Industriebevölkerung kann die Kraft emporsteigen, die den inneren Feind der ganzen Nation überwindet." Freilich wurde hinzugesetzt: "Der Kampf gegen die Hitlerdiktatur ist nicht die Aufgabe der Arbeiter allein." Nach dieser revolutionären Aufwallung kehrte man zu einem Programm der Wiederherstellung der Weimarer Demokratie zurück. Eine Zusammenarbeit mit den Kommunisten, die in diesem Stadium ohnehin zu nichts geführt hätte, wurde abgelehnt.

Die in Deutschland verbliebenen Parteimitglieder bildeten kleine Gruppen, deren Tätigkeit sich auf Berichterstattung an die emigrierte Leitung und auf gelegentliche Flugblattaktionen beschränkte. Viele Verhaftungen und Todesurteile waren die Folge. Die "Neubeginner" hatten in London Streitigkeiten mit den älteren Parteivorstandsmitgliedern. Die verschiedenen Emigrationsgruppen bildeten schließlich eine "Union deutscher sozialistischer Organisationen in Großbritannien". Fritz Erler, einer der in Deutschland verbliebenen Führer der "Neubeginner", der 1933 aus der SPD wegen seiner Kritik ausgeschlossen worden war, wurde bald verhaftet und war bis 1945 im Konzentrationslager. Als die "Neubeginner" aus der Emigration zurückkehrten und wichtige Funktionen in der wiederhergestellten SPD übernahmen, war nicht viel von einem "Neubeginnen" zu merken.

Eine zu der "Union" in England gehörende Sekte, der "Internationale sozialistische Kampfbund", war 1925 von dem Göttinger Philosophieprofessor Leonard Nelson (1882-1927) gegründet worden. Sie vertrat einen ethischen, nichtmarxistischen Sozialismus. Anfangs radikal, mäßigte sie sich dann und versöhnte sich mit der

SPD, mit der sie anfangs in Konflikt gewesen war. Zu ihren Eigenheiten gehörte es, daß sie Vegetarismus und Kirchenaustritt von ihren Mitgliedern verlangte. In London betrieben die emigrierten ISK-Leute ein vegetarisches Restaurant. Die Sekte hatte nur 300 Mitglieder, durchwegs Intellektuelle, die ein verhältnismäßig umfangreiches Schrifttum hervorbrachten und merklichen geistigen Einfluß ausübten. Zu ihnen gehörte die bekannte Reformpädagogin Minna Specht. Ihr Führer Eichler spielte beim Wiederaufbau der SPD eine Rolle. Der Bund, dessen Name in keinem Verhältnis zu seinem Umfang stand, ging 1945 in der SPD auf.

Die Entwicklung in anderen Ländern

In *England* hatte sich die Arbeiterpartei 1918 ein sozialistisches Programm gegeben, das die Verstaatlichung der Produktionsmittel vorsah, aber nicht marxistisch war. Eine kommunistische Partei bildete sich zwar, blieb aber unbedeutend. Ramsay MacDonald, der 1914 aus Protest gegen den Krieg seine Ämter niedergelegt hatte, wurde 1922 wieder Abgeordneter und Parteivorsitzender. Im Juni 1924 wurde er Ministerpräsident an der Spitze einer Minderheitsregierung, der erste sozialistische Premier Großbritanniens. Zu sozialistischen Maßnahmen kam es nicht. Im November trat MacDonald zurück, die Konservativen übernahmen wieder die Regierung. Nach einem Wahlsieg der Arbeiterpartei im Jahre 1929 wurde MacDonald wieder Ministerpräsident. Die *Labour*-Regierung verhielt sich maßvoll und reformistisch.

Nach dem Ausbruch der Wirtschaftskrise von 1929 kam es zu Schwierigkeiten. MacDonald wollte aus finanziellen Gründen die Arbeitslosenunterstützung kürzen; seine Partei verweigerte ihm die Gefolgschaft. Er blieb an der Spitze einer hierauf gebildeten bürgerlichen Koalitionsregierung; darauf wurde er, einer der Parteigründer, aus der Arbeiterpartei ausgeschlossen. Nur wenige Minister und Abgeordnete schlossen sich ihm an, als er die *National Labour Party* gründete, eine schwer von den Konservativen zu unterscheidende Partei. MacDonald blieb Ministerpräsident bis 1935. Die Arbeiterpartei war bis zum Ausbruch des Zweiten Weltkriegs in der Opposition; es regierten die Konservativen.

Die Arbeiterpartei huldigte zunächst dem Pazifismus. Einer ihrer Führer, Lansbury, besuchte Hitler und kam von dessen friedlichen Absichten überzeugt zurück. Die Arbeiterpartei protestierte kaum gegen die "Beschwichtigungspolitik" der Konservativen gegenüber Hitler. Nach Ausbruch des Zweiten Weltkriegs 1939 unterstützte sie die konservative Regierung Chamberlain. Als nach dem Zusammenbruch Frankreichs 1940 Winston Churchill die Regierung übernahm, trat die Arbeiterpartei in seine allnationale Koalition ein und verblieb darin bis zum Kriegsende.

In *Frankreich* wurde die sozialistische Partei 1920 durch den Abfall der Mehrheit zu den Kommunisten geschwächt. Der Rest blieb unter Léon Blum sozialdemokratisch. Ihre Wähler waren hauptsächlich in der Provinz zu finden, Intellektuelle und Mittelständler überwogen die Arbeiter. Im Jahre 1924 erholte sich die Partei durch ein Wahlbündnis mit den liberalen Radikalen, die lange in Frankreich die wichtigste Partei waren. Nach Hitlers Machtergreifung rückten Sozialisten, Kommunisten und Radikale näher zusammen. Inzwischen hatte Moskau die "Volksfrontpolitik" gegen die deutsche nationalsozialistische Drohung begonnen. Im Jahre 1936 bildete Léon Blum eine Volksfrontregierung aus Sozialisten und Liberalen unter Tolerierung durch die Kommunisten. Es kam zur Verstaatlichung der Rüstungsindustrie und der Bahnen, die Marktwirtschaft blieb aber unangetastet. Blum führte viele Reformen durch, darunter die 40-Stunden-Woche.

Unter seiner Regierung gewährten die französischen Sozialisten ihren spanischen Genossen im Bürgerkrieg 1936-1938 nur beschränkte Unterstützung. Frankreich schloß sich teils unter dem Druck der englischen konservativen Regierung, die mit Franco sympathisierte, teils aus Furcht vor einem Eingreifen Hitlers der Nichteinmischungspolitik an, die den Untergang der spanischen Republik besiegelte. Nur vorsichtig und heimlich ließ Blum begrenzte Waffenlieferungen und Freiwilligenkontingente nach der spanischen Republik durch; kommunistische Demonstrationen mit dem Ruf nach Kanonen und Flugzeugen für Madrid hatten wenig Wirkung. Vom spanischen Bürgerkrieg sprechen wir gleich noch. Im Jahre 1938 war Blums Regierung zu Ende; es folgte die Regierung des Radikalen Daladier, die sich Hitler gegenüber der englischen "Beschwichtigungspolitik" anschloß und einen Teil der Reformen Blums wieder aufhob.

Bei Kriegsausbruch 1939 standen in der Pariser Kammer 274 meist rechtsgerichteten Abgeordneten insgesamt 155 Sozialisten, 116 Radikale und 73 Kommunisten gegenüber. Die Kommunisten sabotierten auf Befehl Moskaus den Krieg gegen Hitler; der Generalsekretär der französischen kommunistischen Partei Maurice Thorez desertierte aus der Armee und floh nach Moskau.

Als Frankreich 1940 unter der deutschen Offensive zusammenbrach, schloß sich die Mehrheit der sozialistischen Abgeordneten der Regierung Pétains in Vichy an, die einen Waffenstillstand mit Hitler vereinbarte. Viele Sozialisten gingen aber in den Widerstand, der im übrigen nicht so groß war, wie die Legende es später schilderte. Blum wurde von Pétain wegen ungenügender Kriegsvorbereitung vor Gericht gestellt und kam schließlich, nachdem Hitler auch Südfrankreich besetzt hatte, in ein deutsches Konzentrationslager, aus dem ihn die Alliierten 1945 befreiten.

In *Spanien*, wo der Diktator Primo de Rivera (1923-1930) alle Parteien verboten hatte, formierten sich die sozialistischen Parteien nach seinem Sturz und der Ausrufung der Republik (1931) wieder. Im Jahre 1936 bildeten Sozialisten, Kommunisten und Liberale eine Volksfront, die 277 Abgeordnete im Parlament hatte gegen 167 Abgeordnete der Rechtsparteien. Die Volksfront begann mit der in dem noch halbfeudalen Lande überfälligen Bodenreform. Darauf folgte der Militäraufstand des Generals Franco und ein erbitterter dreijähriger Bürgerkrieg. Bei Ausbruch des Bürgerkriegs waren der Ministerpräsident und der Präsident der Republik Azaña Liberale. Hierauf stellten die Sozialisten den Ministerpräsidenten, zuerst den als radikal geltenden Largo Caballero, dann die gemäßigteren Parteiführer Prieto und Negrín. Die Regierung bestand aus Sozialisten, Kommunisten und Liberalen, später auch Syndikalisten. Alle arbeiteten, wenn auch nicht ohne Reibungen, bei der Verteidigung der Republik zusammen. Sozialisierungen wurden, abgesehen von örtlichen Maßnahmen der Syndikalisten, unterlassen, denn auf dem Programm der Volksfront stand nur die Verteidigung der demokratischen Republik.

Die republikanische Armee, die hauptsächlich aus sozialistischen Arbeitern aller drei Richtungen bestand, hielt Franco drei Jahre lang stand, wenn sich auch mangelhafte Ausrüstung, Ausbildung und Führung ebenso geltend machten wie innere Streitigkeiten und geringe Unterstützung durch die Sozialisten des Auslands. Die Kommunisten benutzten die Gelegenheit zur Stärkung ihrer vorher schwachen Position, zumal sie die Sowjetunion hinter sich wußten, die in begrenztem Umfang Waffen an die Republikaner lieferte und einmal kurzzeitig einen kleinen Panzerverband nach Spanien entsandte. Sie liquidierten blutig die "trotzkistische" vierte sozialistische Partei (*Partido Obrero de Unidad Marxista*, POUM), obwohl sie gegen Franco mitkämpfte, denn alle "Trotzkisten" waren um diese Zeit Stalin ein Dorn im Auge. Auch mit den Syndikalisten kam es zu Konflikten.

Die Internationalen Brigaden von etwa 17.000 Mann, die 1936 Madrid vor Franco retteten, bestanden fast ausschließlich aus Kommunisten. Franco erhielt von Hitler und Mussolini viel mehr Unterstützung an Kriegsmaterial und Truppen, als die republikanische Regierung von ihren ausländischen Freunden empfing. So brach die spanische Republik 1939 zusammen. Es folgten fast 40 Jahre Franco-Diktatur. Erst mit der Wiedereinführung der konstitutionellen Monarchie erstanden die sozialistischen Parteien wieder.

Die Exilparteien vermehrten sich um die spanische, deren emigrierter Parteivorstand schwere innere Kämpfe auszustehen hatte, ehe sich die Partei rekonstituieren konnte. Das Haupt der gleichfalls exilierten italienischen sozialistischen Partei war Pietro Nenni (1891-1980), der 1922 als Parteivorsitzender eine Fusion der Sozialisten und Kommunisten verhinderte. Er lebte seit 1926 in Frankreich im Exil. In der Emigration gelang ihm 1930 die Wiedervereinigung der italienischen "Maximalisten" und "Reformisten". Er bejahte die Volksfront mit den Kommunisten und nahm am spanischen Bürgerkrieg teil. Nach dem Zweiten Weltkrieg sollte er noch eine bedeutende Rolle spielen.

In *Österreich* war die Spannung zwischen den eine radikale Sprache führenden Sozialdemokraten und den seit 1921 regierenden Christlichsozialen immer stark. Die Sozialdemokratie hatte einen Republikanischen Schutzbund gegründet. Im Jahre 1927 kam es zu einer Schießerei zwischen Schutzbündlern und rechtsgerichteten "Frontkämpfern", bei der es Todesopfer gab. Als ein Geschworenengericht die angeklagten "Frontkämpfer" freisprach, kam es zu einem Arbeiteraufstand in Wien. Sozialistische Arbeiter setzten den Justizpalast in Brand. Es folgten bürgerkriegsähnliche Kämpfe mit großen Verlusten auf beiden Seiten. Als der christlichsoziale Kanzler Dollfuß 1934 mit seinen "Heimwehren" eine mit dem auch in Österreich starken Nationalsozialismus konkurrierende Diktatur errichtete, antwortete der Schutzbund mit bewaffnetem Widerstand. Der Schutzbund-Aufstand wurde von Dollfuß blutig niedergeworfen. Nur ein Teil des Schutzbundes hatte gekämpft. Dollfuß wurde bald darauf von Nationalsozialisten ermordet. Ihm folgte die Regierung Schuschnigg, ebenfalls diktatorisch, aber milder. Die nun illegalen Sozialdemokraten stützten sie faktisch, weil sie hofften, Schuschnigg könnte den Einmarsch Hitlers verhindern. Dies gelang aber nicht und Hitler annektierte 1938 Österreich. Die Reste der Sozialdemokratie fristeten ein illegales Dasein. Sie nannten sich jetzt "Revolutionäre Sozialisten" und hatten schwere, opferreiche Verfolgungen zu erdulden.

Die Sozialdemokratie der *Schweiz* galt lange als linksgerichtet, besonders seit dem Generalstreik von 1918 und blutigen Zusammenstößen in Genf 1932. Von 1933 an mäßigte sie sich. Von 1943 bis 1953 war sie in der Regierung, ebenso wieder seit 1959.

Die Sozialdemokratie der *Niederlande* gab sich 1937 im Haag ein reformistisches Programm. Der Klassenkampfgedanke wurde abgeschwächt. Die Sozialdemokratie tendierte dazu, eine Volkspartei zu werden, und erhielt bei den letzten Wahlen vor dem Zweiten Weltkrieg 25% der Stimmen.

In den *skandinavischen Ländern* war die Sozialdemokratie in der Zwischenkriegszeit oft an der Regierung. Der in Schweden von ihr geschaffene Wohlfahrtsstaat galt als musterhaft. Zum eigentlichen Sozialismus kam es hier ebensowenig wie in den anderen Ländern Mittel- und Westeuropas. Die sozialdemokratische Politik blieb reformistisch.

In der *Tschechoslowakei* nahm die tschechische Sozialdemokratie fast immer an der Regierung teil, meist in Koalition mit den Agrariern und anderen Parteien. Gegen Ende der dreißiger Jahre stellte auch die sudetendeutsche Sozialdemokratie einen Minister. Die Politik war gemäßigt. In *Ungarn* fristete eine gemäßigte sozialdemokratische Gruppe auch unter Horthy ein bescheidenes parlamentarisches Dasein ohne Einfluß. Im übrigen Osteuropa mit seinen Diktaturen und Halbdiktaturen waren die sozialistischen Parteien verboten oder ausgeschaltet.

Die II. Internationale wurde am 21. Mai 1923 in Hamburg unter englischer Führung wiedergegründet. Die ihr angeschlossenen sozialdemokratischen Parteien hatten zusammen 6 Millionen Mitglieder. Die Internationale versuchte eine straffere Politik als vor dem Ersten Weltkrieg. Es wurde festgelegt, daß die Internationale (SAI, Soz. Arbeiter-Internationale) bei Konflikten zwischen den Staaten die höchste Instanz für das Verhalten der angeschlossenen Parteien sein sollte. Ihre Beschlüsse sollten für alle bindend sein. Beim Brüsseler Kongreß 1928 forderte die Internationale die Parteien auf, den stärkstmöglichen Druck der Massen, selbst in revolutionärer Form, gegen jede Regierung aufzubieten, die sich einem internationalen Schiedsspruch entziehen würde. Auf dem Pariser Kongreß von 1933 rief die Internationale die Arbeiter auf, die Demokratie mit allen Mitteln entschlossen zu verteidigen. Das sollte aber in jedem Lande gesondert geschehen.

Die Volksfrontpolitik der Kommunisten ab 1936 wurde mit Ausnahme der französischen und spanischen Partei von allen Parteien der Internationale abgelehnt. Allmählich bestand die Internationale, deren Sitz zum Schluß nach London verlegt wurde, fast nur noch aus Exilparteien, da ein Großteil der europäischen Länder unter Diktaturen geraten war, die keine sozialistischen Parteien duldeten. Im Jahre 1939 wies die englische Arbeiterpartei den Exilparteien einen Status minderen Rechts zu und lehnte die satzungsgemäßen Bestimmungen über das Verhalten im Kriegsfalle ausdrücklich ab. Von Belang waren nur noch die sozialistischen Parteien Englands und Frankreichs. Sie versuchten ebenso wie die Parteien der kleineren Länder den drohenden Krieg gegen Hitler-Deutschland zu vermeiden und folgten darin der Politik ihrer Regierungen.

Der Sekretär der Internationale war Friedrich Adler (1879-1960), der Sohn des Begründers der österreichischen Sozialdemokratie Viktor Adler, der im Herbst 1918 gestorben war. Friedrich Adler stand auf dem linken Flügel. Als sich seine Partei 1914 für den Krieg begeisterte, legte er das Amt des Parteisekretärs nieder. Am 21. Oktober 1916 erschoß er den österreichischen Ministerpräsidenten Stürgkh und wurde zum Tode verurteilt, dann zu 18 Jahren Zuchthaus begnadigt. Die Revolution von 1918 befreite ihn. Er war bis

1923 in der halbradikalen "Internationale 2 1/2" tätig, dann wurde er Sekretär der erneuerten II. Internationale. Nach Ausbruch des Zweiten Weltkriegs emigrierte er nach Amerika und kehrte 1945 nach Zürich zurück, wo 1925-1935 der Sitz der Internationale gewesen war. Im Jahre 1939 hatte er wegen des Verhaltens der Internationale sein Amt niedergelegt. Ein Nachfolger wurde nicht bestimmt. Vorsitzender der Internationale war bis 1925 der Engländer Henderson gewesen, von 1935-1939 der Belgier de Brouckère.

Die II. Internationale erließ 1940 ihren letzten Maiaufruf unter dem nunmehrigen belgischen Vorsitzenden Huysmans. Dann besetzte Hitler Belgien, Holland, Frankreich, Dänemark und Norwegen. Es gab außer der englischen Arbeiterpartei und der schwedischen Partei nur noch Exilparteien. Die II. Internationale verlosch ruhmlos. Ihre Beschlüsse hatten sich als leere Worte erwiesen.

Die internationale Idee des Sozialismus hatte zum zweiten Mal Schiffbruch erlitten. Die Situation ähnelte allerdings wenig jener von 1914. Der Großteil der europäischen sozialistischen Parteien lag in Trümmern, die inzwischen etablierten Diktaturen des faschistischen Typs drängten zum Eroberungskrieg. Selbst wenn die kriegsfeindlichen Beschlüsse der Internationale ernster gemeint gewesen wären, hätten sie sich nicht durchführen lassen. Man hätte freilich annehmen können, daß die noch verbliebenen sozialistischen Parteien selbst zum Kriege neigen würden, um die faschistische Bedrohung auszuschalten und den "proletarischen Brüdern" in den Diktaturländern zu helfen. Davon war aber keine Rede; die sozialistischen Parteien der Westmächte blieben pazifistisch und suchten den Krieg zu vermeiden. Auch den schließlich eingetretenen Krieg führten sie im Schlepptau ihrer "bürgerlichen" Regierungen, ohne ideologische Begründung, als reinen Nationalkrieg.

Und die Kommunisten? Bekämpften sie überall gleichmäßig den Krieg im Zeichen der alten sozialistischen Losungen? Oder unterstützten sie im Zeichen der Volksfront die Kriegführung der demokratischen Westmächte, indes sie in Deutschland und Italien gegen den Krieg kämpften? Sie brachten es fertig, beides zu tun, in einer Reihenfolge, die von der russischen Staatspolitik bestimmt war.

14. KAPITEL

Sowjetunion und Kommunismus unter Stalin

Die Entwicklung des Kommunismus in der Zwischenkriegszeit ist eng mit der Entwicklung der Sowjetunion verbunden. Nach dem Tode Lenins machte sich der Generalsekretär der kommunistischen Partei, der Georgier J.W. Stalin, schrittweise zum Alleinherrscher. Sein Hauptgegner war Leo Dawidowitsch Trotzki (1879-1940), dessen wirklicher Name Bronstein war. Stalin war der Sohn eines Schusters, Trotzkis Vater war Gutsbesitzer. Trotzki, zuerst Menschewik, dann zwischen der menschewistischen und der bolschewistischen Fraktion stehend, ging 1917 endgültig zu der bolschewistischen Partei Lenins über und leitete den Petersburger Aufstand im November 1917. Er entwickelte eine marxistische Theorie der "permanenten Revolution". Beim Ableben Lenins war er Kriegskommissar und befehligte die "Rote Armee der Arbeiter und Bauern", seine Schöpfung. Die Welt erwartete, daß Trotzki der Nachfolger Lenins würde, denn sein Name war in der Revolutionszeit fast immer zugleich mit dem Lenins genannt worden.

Die Welt kannte allerdings die inneren Verhältnisse im kommunistischen Rußland nicht. Hier kam es weniger auf revolutionäre Verdienste als auf die Beherrschung des Parteiapparats an. In dieser Beziehung war Stalin seinem Rivalen überlegen, denn als Generalsekretär der Partei hatte er den Apparat mit seinen Kreaturen durchsetzt, indes Trotzki in seinem strengen, aber naiven Marxismus auf die Sympathie der Arbeitermassen setzte. Der Parteiapparat war inzwischen ungeheuer gewachsen, der Charakter seiner Angehörigen hatte sich gewandelt. Lenins 12.000 Berufsrevolutionäre hätten nie ausgereicht, das riesige Reich zu regieren; es mußten Millionen neuer Kräfte für den Partei- und Staatsapparat geworben werden. Naturgemäß war unter ihnen ein großer Anteil von Karrieristen, die auf Stalin hörten, dem sie ihren Aufstieg verdankten.

Trotzki vertrat eine Politik der Fortführung der Weltrevolution, während Stalin sich für den Aufbau des "Sozialismus in einem

Lande", nämlich der Sowjetunion, einsetzte. Er gebärdete sich zwar ebenfalls weltrevolutionär, aber das russische Nationalinteresse ging bei ihm voran. Die beiden scheinbar entgegengesetzten Prinzipien waren im Grunde nur die Formel für einen persönlichen Machtkampf. Wäre Trotzki an die Macht gekommen, hätte er es kaum anders machen können als Stalin; er behauptete später ohnedies, der eigentliche Urheber der Fünfjahrespläne gewesen zu sein, die Stalins Erfolg besiegelten. Die Weltrevolution war zunächst gescheitert und es blieb, wollte man den Kommunismus nicht liquidieren, nichts anderes übrig, als die Sowjetunion zu einem sozialistischen Staat zu entwickeln.

Für Stalin war Trotzkis Politik ultralinks, und er beseitigte Trotzki nebst seiner Parteilinken zunächst mit Hilfe des rechten Parteiflügels, der insbesondere durch Rykow und Bucharin vertreten wurde. Trotzki verlor schon 1925 das Amt des Kriegskommissars und wurde nach dem Kaukasus verbannt. Ein Jahr später wurde er zurückberufen und mit dem Amt eines Vorsitzenden des Rates für Arbeit und Verteidigung betraut, das ihm wenig Macht bot. Er setzte den Kampf gegen Stalin fort und wurde gemäß altem Zarenbrauch nach Sibirien verbannt. Als es 1927 in Moskau zu Straßendemonstrationen für den bekannten Revolutionsführer kam, wurde er aus der kommunistischen Partei ausgeschlossen und mußte 1929 in die Türkei emigrieren. Sogar die Sowjetstaatsbürgerschaft wurde ihm, dem Mitschöpfer der Sowjetunion, abgesprochen. Die Demonstrationen für ihn waren nicht sehr eindrucksvoll gewesen; er hatte sich vergebens auf die "Massen" gegen den Apparat verlassen. Stalin sorgte alsbald für die Auslöschung des Namens Trotzki aus der Geschichte der Revolution und setzte seinen eigenen Namen als nächsten Mitstreiter Lenins an seine Stelle. Die Geschichtsfälschung war angesichts des Meinungsmonopols der Parteileitung leicht durchführbar. Trotzki wurde eine "Unperson".

Kollektivierung und erster Fünfjahresplan

Stalin wandte sich nun gegen den rechten Flügel und beseitigte dessen Vertreter aus allen wichtigen Stellungen. Von einer Volksbeteiligung an diesen Veränderungen war auch weiter nicht die Rede. Der Generalsekretär beherrschte den Polizei- und Informationsapparat. Die leitenden Gremien der Partei, das Zentralkomitee und das Politbüro, waren mit seinen Anhängern besetzt. Zum absoluten Diktator geworden, begann er mit der Politik des "Sozialismus in einem Lande". Die NEP mit ihren kapitalistischen Ansätzen wurde liquidiert. Stalin inaugurierte den ersten Fünfjahresplan, der den Zeitraum von 1927 bis 1932 umfaßte und auf Grund totaler staatlicher Planwirtschaft einen gewaltigen Ausbau der bis dahin immer noch kleinen russischen Industrie vorsah.

Zugleich ordnete die Partei unter Stalin die Kollektivierung der Landwirtschaft an. Die Zuteilung des Bodens der Großgrundbesitzer an die Bauern war ein Hauptpunkt der Revolution gewesen und hatte ihr die Sympathie der Bauern gebracht. Nun wurde ihnen der Boden als Einzelbesitz wieder weggenommen und sie wurden zwangsweise zu Produktivgenossenschaften kollektiviert. Die entstehenden "Kolchose" (russ. *kolektivnoje chosjáistwo*, Kollektivwirtschaft) waren nominell Genossenschaften, deren leitende Vorsitzende allerdings auf "Empfehlung" der Partei gewählt wurden und praktisch die Macht von Direktoren staatlicher Latifundien besaßen. Außerdem gab es noch in großem Umfang Staatsgüter, die auch formell Latifundien waren. Sie hießen "Sowchose" (*sowjétskoje chosjáistwo*, Sowjetwirtschaft). Ihre Arbeiter waren keine genossenschaftlichen Mitbesitzer, wie es die *Kolchosniki* wenigstens nominell waren. Die Kolchosbauern durften ihre Wohnhäuser behalten und eine kleine Privatwirtschaft für ihren Eigenbedarf betreiben. Später wurde ihnen auch eine kleine Eigenproduktion von Vieh und tierischen Produkten für den Markt zugebilligt, weil anders eine Versorgung der Bevölkerung nicht möglich war.

Die Kollektivierung stieß naturgemäß bei den Bauern auf Widerstand. Stalin führte seine Politik gewaltsam durch, Millionen von Bauern, die opponiert hatten, wurden nach Sibirien verbannt, wo man viele einfach verhungern ließ. Die Greuel der Kollektivierung sind sprichwörtlich geworden. Der Kommunismus konnte aber keine Klasse von Einzelbesitzern dulden. Die Kollektivierung wurde mit einem bis heute andauernden Mangel an Nahrungsmitteln erkauft, da die Kolchose und Sowchose trotz aller Planwirtschaft weniger produzierten, als selbständige, am Markt direkt interessierte Bauern produziert hätten.

Dagegen war die Industrialisierungspolitik Stalins ein voller Erfolg. Er hatte sie gegen die "rechte" Gruppe unter Rykow und Bucharin durchgesetzt. Sie kostete schwere Opfer, die an die Industrialisierung unter dem Frühkapitalismus erinnerten. Sie verwandelte das Bauernland in einen Industriestaat; die Arbeitskräfte wurden aus der Bauernschaft gewonnen, die heute in kollektivierter Form nur noch 16% der Erwerbstätigen bildet (früher 80%). Die Aufbauleistungen waren groß. Am Ende der ersten *Pjatjiljetka* (Fünfjahresplan) stand die Sowjetunion als eine bedeutende Industriemacht da. Vor allem war die Schwerindustrie und mit ihr die Rüstungsindustrie gefördert worden, während die Verbrauchsgüterherstellung zurücktreten mußte.

Die große "Säuberung"

Mit dem Erfolg des ersten Fünfjahresplans war die Stellung Stalins endgültig gefestigt. Weitere Fünfjahrespläne folgten, wobei weiterhin die Investitionsgüterindustrie den Vorrang vor der Erzeugung von Verbrauchsgütern hatte. Stalin schritt nun an die physische Beseitigung jeder Opposition in der Partei. Er begnügte sich nicht mit der Entmachtung der alten Mitkämpfer Lenins, sondern vernichtete sie in den berüchtigten "Säuberungen" von 1936 bis 1938. Die "Säuberungen" nahmen vielfach die Gestalt von Schauprozessen an, in denen die alten Revolutionäre die absurdesten politischen Schandtaten gestehen mußten. Sie wurden nicht etwa als Oppositionelle und Andersdenkende zum Tode verurteilt, sondern als Verbrecher, Verräter und Spione. Sie hatten angeblich schon unter Lenin versucht, die Revolution zu sabotieren, die allein von Stalin gerettet wurde. Die Methoden, mit denen die Angeklagten zu "Geständnissen" von Vergehen genötigt wurden, die sie weder begangen hatten noch je begehen konnten, sind bis heute ein Geheimnis geblieben. Jedenfalls stand nach diesen Prozessen fast die ganze alte Garde Lenins als eine Bande von Verrätern und Verbrechern da.

Nicht nur Terror und Propaganda ließen das Sowjetvolk diese Vorgänge ohne weiteres hinnehmen. Wir erwähnten schon, daß Partei- und Staatsapparat sich gegenüber der Zeit Lenins stark geändert hatten. Lenins alte Garde von Berufsrevolutionären war zu einer kleinen Minderheit unter den Millionen von Funktionären und

Beamten geworden, die jetzt den Apparat bildeten. Die Vernichtung von zehntausenden "alten Kämpfern" öffnete vielen neuen Leuten den Weg zu den hohen Posten, die nun frei wurden. So konnte Stalin die berühmtesten Männer der Leninzeit, darunter Sinowjew, den Vorsitzenden der kommunistischen Internationale, das Politbüromitglied Kamenew, den früheren Vorsitzenden des Rates der Volkskommissare Rykow, den Parteitheoretiker Bucharin, den siegreichen Bürgerkriegsgeneral Pjatakow und viele andere in Schauprozessen zum Tode verurteilen lassen. *Gádjina*, Reptilien, nannte die Parteipresse in Schlagzeilen die Helden der Oktoberrevolution. Den zweiten Mann nach Lenin, den Kriegskommissar Trotzki, hatte Stalin schon vorher entfernt. Die hinter den Opfern der Schauprozesse stehenden, schon lange in die Illegalität gedrängten Oppositionellen (die "Linken" hinter Trotzki, die "Rechten" hinter Bucharin) wurden stiller beseitigt.

Stalin "säuberte" auch die Generalität der Roten Armee, darunter berühmte Repräsentanten der Revolution. Er fiel dabei auf einen primitiven Trick Hitlers herein. Dieser oder einer seiner Gehilfen, vielleicht Goebbels, hatte dem russischen Diktator – auf dem Weg über den tschechischen Präsidenten Benesch, der sich beeilte, Stalin einen Dienst zu erweisen – erfundene Nachrichten über eine Verschwörung der russischen Generale in die Hände gespielt. Stalin ließ zahlreiche Generale und andere hohe Offiziere der Roten Armee in Geheimprozessen hinrichten, darunter den Marschall Tuchatschewski, einen der bekanntesten Helden des Bürgerkriegs. Hitlers Zweck war, die russische Armee im Hinblick auf seinen geplanten Rußlandfeldzug ihrer besten und erfahrensten Führer zu berauben.

GPU und Gulag

Schon zehn Jahre vorher hatte die Sowjetregierung die ersten Schauprozesse inszeniert; sie hatte Leiter und Techniker von Industriebetrieben wegen "konterrevolutionärer Sabotage" verurteilen lassen, um systembegründete wirtschaftliche Mißerfolge zu maskieren. Die Angeklagten hatten schon damals alles gestanden, was von ihnen verlangt wurde. Bald ließ Stalin den Terror in die eigene Partei hinübergreifen. Schon 1925 wurde gemunkelt, der Nachfolger Trotzkis, der Kriegskommissar Frunse, sei keines natürlichen Todes gestorben.

Das Werkzeug Stalins war die politische Geheimpolizei GPU, die Nachfolgeorganisation der alten "Tscheka" der Leninzeit. Der Name war eine Abkürzung für *Gossudárstwennoje polítítscheskoje uprawlénije*, staatliche politische Verwaltung; hinter dem harmlosen Namen verbarg sich der größte Terrorapparat der Welt. Die GPU konnte ohne Gerichtsverfahren Hinrichtungen, Verschickungen und hohe Strafen verfügen. Schätzungen der Zahl der Todesopfer gehen in Hunderttausende und Millionen. In die von Stalin errichteten Zwangsarbeitslager wurden Millionen geschickt, nicht nur um etwaige Oppositionelle zu beseitigen, sondern auch um billige Arbeitskräfte für undankbare Bauprojekte zu gewinnen. Es dürfte sich um etwa zehn Millionen Menschen gehandelt haben, von denen ein erheblicher Prozentsatz die Lager nicht überlebte. Eine eigene Lagerverwaltung "Gulag" (*Gossudárstwennoje uprawlénije lágerej*) mußte geschaffen werden, um dieses Lagersystem zu unterhalten. Der aus Rußland emigrierte Schriftsteller Solschenizyn, der selbst lange in einem Lager gewesen war, hat dieses System in seinem Werk "Der Archipel Gulag" festgehalten.

Zu den Opfern der "Säuberung" gehörten auch zahlreiche internationale Kommunisten, die in der Sowjetunion Zuflucht gesucht hatten. Alle waren getreue Anhänger des Kommunismus gewesen, alle wurden ohne Grund administrativ von der GPU verhaftet, deportiert und ermordet. Unter ihnen waren der Führer der ungarischen Räterepublik von 1919, Bela Kun, die deutschen Reichstagsabgeordneten Remmele und Eberlein, der deutsche Kommunistenführer Heinz Neumann, der 1927 einen mißlungenen kommunistischen Aufstand in Kanton (China) geleitet hatte, der deutsche kommunistische Schriftsteller Ottwalt (Nicholas) und einige Angehörige des österreichischen Schutzbunds, die 1934 nach Rußland geflohen waren.

Machtkämpfe der revolutionären Fraktionen und die Vernichtung der eigenen Genossen sind eine typische Erscheinung der Revolution. Man muß nur an die große französische Revolution oder an Hitlers Kameradenmord vom 30. Juni 1934 denken. Auch Lenin rottete die anderen Sozialisten aus. Stalins Spezialität waren die Schauprozesse mit erzwungenen Geständnissen. Nicht immer gelang ihm dieses Verfahren, die Mehrzahl seiner Opfer starb im verborgenen. Besonders bei den Generälen konnte er kein öffentliches Verfahren riskieren.

Stalin vernichtete auch seine eigenen Werkzeuge. Sie wußten zuviel und waren in gefährlichen Machtpositionen. Die "Säuberungen" hatte zunächst der GPU-Chef Jagoda durchgeführt, der von der internationalen kommunistischen Presse als "der treue Hüter der Weltrevolution" gefeiert wurde. Plötzlich wurde der treue Hüter abgesetzt, verhaftet und hingerichtet. Ihm folgte als Chef der GPU ein gewisser Jeschow, dessen Wüten in Rußland als "Jeschówschtschina" bekannt wurde. Nach kurzer Zeit wurde auch Jeschow abgesetzt, verhaftet und hingerichtet. Ihm folgte als GPU-Chef der Georgier Berija, der sich bis zum Ableben Stalins 1953 halten konnte; dann wurde er von Stalins Nachfolgern erschossen.

Nichts hat dem internationalen Kommunismus so geschadet wie Stalins Politik der Schauprozesse. Bekannte Intellektuelle, die vorher mit dem Kommunismus sympathisiert hatten, wandten sich ab, darunter André Gide, Ignazio Silone und Arthur Koestler. Stalin war das gleichgültig; was konnte schon passieren? Allenfalls *Státjotschki w gazetach*, Artikelchen in Zeitungen, äußerte er wegwerfend. Inzwischen ließ er einen fast unvorstellbaren Kult seiner Person betreiben. Er war der "Führer des Weltproletariats", der "Vater der Völker", die "Sonne der Welt", der Genialste aller Menschen, der größte Fachmann auf allen Gebieten, die "Koryphäe aller Wissenschaften". Der "Stalinismus" ist selbst unter den Kommunisten ein Schreckenswort geworden, aber im Inneren war kein System so festgefügt wie dieses.

Manche, z.B. die Anhänger Trotzkis, haben einen grundsätzlichen Unterschied zwischen dem Regime Lenins und dem Regime Stalins konstruieren wollen. In Wirklichkeit war Stalin nur der Fortsetzer Lenins, die GPU die Fortsetzung der Tscheka, der Stalin-Terror nur die Fortsetzung des Lenin-Terrors. Nur hatte Lenin ein gewisses Minimum an Diskussion in der eigenen Partei – nicht jedoch außerhalb der Partei – geduldet und seine Erben ermahnt, nicht in den Fehler der französischen Revolutionäre am Ausgang des 18. Jahrhunderts zu verfallen und einander mit Mord zu bekämpfen. Die Mahnung war erfolglos geblieben. Nun war Lenin als fertiger Jurist ein gebildeter Mann gewesen, was man von Stalin, der nur die Volksschule und eine kurze Klasse im Priesterseminar besucht hatte, nicht behaupten konnte. Auch dieser Unterschied wirkte sich aus. Aber im ganzen sind die Ähnlichkeiten zwischen Lenin und Stalin größer als die Unterschiede.

In der marxistischen Ideologie trat unter Stalin eine Erstarrung ein. Von der Theorie durfte nur in einem feststehenden Vokabular gesprochen werden. Ketzergerichte über "Abweichler" dienten Stalin als zusätzliche Werkzeuge seiner Diktatur. Stalins eigene Bücher über die kommunistische Ideologie, namentlich die "Kurze Geschichte der Kommunistischen Partei der Sowjetunion (Bolschewiki)", wurden zwar kanonisiert, fügten aber der Marx-Leninschen Theorie nichts neues hinzu. Oft sind Stalins Formulierungen verblüffend primitiv. Den "Leninismus" erklärte er in der periodisierenden Weise der marxistischen Geschichtsbetrachtung für den "Marxismus der Epoche des Imperialismus und der proletarischen Revolution".

Merkwürdigerweise fiel Stalins rasender Terror, an dem zweifellos psychopathische Züge beteiligt waren – er hatte, wenn auch wahrscheinlich im Irrtum, seine eigene Frau erschossen –, zeitlich mit einer Periode zusammen, in der er sich als Verteidiger der Humanität und der demokratischen Rechte aufspielte. Gerade 1935, ein Jahr vor dem Beginn des Terrors, hatte er die "Volksfrontpolitik" beschlossen, das Zusammengehen der Kommunisten des Auslands mit den Sozialdemokraten und "bürgerlichen" Demokraten zur Verteidigung der Demokratie im Westen. Der Grund lag natürlich im Aufstieg Hitlers in Deutschland. Der deutsche Diktator machte kein Hehl aus seiner Absicht, Rußland anzugreifen. Stalin suchte Verbündete im westlichen demokratischen Ausland. Er befahl also den internationalen Kommunisten, den revolutionären Kampf gegen ihre demokratischen Regierungen einzustellen und an der Verteidigung der "bürgerlichen" demokratischen Einrichtungen mitzuarbeiten. Kurz vorher war eine solche Politik als "Opportunismus" verdammt worden. Wie schon erwähnt, erfolgte Stalins Wendung zu spät.

Die Entwicklung der III. Internationale

Die Volksfrontpolitik wurde auf dem VII. (und letzten) Kongreß der kommunistischen Internationale in Moskau beschlossen. Die III. Internationale hatte sich längst zu einem bloßen Werkzeug der russischen Außenpolitik entwickelt. In dem Maße, wie der "Sozialismus in einem Lande", mit anderen Worten die russische Staatspolitik, an die Stelle der verblassenden "Weltrevolution" trat, mußten auch die kommunistischen Parteien der anderen Länder ihre Politik nach den Moskauer Interessen ausrichten. Schon nach dem II. Kongreß der kommunistischen Internationale von 1920, dem letzten, auf dem noch ein Hauch echter weltrevolutionärer Begeisterung zu spüren war, war eine gewisse, hinter unentwegt revolutionären Phrasen verschleierte Mäßigung zu bemerken gewesen. Die Internationale sollte satzungsgemäß jedes Jahr tagen. Das geschah aber nur von 1920 bis 1924. Der nächste Kongreß fand erst 1928 statt, dann keiner bis 1935. Die III. Internationale war von vornherein als einheitliche Weltpartei mit nationalen Sektionen konzipiert worden; die einzelnen Landesparteien mußten die Moskauer Befehle befolgen. Die mehrfachen Wandlungen der Politik der russischen Partei spiegelten sich in den kommunistischen Parteien der Internationale wider. Flogen in Moskau die "Linken" oder "Trotzkisten" hinaus, mußte das auch in den "Bruderparteien" geschehen. Wurden in Moskau die "Rechten" abgehalftert, folgten analoge Vorgänge in den Landesparteien. Der "Stalinismus" erfaßte denn auch alsbald die internationalen kommunistischen Parteien. Sie konnten keinen Terror ausüben, aber sie konnten ihre Führungen auswechseln, wenn sie Moskau nicht mehr genehm waren. Sie akzeptierten willig die Moskauer Formel, wonach die Verteidigung der Sowjetunion identisch mit der kommunistischen Weltrevolution und deren notwendige Voraussetzung war. Die Sowjetunion wurde zum "Vaterland aller Werktätigen".

Die III. Internationale war nach dem Prinzip des "demokratischen Zentralismus" organisiert wie die russische Mutterpartei, d.h. sie wurde diktatorisch geleitet. Zwischen ihren Kongressen regierte das EKKI (Exekutivkomitee der kommunistischen Internationale), das vom Kongreß gewählt wurde. Das EKKI empfing Weisungen von der russischen Partei. Seinerseits war es gegenüber den Parteien der einzelnen Länder weisungsberechtigt. Seine Emissäre kontrollierten die einzelnen Landesparteien und überbrachten ihnen die Befehle. Der verblüffende Gehorsam, mit dem die einzelnen kommunistischen Parteien alle Schwenkungen der Moskauer Leitung mitmachten, hing mit dieser Art von Organisation zusammen. Auch die Wendung von 1935 wurde willig akzeptiert; vielen Kommunisten des Westens war die Volksfrontpolitik willkommen, nicht nur aus politischen Erwägungen, sondern auch weil sie die Parteien von der lästigen Pflicht befreite, sich revolutionär zu gebärden, und ihnen eine erfreuliche Zusammenarbeit mit den Regierungen, ja sogar die Aussicht auf Ministerposten eröffnete. Nur in Frankreich bestand um diese Zeit noch eine kommunistische Partei von Bedeutung; auch in Spanien nahm die Volksfront im bald folgenden Bürgerkrieg praktische Gestalt an. In Deutschland, in Italien und in Osteuropa waren die kommunistischen Parteien illegal und nur noch in kleinen Gruppen vorhanden. In England und den kleineren west- und nordeuropäischen Ländern waren die kommunistischen Parteien nicht von Bedeutung.

Noch der Kongreß der III. Internationale von 1924 hatte das Gegenteil der Volksfrontpolitik beschlossen: die "Bolschewisierung" der einzelnen Landesparteien. Sie sollten streng "linientreu" auftreten, alle "Abweichler", ob links oder rechts, ausmerzen und insbesondere die Sozialdemokratie, nach Lenin die "allmächtige Agentur der Bourgeoisie in der Arbeiterschaft", bekämpfen. Sie war unablässig zu "entlarven". Stalin erfand für die Sozialdemokraten den Namen "Sozialfaschisten". Selbstredend wurde kein Unterschied zwischen demokratischen und faschistischen Staaten gemacht, beide vertraten denselben Kapitalismus.

Nach Hitlers Machtergreifung entdeckte Stalin, daß hier vielleicht doch ein Unterschied bestand. Es folgte die Volksfrontpolitik. Die "bolschewisierten" kommunistischen Parteien hatten sich zu entbolschewisieren und brave demokratische Parteien zu werden. Nicht nur das; auch die russische Innenpolitik wurde "entbolschewisiert" und setzte eine demokratische Maske auf.

Die neue Verfassung

Das Rätesystem wurde mit einem Federstrich abgeschafft und durch ein nominell parlamentarisches System ersetzt. Der letzte Rätekongreß beschloß gehorsam, was ihm das Politbüro der Partei bzw. Stalin aufgetragen hatte. Von nun ab wählten die Sowjetbürger ein Parlament direkt; es hieß noch Oberster Sowjet, war aber formell den westlichen Parlamenten nachgebildet. Auch die unteren "Räte" vom Dorfrat bis zum Landtag der Bundesrepubliken wurden nun direkt gewählt.

Allerdings gab es stets nur einen einzigen Kandidaten; nur der "Block der Kommunisten und Parteilosen" kandidierte. Die "Parteilosen" waren nur als Zierat hinzugenommen worden, denn an sich war und ist in der Sowjetunion ein Parteiloser minderwertig. Der Vorsitzende des Obersten Sowjets fungierte zugleich als Staatspräsident, ein mehr formelles Amt. In Wirklichkeit regierte weiter die Partei, genauer gesagt ihr Zentralkomitee von etwa 300 Mitgliedern, das aber immer weniger zu sagen hatte; das entscheidende Organ war das nominell vom ZK gewählte Politbüro, und in diesem entschied Josef Stalin. Die vom letzten Rätekongreß beschlossene neue Verfassung enthielt zwar (mit einigen Einschränkungen) die üblichen bürgerlichen Rechte, aber sie blieben auf dem Papier. Und noch etwas geschah: die "Internationale" wurde als Staatshymne abgeschafft. An ihre Stelle trat eine Nationalhymne, die mit den Worten begann:

> Einen unbesiegbaren Bund freier Republiken
> Hat das große Rußland geflochten...

Stalin war zwar kein Russe, sondern ein Georgier, aber von dieser seiner Nationalität wollte er so wenig hören, wie Napoleon von seiner korsischen Nationalität hören wollte. Er handelte wie ein russischer Nationalist. Was die Verfassung betraf, so entledigte sich Stalin gern des administrativ unbrauchbaren und im Grunde zu revolutionären Rätesystems. Die Volkskommissare nahmen den Titel "Minister" an. Stalin teilte 1936 auch mit, die sozialistische klassenlose Gesellschaft sei erreicht. Deshalb bekamen die (kollektivierten) Bauern nun dasselbe Stimmrecht wie die Arbeiter. Merkwürdigerweise wurde zugleich betont, daß auch im Sozialismus der Klassenkampf verschärft weitergehe.

Außenpolitische Bocksprünge

In dem neuen demokratischen Kostüm verhandelte Stalin nun mit Frankreich und England über ein Bündnis gegen Hitler. Der inzwischen abgelaufene zweite Fünfjahresplan war wieder ein Erfolg, hauptsächlich auf dem Industriesektor, und die Sowjetunion erstarkte auch militärisch. Der anschließende dritte Fünfjahresplan mündete schon in den deutsch-russischen Krieg. Die Bündnisverhandlungen mit dem Westen blieben erfolglos; das gegenseitige Mißtrauen war zu groß, und Polen, um dessen Schutz es sich im weiteren Verlauf handelte, lehnte entschieden die Zulassung russischer Truppen auf seinem Gebiet ab. Stalin drängte nicht allzusehr auf das Bündnis; als die Westmächte 1938 die Tschechoslowakei opferten, die sich für mit der Sowjetunion verbündet gehalten hatte, dachte Stalin nicht daran, ihr zu helfen. Das Bündnis hatte stipuliert, daß Moskau den Tschechen nur zu helfen hatte, wenn Frankreich sein Bündnis mit Prag einhielt.

Als die Verhandlungen über ein Westbündnis zum Schutz Polens in eine Sackgasse geraten waren, nahm Stalin eine Drehung um 180 Grad vor: er einigte sich mit Hitler. Auf einen Nichtangriffspakt Mitte 1939 folgte ein Geheimvertrag über die Teilung Polens. Schon seit 1918 hatte Rußland auf die von Ukrainern bewohnten Ostgebiete Polens aspiriert; nun bot sich eine Gelegenheit, sie zurückzuerwerben. Die Westmächte konnten kein vergleichbares Angebot machen. Es gab nur noch russische Staatspolitik. Stalin hielt es für staatsmännisches Gebot, so zu handeln und als lachender Dritter zuzusehen, wie die anderen einander zerfleischten. Bis 1941 unterstützte die Sowjetunion Deutschland mit Lieferungen. Stalin verlangte, wenn auch vergeblich, von Hitler nach dem Muster der Zarenpolitik eine russische Einflußsphäre auf dem Balkan und die türkischen Dardanellen.

Die kommunistischen Landesparteien in Europa erhielten die Weisung, sich entsprechend dieser schwerlich mit dem bisherigen kommunistischen Programm zu vereinbarenden Politik zu verhalten. In den Ländern des Westens hatten sie die alten Losungen des Kampfes gegen den "imperialistischen Krieg" zu vertreten. In England waren sie einflußlos; in Frankreich aber behinderten die Kommunisten, wie schon erwähnt, durch Passivität, Fahnenflucht und Sabotage die Kriegführung in einem solchen Grade, daß man ihnen einen erheblichen Teil der Schuld an dem schnellen Zusammenbruch Frankreichs im Jahre 1940 zuschreiben muß. Den deutschen Kommunisten dagegen befahl Moskau eine Stillhaltepolitik und kümmerte sich wenig darum, daß Hitler die Verfolgung der Kommunisten fortsetzte, deren Führer Thälmann im Konzentrationslager saß, wo er gegen Ende des Krieges ermordet wurde.

Das alles änderte sich mit einem Schlag, als Hitler die Sowjetunion 1941 angriff. Stalin erklärte, er habe das vorausgesehen, aber mit "Ungeheuern und Kannibalen" wie Hitler paktiert, um Zeit für Rüstungen zu gewinnen. Alle kommunistischen Parteien riefen in den alliierten Ländern zur Verteidigung des Vaterlandes und vor allem der Sowjetunion auf. Nur in England drang der Ruf noch zu einer existierenden, wenn auch winzigen Partei, die sich sofort vor britischem Patriotismus überschlug; in den besetzten alliierten Ländern waren die Reste der Kommunisten illegal. Sie wurden zu nationalem Widerstand aufgefordert. Auch den illegalen kommunistischen Parteien in Deutschland und Italien wurde nun befohlen, ihre Regierungen zu bekämpfen und deren Kriegführung zu beeinträchtigen.

In Deutschland war der Erfolg gleich Null. Vom Terror ganz abgesehen, machte es dem deutschen Arbeiter wohl Schwierigkeiten, die kommunistische Politik zu verstehen. Eben war ihm auferlegt worden, sich des Kampfes gegen Hitler zu enthalten; nun plötzlich sollte er Revolution machen. Eine Teilnahme an der Aktion vom 20. Juli 1944, die von Konservativen und Sozialdemokraten ausging, lehnten die Kommunisten übrigens ab.

Im französischen Widerstand gegen die Besatzungsmacht, der allerdings erst gegen Ende des Krieges größere Ausmaße annahm, spielten die Kommunisten dagegen eine erhebliche Rolle, obwohl auch hier nicht jeder verstand, wieso die Kommunisten plötzlich unter hochpatriotischen Losungen für die nationale Freiheit kämpften, die sie eben zu vernichten geholfen hatten. Der Deserteur Thorez saß inzwischen in Moskau und hielt anfeuernde Rundfunkansprachen an die Kämpfer im französischen "Maquis".

Der Verlauf des deutsch-russischen Krieges ist bekannt. Zunächst war England der lachende Dritte; es hatte schon früher gehofft, daß Deutschland und Rußland einander zerfleischen würden, und sah mit dem inzwischen in den Krieg eingetretenen Amerika nicht ungern zu, wie die von Stalin dem Westen zugedachte Zerfleischung nun im Osten stattfand. Über Stalins Staatskunst konnte man jetzt verschiedener Meinung sein. Auf jeden Fall dauerte es Jahre, ehe die angelsächsischen Mächte den Russen zu Hilfe kommen konnten oder wollten, die nun die Hauptlast des Krieges zu tragen hatten.

Auch hier lief nicht alles so, wie man es im Westen erwartet hatte. Man hatte im stillen gehofft, daß Deutsche und Russen, Nationalsozialisten und Kommunisten sich gegenseitig vernichten würden. Die anfangs enttäuschende, sich später aber bessernde russische Kriegführung, zusammen mit den russischen Wintern, durchkreuzte diese Rechnung, die es mit dem Zynismus Stalins durchaus aufnehmen konnte. Die Sowjetunion ging siegreich aus dem Krieg hervor. Von Stalins demokratischem Maskenspiel betört und nicht gewillt, mit der siegreichen Sowjetunion in einen kriegerischen Konflikt zu kommen, räumten England und Amerika auf den Konferenzen von Teheran und Jalta der Sowjetunion ganz Osteuropa und einen Teil Mitteleuropas ein. Sie opferten auch Polen, um dessentwillen England in den Krieg gezogen war.

Stalin hatte, als er gegenüber Deutschland noch neutral war, die Gelegenheit nicht nur zur Gewinnung der polnischen Ostgebiete, sondern auch zur Rückgliederung der baltischen Kleinstaaten Litauen, Lettland und Estland benutzt. Bei Finnland gelang ihm ein entsprechender Versuch nicht; er mußte sich mit einem Streifen Grenzland begnügen. Aber man sah die Sowjetunion deutlich auf den Pfaden der Zarenmonarchie wandeln. Der Kommunismus wurde in den angegliederten Gebieten nicht durch eine proletarische Revolution eingeführt, sondern durch russische militärische Besetzung. Dasselbe geschah in den anderen den Russen überlassenen Gebieten: in Ostdeutschland, Polen, Ungarn, der Tschechoslowakei und auf dem Balkan. Es wurde nun zum Prinzip des russischen Kommunismus, sich hinsichtlich seiner Ausbreitung nicht mehr auf das "revolutionäre Weltproletariat" zu verlassen, von dem man – begreiflicherweise – in Moskau nicht mehr viel hielt, sondern auf die sowjetische Militärmacht. Gleichzeitig wurde die kommunistische Weltbeglückung mit der Ausbreitung der nationalen Macht Rußlands identifiziert.

Die kommunistische Internationale war, schon als Geste gegenüber den verbündeten westlichen Demokratien, im Jahr 1943 für aufgelöst erklärt worden. Sie war ohnedies faktisch kaum noch vorhanden, und Stalin trennte sich nicht ungern von ihr. Moskau bedurfte keiner Internationale mehr; es konnte nur noch Satelliten brauchen. Schon den Krieg hatte Stalin nicht unter kommunistischen, sondern unter patriotischen Losungen geführt (der "große vaterländische Krieg"). Auch die Kommunisten der von den Deutschen besetzten Länder wurden angewiesen, ihren Widerstand nur unter nationalen Losungen zu betreiben.

Der russische Übergang zum Imperialismus, der Deutschland durch Teilung, Gebietsverluste und Millionenvertreibungen am härtesten traf, ist ein Markstein in der Geschichte des Sozialismus. Man konnte nun die letzten Ideale begraben, die der Sozialismus für die Politik der Völker aufgestellt hatte. Die russische Politik ließ sich in keiner Weise mit dem proletarischen Internationalismus, der Brüderlichkeit aller Arbeiter, der grundsätzlichen Verwerfung von Annexionen in Einklang bringen. Der russische, polnische, tschechische Arbeiter vertrieb bedenkenlos den deutschen Arbeiter. Der kommunistische Imperialismus ging weiter als der "kapitalistische", der angeblich nur ein "Überbau" des profitgierigen Monopolkapitals gewesen war. Nun zeigte sich, daß zu einer solchen Politik kein Monopolkapital notwendig war. Die herrschende kommunistische Funktionärsklasse konnte es genau so gut. Und das Volk folgte ihr dabei genau so, wie es dem "imperialistischen Monopolkapital" gefolgt war. Viele profitierten von der Verteilung des Besitzes der Vertriebenen; es hatte sozusagen eine Sozialisierung des Imperialismus stattgefunden.

Das Schicksal Trotzkis

Wir blenden zurück auf das Schicksal Trotzkis, der 1929 von Stalin exiliert wurde. Er setzte seinen Kampf gegen Stalin auch im Exil fort und schrieb zahlreiche Bücher über die Entartung der Revolution unter dem georgischen Diktator. Am bekanntesten sind "Geschichte der russischen Revolution" und "Die verratene Revolution". Trotzki stellte als erster fest, daß in der Sowjetunion eine herrschende Bürokratie entstanden war, die alle Arbeiter- und Parteidemokratie erstickt, die Leninsche Generation internationaler Revolutionäre vernichtet und einen nationalen Sozialismus entwickelt hatte, der nach Trotzkis Meinung für sich nicht auf die Dauer existieren konnte. Die Bürokratie entwickelte ihre eigenen Klasseninteressen, die sie von den Prinzipien des Kommunismus wegführte. Auf die Dauer war nach Trotzki die Herrschaft dieser Bürokratie mit den Bedürfnissen der Sowjetunion als eines sozialistischen Staates und denen des "Weltproletariats" unvereinbar.

Wohl der letzte prominente Vertreter des reinen Marxismus, glaubte Trotzki in geradezu rührender Weise an die revolutionäre Natur des Proletariats, die er ja einmal tatsächlich erlebt hatte. Er war sicher, daß die russische Arbeiterklasse kraft des bekannten marxistischen Geschichtsmechanismus die Bürokratie hinwegfegen und die wahre internationale Rätedemokratie wiederherstellen würde. Leo Trotzki gründete eine IV. Internationale aus abgefallenen Kommunisten, die bald in zahlreiche einander befehdende Sekten zerfiel. Mit Trotzki waren diese Exkommunisten der Meinung, der Stalinismus sei nur ein Betriebsunfall ohne grundsätzliche Bedeutung.

Trotzki kam von der Türkei über Frankreich und Norwegen nach Mexiko, dessen Regierung ihm Asyl gewährte. Als Stalin 1939 Finnland angriff, mißbilligte Trotzki dies zwar, meinte aber, man müsse der Sowjetunion, da sie trotz allem ein Arbeiterstaat sei, den Sieg wünschen. Der inzwischen ausgebrochene Zweite Weltkrieg werde in der internationalen Revolution enden.

Trotzki, mit Lenin der Führer der Oktoberrevolution, wurde im August 1940 in Mexiko im Auftrag Stalins ermordet. Die russischen Zeitungen brachten die Nachricht als kleine Notiz unter dem Titel "Ende eines internationalen Spions". Gorbatschow sagte noch 1987, Trotzki sei unter pseudorevolutionären linken Phrasen ein Gegner des Leninismus gewesen.

Das Ende der Ära Stalins

Der siegreiche Stalin, in glänzender Marschallsuniform, stieg nun in seinem Lande endgültig zu legendärer Größe empor. Sein Hauptanliegen war, neben der weiteren Entwicklung der russischen Industriemacht, die Sicherung seiner Eroberungen. Er gründete 1946 die "Kominform" (kommunistisches Informationsbüro) als Ersatz für die kommunistische Internationale. Dieser Organisation gehörten außer den Satrapenparteien in den angegliederten Ländern nur die kommunistischen Parteien Frankreichs und Italiens an. Die Organisation war locker. Schon 1948 löste sich Jugoslawien unter seinem Diktator Tito von der Kominform und der russischen Bindung überhaupt. Die Kominform wurde 1956 aufgelöst.

Stalin herrschte unumschränkter als je. Die Opposition wagte sich nicht mehr hervor. Der Terror war stiller, aber nicht minder effektiv. Die Arbeitslager wuchsen immer noch. Einen sensationellen Schauprozeß führte Stalin 1952 gegen seine jüdischen Ärzte, die er eines Mordplans gegen seine Person bezichtigte. Ein gewisser Antisemitismus, wenn auch offiziell geleugnet, war schon bei den Schauprozessen und Verfolgungsaktionen der dreißiger Jahre in Erscheinung getreten. Die Zahl der Juden in den zentralen kommunistischen Gremien hatte sich sehr verringert.

In den Satellitenstaaten löste Stalin eine Welle von Schauprozessen aus. Namentlich in Prag und Budapest wurden bisher prominente Kommunisten, wieder überwiegend Juden, nach den auch hier auf unbekannte Weise erzwungenen Geständnissen absurdester Art hingerichtet. Der frühere Generalsekretär der tschechischen kommunistischen Partei, Rudolf Slánský, mußte öffentlich erklären: "Ich war nie wirklich Kommunist." Er hatte die Hitlerjahre in Moskau verbracht und war gegen Kriegsende mit dem Fallschirm in der Slowakei abgesprungen. Am Abend seiner Verhaftung, die ihn völlig unvorbereitet traf, hatte ihn der kommunistische Staatspräsident Gottwald zum Abendessen eingeladen und auf das freundschaftlichste verabschiedet, indes schon die Polizei in Slánskýs Wohnung im Dunkeln wartete. Stalin pflegte sich über solche Geschichten höchlich zu amüsieren. Er hatte einmal gesagt: "Das Schönste ist, Rache zu nehmen, ein Glas Wein zu trinken und schlafen zu gehen."

Ein anderes Opfer war der Leiter der volkswirtschaftlichen Kanzlei des Präsidenten, Ludwig Freund, früher ein Funktionär der sudetendeutschen Kommunisten und Redakteur der deutschsprachigen Parteizeitung "Rote Fahne". Er hatte sich nach dem Krieg tschechisiert und den tschechischen Namen Frejka angenommen. Das half ihm wenig; er mußte nun vor Gericht erklären, er sei wegen seiner "deutsch-jüdischen kleinbürgerlichen Herkunft" (er war der Sohn eines Arztes) vom Kommunismus abgefallen und habe schon in der Emigration in England für den englischen Geheimdienst gearbeitet. Der wirkliche Grund der Verfolgung war, falls es überhaupt einen gab, darin zu suchen, daß er in seinem Wirtschaftsamt vorsichtig die übermäßigen Warenlieferungen an die Sowjetunion kritisiert hatte, die alle Satelliten aussog.

Stalin starb am 4. März 1953, nach amtlicher Mitteilung an einem Gehirnschlag. Landesweite Trauer wurde angeordnet, auf den Straßen weinten die Menschen. Stalin wurde neben Lenin im Kreml-Mausoleum beigesetzt. Die kommunistischen Parteien der Welt trauerten lautstark mit, am meisten natürlich die Parteien der von der Sowjetunion beherrschten Länder. Der Ost-Berliner kommunistische Hofdichter Johannes R. Becher besang Stalin wie folgt:

In seinen Werken reicht er uns die Hand.
Band reiht an Band sich in den Bibliotheken,
Und niederblickt sein Bildnis von der Wand.
Auch in dem fernsten Dorf ist er zugegen.

Mit Marx und Engels geht er durch Stralsund,
Bei Rostock überprüft er die Traktoren,
Und über einen dunklen Wiesengrund
Blickt in die Weite er, wie traumverloren.

In Dresden sucht er auf die Galerie,
Und alle Bilder sich vor ihm verneigen.
Die Farbentöne leuchten schön wie nie
Und tanzen einen bunten Lebensreigen.

Mit Lenin sitzt er abends auf der Bank,
Ernst Thälmann setzt sich nieder zu den beiden.
Und eine Ziehharmonika singt Dank,
Da lächeln sie, selbst dankbar und bescheiden.

Dort wird er sein, wo sich von ihm die Fluten
Des Rheins erzählen und der Kölner Dom.
Dort wird er sein in allem Schönen, Guten,
Auf jedem Berg, an jedem deutschen Strom.

Dort wirst du, Stalin, stehn, in voller Blüte
Der Apfelbäume an dem Bodensee,
Und durch den Schwarzwald wandert seine Güte,
Und winkt zu sich heran ein scheues Reh.

Die Nachfolge Stalins trat zunächst ein Triumvirat an, das aus den Parteisekretären Chruschtschow und Malenkow sowie dem GPU-Chef Berija bestand. In dem anschließenden Machtkampf wurde Berija im Juli 1953 bei einer Besprechung im Kreml verhaftet und erschossen, während Malenkow auf einen kleinen Posten in Sibirien abgeschoben wurde. Chruschtschow wurde der Leiter der russischen Politik.

Auf dem nächsten Parteitag rückte Chruschtschow von Stalin ab und schilderte ihn als einen Despoten. Weinend beteuerte er, man habe eben gegen Stalin nichts tun können. Chruschtschow erwarb sich den nur teilweise begründeten Ruf eines Anwalts einer Liberalisierung. Immerhin löste er den Großteil der Arbeitslager auf. Die "Entstalinisierung" wurde offiziell und führte dazu, daß Stalins Leiche 1961 aus dem Lenin-Mausoleum entfernt und in ein Grab in der Kremlmauer gebracht wurde. Im übrigen war es mit der Entstalinisierung nicht so weit her. Chruschtschow wurde 1964 gestürzt und starb 1971 als Pensionist. Das Regime seiner Nachfolger Breschnjew, Andropow und Tschernenko war dem Wesen nach weiter ein schwach gemilderter "Stalinismus", wenn auch ohne Personenkult. Das Bild Stalins in der russischen öffentlichen Meinung wurde später etwas aufgebessert. Gorbatschow sprach 1987 von Stalins "Verbrechen" und "untilgbarer Schuld", aber auch von seinen "großen Verdiensten".

15. KAPITEL

Die sozialistischen Parteien nach 1945

Die sozialdemokratischen Parteien Europas setzten nach dem Zweiten Weltkrieg die Politik fort, die sie schon in der Zwischenkriegszeit verfolgt hatten. Ihre "Verbürgerlichung", wie die Kommunisten es nannten, ging weiter. Sie hatte ihren Grund nicht im "Verrat am Sozialismus", sondern in der veränderten Lage der Arbeiter, die dank den von der sozialdemokratischen Politik durchgesetzten Reformen in der Tat weitgehend "verbürgerlicht" waren. Darüber hinaus strömten der Sozialdemokratie die "neuen Mittelschichten" zu, Angestellte, Beamte, Angehörige der freien Berufe, eine soziologische Entwicklung, die in der marxistischen Theorie nicht vorgesehen war. Diese Personen wurden keineswegs "proletarisiert", wie Marx prophezeit hatte. Es ging ihnen ganz gut, auch sie zogen Nutzen aus dem veränderten sozialpolitischen Klima. Sie behielten ihre "bürgerliche" Denkweise und waren nicht geneigt, eine Theorie oder Politik anzunehmen, die den Arbeitern den Charakter einer auserwählten Klasse zuschrieb und die "Kleinbürger" als minderwertig ansah.

Die Periode seit 1945 ist durch ein Verblassen des sozialistischen Ideals bei den meisten sozialdemokratischen Parteien gekennzeichnet. Nur die Kommunisten erhielten es noch aufrecht. Der Zusammenbruch des Kapitalismus war trotz Krisen und Kriegen ausgeblieben, die reformierte soziale Marktwirtschaft funktionierte weiter. Dagegen entwickelte sich der reale Sozialismus in den kommunistischen Ländern in einer Weise, die im westlichen Europa eher abschreckend wirkte. Noch in den zwanziger Jahren sah man den Unterschied zwischen Sozialdemokraten und Kommunisten grundsätzlich darin, daß die Sozialdemokraten den Sozialismus auf demokratische Weise einführen wollten, während die Kommunisten ihn auf revolutionärem Wege anstrebten. Im Endziel schienen die beiden Richtungen, in die sich der Sozialismus gespalten hatte, übereinzustimmen.

Darin ist inzwischen eine Änderung eingetreten. Weit zurück liegen die Zeiten, in denen die Sozialisten eine Art Kirche mit einer Heilsbotschaft bildeten. Diese Funktion haben inzwischen die Kommunisten übernommen, doch auch hier treten andere Motive in den Vordergrund. Der Gedanke, daß in der Verstaatlichung der Industrie das Heil liegt, hat sich bei den sozialistischen Parteien deutlich abgeschwächt. Manche haben ihn aus dem Programm gestrichen, andere behalten ihn auf dem Papier bei, sind aber in der praktischen Durchführung zurückhaltend. Nur zwei von vorübergehenden Mehrheiten getragene Verstaatlichungsaktionen größeren Umfangs haben stattgefunden, einmal in England, das andere Mal unter kommunistischer Mitwirkung in Frankreich. Die erwarteten glückhaften Änderungen in Wirtschaft und Gesellschaft blieben aus, und alsbald machte sich eine Bewegung für Reprivatisierung geltend.

Eine allgemeine Ideologiemüdigkeit tat das übrige, um die Mehrheit der Sozialisten Europas zu den Pragmatikern und Reformisten werden zu lassen, die sie im Grunde seit den Tagen des "Revisionismus" gewesen waren. Regierende sozialistische Parteien ohne Sozialismus sind weiterhin regelmäßige Erscheinungen des politischen Lebens.

Die Entwicklung in Deutschland

Nach dem Zweiten Weltkrieg wurde die sozialdemokratische Partei von Dr. Kurt Schumacher in Hannover wiedergegründet, noch ehe die Besatzungsmächte die Bildung von Parteien zugelassen hatten. Die früheren Parteivorsitzenden Wels und Vogel waren in der Emigration gestorben. Kurt Schumacher (1896-1952) war 10 Jahre im Konzentrationslager gewesen und genoß großes Ansehen. Der erste Parteitag von 1946 wählte ihn zum Vorsitzenden. In Ostdeutschland spaltete sich die Sozialdemokratie unter Grotewohl ab und schloß sich unter dem Druck der sowjetischen Besatzungsmacht mit den Kommunisten zur Sozialistischen Einheitspartei Deutschlands (SED) zusammen.

Das neue Parteiprogramm der SPD beschränkte die Verstaatlichungspläne auf die Grundindustrien (auch die rechtsstehende Christlich-demokratische Union hatte diesen Punkt 1946 in ihr Programm aufgenommen, strich ihn aber später). Die SPD blieb im übrigen reformistisch. Sie erlangte bei den ersten Bundestagswahlen im Jahre 1949 nur 30% der Wählerstimmen und verharrte bis 1966 in Opposition gegen die Politik Adenauers. Nach Schumachers frühem Tod im Jahre 1952 übernahm der aus der Londoner Emigration heimgekehrte Erich Ollenhauer (1901-1964) den Parteivorsitz. Der Hauptstreit in der Partei ging wieder um die Militärfrage. Die Partei lehnte Aufrüstung und Westbündnis ab, wozu außer der alten militärfeindlichen Strömung auch die Meinung beitrug, daß diese Politik die Wiedervereinigung Deutschlands verhindern würde. Als die Regierungsmehrheit Adenauers 1956 nach dem Beitritt der Bundesrepublik zur NATO die Wehrpflicht einführte, stimmte die SPD dagegen. Später gab sie die militärfeindliche Haltung auf.

Vom Marxismus rückte die Partei von Anfang an ab. Schumacher sagte schon 1946, daß das "primitive Klasse-gegen-Klasse" den heutigen politischen und wirtschaftlichen Tatbeständen nicht genüge. Die Partei suchte sich für die Mittelschichten zu öffnen. Schumacher wandte sich, wie einst schon Bebel, gegen die "Heldenlegende von der Revolution" und die Proletarierromantik. Die Partei war auf dem Weg zur Volkspartei. Von ihren Mitgliedern waren 1950 nur noch 45% Arbeiter, während Angestellte und Beamte 22%, Selbständige 12% erreichten. Im Parteivorstand ist auch heute selten ein Arbeiter zu finden. Von den Parteitagsdelegierten sind nur etwa 8% Arbeiter, 49% Angestellte und Beamte. Etwa 20% sind Parteiangestellte. Unter den anderen Delegierten finden sich viele, die in ihren Stellungen indirekt von der Partei abhängig sind. Dieses Bild ist für die sozialdemokratischen Parteien typisch.

Im Jahre 1959 wurde das Godesberger Programm beschlossen. Es enthält keinen Marxismus und sieht Sozialisierungen nur in Ausnahmefällen vor. Es steht positiv zu Privateigentum und Wettbewerb, auch zu Kirche und Landesverteidigung. Der Kurs geht auf soziale Marktwirtschaft. Ein Totalsozialismus wird nicht mehr als Endziel erklärt, die Demokratie dagegen betont.

Auf Ollenhauer folgte Willy Brandt (einst SAP) als Parteivorsitzender. Er war in Schweden und Norwegen in der Emigration gewesen und inzwischen Bürgermeister von Berlin geworden. Im Jahre 1966 trat die SPD in die Regierung ein, zunächst in großer Koalition mit der CDU unter Kiesinger. Drei Jahre später folgte die sozialliberale Koalition (SPD-FDP) unter Brandt als Kanzler; ihm folgte Helmut Schmidt, indes Brandt Parteivorsitzender blieb. Die sozialliberale Koalition regierte 13 Jahre. Die SPD erreichte im Jahre 1972 ein Stimmenmaximum mit 45,8%. Nach dem Zerfall der Koalition ging sie 1982 wieder in die Opposition. Bei den Wahlen von 1987 sank ihr Stimmenanteil gegen die vorigen Wahlen von 38,2 auf 37%, die Zahl der Bundestagssitze von 193 auf 186. Die SPD verlor Stimmen an die neue Partei der "Grünen", einer ursprünglich vom Umweltschutz ausgehenden, linksgerichteten Partei.

Die SPD hat 900.000 Mitglieder. Sie ist weiter mit den Gewerkschaften verbunden, wenn auch nicht mehr so eng wie früher. Die Jungsozialisten (Jusos) bilden einen linken Flügel mit marxistischer Phraseologie. Die praktische Politik der Partei wird eher vom rechten Flügel beherrscht. Im März 1987 trat Brandt vom Parteivorsitz zurück; ihm folgte H.J. Vogel mit Rau und Lafontaine als Stellvertretern. Großen Einfluß in der SPD hatte durch Jahrzehnte der frühere kommunistische Spitzenfunktionär H. Wehner, der sich 1980 aus Altersgründen zurückzog. Er stand auf dem rechten Flügel der SPD.

Die Partei war an zahlreichen sozialpolitischen Maßnahmen beteiligt, u.a. an der Mitbestimmung der Arbeiter in den Betrieben, die allerdings zu keinen wirtschaftlichen Änderungen von Belang geführt hat.

Verstaatlichung in England

In *England* kam die Arbeiterpartei durch den Wahlsieg von 1945 an die Regierung. Unter Attlee verstaatlichte sie die Hüttenindustrie, den Kohlenbergbau, die Bahnen, die Bank von England (Notenbank), die Elektrizitäts- und Gasversorgung. Eine Änderung der zwischenmenschlichen Beziehungen ist durch diese Verstaatlichungen nicht eingetreten. Es wurde auch keine sozialistische Planwirtschaft eingeführt. England blieb bei der Marktwirtschaft. Die Arbeiterpartei war in den sechziger und siebziger Jahren zeitweise wieder an der Regierung. Ungeachtet radikaler Programmtöne wurden keine weiteren Verstaatlichungen durchgeführt. Nachdem jedoch eine konservative Regierung 1951 die Stahlindustrie reprivatisiert hatte, verstaatlichte die sozialistische Regierung von 1964 diese Industrie von neuem.

Gegen den um 1975 sich abzeichnenden Linkskurs der Partei spaltete sich 1981 eine Sozialdemokratische Partei von der Arbeiterpartei ab. Sie schloß ein Bündnis mit den Liberalen (die sozialliberale Allianz), das sich wenig bewährte. Die Wahlen von 1987 erbrachten nur 5 Mandate für die SPD und 17 für die Liberalen, ein starker Rückgang gegen den Anfang der Allianz, die jedoch immer noch 8 Mill. Stimmen erhielt. Die Allianz war 1987 brüchig. Die sozialdemokratische Partei ist für soziale Marktwirtschaft und für das Verhältniswahlrecht. Diese Partei hat 60.000 Mitglieder.

Die Arbeiterpartei hat im Ganzen 6,4 Millionen Mitglieder, die meisten, wie gleichfalls schon erwähnt, indirekt durch die Gewerkschaften, deren Angehörige, wenn sie keinen Einspruch erheben, automatisch Mitglieder der Arbeiterpartei sind. An Einzelmitgliedern sind nur 275.000 vorhanden, während es 1971 noch 700.000 waren. 70% der Parteieinnahmen kommen von den Gewerkschaften, die 12 von 29 Vorstandsmitgliedern stellen. Der sogenannte politische Flügel, d.h. Einzelmitglieder und Abgeordnete, hat unverhältnismäßig großen Einfluß. Als Mitglieder gehören zur Arbeiterpartei etwa 39% der Gewerkschaftsangehörigen und 35% der Facharbeiter. Ein Parteiprogramm von 1982 zielt unentwegt auf Gemeineigentum an den Produktionsmitteln und klassenlose Gesellschaft. Praktisch überwiegt der Reformismus. Die konservative Regierung Thatcher leitete 1987 die Reprivatisierung verstaatlichter Industrien ein.

In den Commonwealth-Ländern sind sozialdemokratische Parteien in *Kanada*, *Australien* und *Neuseeland* zu finden. Die kanadische *Cooperative Commonwealth Federation* wurde 1932 auf Neue Demokratische Partei umbenannt. Bis 1939 hatte sie ein sozialistisches Programm, das dann zugunsten eines reformistischen aufgegeben wurde. Der Stimmenanteil der Partei liegt zwischen 10 und 20%. Die australische Arbeiterpartei ist ungefähr so alt wie die englische (gegr. 1891) und war schon 1904 und 1910 zeitweise an der Regierung. Das Programm ist sozialistisch, die Politik pragmatisch und reformistisch. Seit 1945 hat die Arbeiterpartei wiederholt die Regierung gebildet. Dies gilt auch für die Arbeiterpartei in Neuseeland, die von einem früheren sozialistischen Programm auf die Linie des Reformismus überging.

Verstaatlichungen in Frankreich

In Frankreich gehörte die sozialistische Partei nach 1945 gemeinsam mit den zahlenmäßig überlegenen Kommunisten zur Nationalen Front und war bis 1958 in der Regierung. Bei der Präsidentenwahl 1969 erreichte ihr Kandidat nur 5% der Stimmen. Die Partei wurde in diesem Jahr umgegründet und hieß nicht mehr SFIO (*Section française de l'Internationale ouvrière*), sondern Sozialistische Partei. Sie arbeitete 1972-1978 und 1981-1986 wieder mit den Kommunisten zusammen. Sie hat etwa 220.000 Mitglieder. Sie öffnete sich weiter den neuen Mittelschichten, der Intelligenz und den Angestellten. Der Anteil der Arbeiter, meist qualifizierte Facharbeiter, liegt nur noch bei 10-15%. Während der größere französische Gewerkschaftsbund *Confédération Générale du Travail* (CGT) von den Kommunisten beherrscht wird, steht der kleinere Gewerkschaftsbund CFDT unter sozialistischem Einfluß. Die Mehrheit der französischen Arbeiter neigt zum Kommunismus der "eurokommunistischen" Färbung. Das Parteiprogramm der sozialistischen Partei ist weiter auf Sozialisierung gerichtet. Ein noch marxistischer linker Flügel hat Gewicht.

Ein Wahlsieg von 1981 machte die sozialistische Partei zur stärksten in Frankreich. Sie hatte ein Wahlabkommen mit den von Marchais geführten Kommunisten geschlossen und erreichte die Mehrheit im Parlament. Ihr populärer Führer Mitterand war Präsident der Republik geworden. Im ersten Wahlgang erhielten die Sozialisten 9,4 Millionen Stimmen (37,5% der Wähler, Zuwachs gegen die letzten Wahlen 15%), die Kommunisten 4 Millionen Stimmen (16%, Abnahme 4%). Zusammen hatten die beiden Parteien über 53% der Stimmen. Die damals geltende Majorzwahl begünstigte die jeweils stärkste Partei. Deshalb erhielten die Sozialisten 285 von 491 Sitzen im Parlament (Zuwachs 169) und bildeten die Mehrheit. Sie nahmen, obwohl die Zahl der kommunistischen Sitze um die Hälfte auf 44 abgenommen hatte, vier kommunistische Minister in ihre Regierung auf, die unter Mauroy zur Verstaatlichung von 36 Banken und fünf großen Industriekonzernen schritt. Der Kohlenbergbau war schon 1946 verstaatlicht worden, die Rüstungsindustrie schon 1936.

Eine sozialistische Planwirtschaft wurde in Frankreich jedoch nicht eingeführt. Es gab nur Ansätze zu einer lockeren Rahmenplanung, die nicht viel an der Marktwirtschaft änderte. So wenig wie in England bewirkten die Verstaatlichungen eine Änderung in den zwischenmenschlichen Beziehungen und der Politik im allgemeinen.

Als Reaktion auf die sozialistische Politik erfolgte bei den Wahlen im März 1986 ein Rechtsruck. Das neu eingeführte Verhältniswahlrecht mit nur einem Wahlgang gab die Stimmenverhältnisse in der Zusammensetzung des Parlaments besser wieder. Die Sozialisten gingen auf 31% der Stimmen zurück (8,7 Millionen Wähler, 200 Mandate), die Kommunisten auf 10% (2,7 Millionen Stimmen, 34 Mandate). Dagegen erzielten die vereinigten Gaullisten und Giscardisten (letztere eine Abspaltung von den ersteren) 41% der Stimmen (11,3 Millionen Wähler, 277 Mandate). An die Stelle des sozialistischen Ministerpräsidenten Fabius, der Nachfolger von Mauroy gewesen war, trat der Gaullist Chirac. Die rechte Mehrheit beschloß die Reprivatisierung von 65 verstaatlichten Unternehmen. Stahl, Kohle und die Automobilfabrik Renault blieben staatlich, zumal sie mit Verlust arbeiteten. Die Reprivatisierung soll sich über fünf Jahre verteilen. Es kam zu Spannungen zwischen dem bis 1988 weiteramtierenden sozialistischen Präsidenten Mitterand und der Regierung, die außer der Reprivatisierung auch eine liberale Wirtschaftspolitik ankündigte.

Die Entwicklung in Österreich

Die sozialdemokratische Partei in Österreich wurde 1945 als Sozialistische Partei Österreichs neugegründet. Die unterirdische Organisation der "Revolutionären Sozialisten" wurde von der Parteiführung aufgelöst. Die Partei rückte still von dem früheren radikalen Austromarxismus ab und öffnete sich den Mittelschichten, wobei es zu Auseinandersetzungen mit dem linken Flügel kam. Sie strebte den Charakter einer Volks-, nicht nur Arbeiterpartei an. Von 1945 bis 1966 war die SPÖ gemeinsam mit den Christlichsozialen (jetzt ÖVP) in der Regierung. Zu Verstaatlichungen kam es nicht, ausgenommen einige von den deutschen Nationalsozialisten hinterlassene Unternehmungen und einen Erz- und Hüttenkonzern. Von 1967 bis 1983 war Bruno Kreisky Parteivorsitzender und meist Bundeskanzler. Die SPÖ hatte von 1971 bis 1979 die Mehrheit im Parlament und stellte allein die Regierung. Bei den Wahlen von 1983 verlor sie die Mehrheit; es folgte eine sozialliberale Koalition, dann 1986 eine große Koalition mit der ÖVP unter dem Sozialisten Sinowatz und 1987 dieselbe Koalition unter dem Sozialisten Vranitzky. Die SPÖ hat 700.000 Mitglieder und zwei Millionen Wähler, etwa die Hälfte aller Stimmen. Der Kurs ist gemäßigt und reformistisch.

Schwankungen in Italien

Nach dem Zweiten Weltkrieg arbeiteten die italienischen Sozialisten unter Nenni zunächst mit den Kommunisten zusammen. Der rechte Flügel der Sozialisten spaltete sich deshalb 1947 als Sozialistische Demokratische Partei unter Saragat ab. Diese Partei blieb ziemlich klein. Sie vertrat hauptsächlich Angestellte und Intellektuelle. Wegen des russischen Einmarsches in Ungarn lockerten sich 1956 die Beziehungen der Sozialisten zu den Kommunisten. Im Jahre 1966 vereinigte sich der abgespaltene rechte Flügel wieder mit Nennis Partei zur Vereinigten Sozialistischen Partei, doch kam es 1969 zu einer neuerlichen Spaltung. Nennis Partei nahm wiederholt in einer Mitte-Links-Koalition an der Regierung teil. Nenni war auch eine Zeit lang Ministerpräsident. Die Partei hatte 1987 etwa 560.000 Mitglieder und 27% der Wählerstimmen. Der Arbeiteranteil, der 1945 noch 62% betragen hatte, sank bis 1987 auf 26%. Auch hier öffnete sich die Partei den neuen Mittelschichten. Die Kommunisten, die in Italien den "Eurokommunismus" vertreten (siehe später), sind etwa doppelt so stark wie die Sozialisten. Bei Kriegsende waren die beiden Parteien noch ungefähr gleich stark gewesen. Mit Craxi, der 1976 zum Vorsitzenden gewählt wurde und 1982-1987 Ministerpräsident war, kam der rechte Flügel der Sozialisten stärker zur Geltung. Die Partei ist reformistisch und sozialliberal. (Andere Parteien: SD 14%, DC 34%.)

Die *belgische* sozialistische Partei war seit 1946 wiederholt an Koalitionsregierungen beteiligt. Ihr Programm ist gemäßigt und reformistisch. Seit 1978 ist sie in eine flämische und eine wallonische Partei geteilt. Beide zusammen haben etwa 250.000 Mitglieder und 30% der Stimmen.

Als Nachfolgerin der alten Sozialdemokratie wurde 1946 in den *Niederlanden* die Partei der Arbeit gegründet, die über etwa 30% der Stimmen verfügt und seither wiederholt an der Regierung beteiligt war. Sie ist eine reformistische Volkspartei. Von 1948 bis 1958 stellte sie den Ministerpräsidenten. Ein linker Flügel spaltete sich 1970 als Demokratische Sozialistische Partei ab, erlangte aber keine große Bedeutung.

In *Schweden* ist die Sozialdemokratische Arbeiterpartei seit 1932 fast immer an der Regierung, teils allein (zeitweise über 50% der Stimmen), teils in Koalitionen. Der durchschnittliche Stimmenanteil liegt bei 45%. Von 1,1 Millionen Mitgliedern sind nur 300.000 Einzelmitglieder, die übrigen sind Mitglieder durch die Gewerkschaften. Das einst radikale Programm hat sich sehr gemäßigt. Die reformistische Politik der Partei hat Schweden zu einem bekannten Wohlfahrtsstaat gemacht. Die Arbeiter bilden nicht die Mehrheit der Partei, in den Führungsgremien dominieren Angestellte und Beamte. In Schweden stehen 39% der Erwerbstätigen im öffentlichen Dienst, was sich auch in der Zusammensetzung der Partei spiegelt. Zu einer Sozialisierung kam es auch in Zeiten einer sozialistischen Mehrheit nicht. Die schwedische Wirtschaft ist zu 90% privat geblieben.

Seit 1983 sieht das Parteiprogramm vor, die Arbeiter am Gewinn der Unternehmungen zu beteiligten und aus den Gewinnanteilen einen Arbeitnehmerfonds zu bilden, der allmählich die Aktien der Großindustrie aufkaufen soll. Diese an den Frühsozialismus erinnernde Politik wird von den bürgerlichen Parteien als "schleichende Sozialisierung" abgelehnt. Die Theorie der Partei ist "funktional", d.h. es kommt weniger auf die Besitzverhältnisse als das Verfügungsrecht an.

Auch in *Dänemark* ist die Sozialdemokratie häufig an der Regierung beteiligt. Von ihren Wählern sind 56% Arbeiter, 36% Angestellte. In der Leitung dominieren die neuen Mittelschichten. Die Ausdehnungsmöglichkeiten der Partei sind in dem Bauernland begrenzt. Das Programm ist reformistisch, wenn auch als Fernziel noch von Sozialismus gesprochen wird. Der Stimmenanteil liegt um 30%, die Mitgliederzahl um 100.000.

In Norwegen ist die sozialdemokratische Arbeiterpartei meist an der Regierung. Ihr Stimmenanteil schwankt zwischen 35 und 50%. Von den Wählern sind 63% Arbeiter und 25% Angestellte. Auch hier beherrschen Vertreter der Intelligenz und der Mittelschichten die Führungsgremien der sozialistischen Partei. Das Programm sieht keine Verstaatlichungen vor, sondern Mitbestimmungsrecht und Wirtschaftsdemokratie. Die Mitgliederzahl beträgt 175.000. Das Eintreten der Partei für den Anschluß an die EG hat ihr geschadet, nachdem der Beitritt durch Volksabstimmung verworfen wurde.

Die 1899 gegründete sozialdemokratische Partei in *Finnland* beteiligte sich seit der Unabhängigkeit des Landes oft an Koalitionsregierungen, so 1937 unter Mannerheims Präsidentschaft an einer rot-grünen Koalition mit den Agrariern. Sie unterstützte die Teilnahme Finnlands an dem deutschen Krieg gegen Rußland 1941-45, da die Sowjetunion 1939 Finnland angegriffen und ihm einen Grenzstreifen weggenommen hatte. Auch nach dem Krieg, der keinen Erfolg gebracht hatte, blieb die Sozialdemokratie oft in Regierungskoalitionen, zeitweise auch unter Teilnahme der Kommunisten. Sie stellte wiederholt den Ministerpräsidenten. Der sozialdemokratische Minister Tanner kam wegen der Kriegsteilnahme Finnlands nach dem Krieg vor Gericht, doch hatte dies weiter keine Folgen.

Die Partei verfügt über etwa 25% der Wählerstimmen, wobei der Anteil der Arbeiter auf zwei Drittel geschätzt wird. Unter den 100.000 Mitgliedern der Partei sind nur 30% Arbeiter. Der Zustrom von Angestellten und Beamten hält an. Unter den Abgeordneten ist nur noch selten ein Arbeiter zu finden. Bis 1952 hatte die Partei ein dem Erfurter Programm der SPD nachgebildetes Programm, dann wurde ein gemäßigteres Programm beschlossen, das am Endziel eines demokratischen Sozialismus und an der Theorie von Marx festhielt. Dann folgte 1981 ein neues Programm, das auf Verstaatlichungen und das sozialistische Endziel verzichtete, dafür aber einen Arbeitnehmerfonds nach schwedischem Muster vorsah, der Aktien von Unternehmungen aufkaufen soll. Die Partei ist demokratisch und reformistisch.

In der *Schweiz* arbeitet die sozialistische Partei, die früher nach links neigte und besonders militärfeindlich war, seit 1933 mit der bürgerlichen Mehrheit zusammen. Ihr Stimmenanteil schwankt um 23%. Sie ist seit 1943 in der Regierung vertreten und stellt 2 von den 7 Bundesräten (Ministern). Sie ist auch in 21 von 26 Kantonen an der Regierung beteiligt. Unter den Wählern bilden Angestellte die stärkste Gruppe, erst dann kommen die Arbeiter. Die Mitgliederzahl der Partei liegt bei 50.000. Ein linker Flügel macht sich manchmal bemerkbar. Die Politik ist gemäßigt und reformistisch.

In *Spanien* ist die sozialistische Partei seit Wiederherstellung der demokratischen Verfassung die stärkste Partei. Ihr Führer González wurde Ministerpräsident, nachdem die Partei 1982 die Mehrheit in den Cortes, dem Parlament, erreichte (202 von 350 Sitzen, 46% der Wählerstimmen). Die Mitgliederzahl beträgt 150.000, fast doppelt soviel wie bei den Kommunisten. Die Partei hat viel Anhang unter Angestellten und Angehörigen der freien Berufe; der Arbeiteranteil wird nur auf ein Drittel geschätzt. Das Parteiprogramm sieht Sozialisierungen vor; es ist nicht marxistisch, enthält aber eine teilweise Anerkennung der Lehren von Marx. Die praktische Politik der Partei ist reformistisch.

In *Portugal* hat die sozialistische Partei eine bis auf das Jahr 1875 zurückgehende Geschichte, spielte aber bis in die neueste Zeit kaum eine Rolle. Erst nach dem Ende der Salazar-Diktatur gelangte sie unter Soares, fast 100 Jahre nach ihrer Gründung, zu politischer Bedeutung. Ihr Stimmenanteil lag 1987 bei 22%. Sie war oft an der Regierung, meist in Koalition mit Liberalen oder Konservativen. Von 1978 bis 1983 war sie in der Opposition, kam aber 1983 mit 36% der Stimmen wieder zur Regierung. Sie hat nur eine geringe Basis in der Arbeiterschaft; die Kommunisten beherrschen den größten Gewerkschaftsbund. Gegenüber ihrem früheren radikalen Programm hat sich die Partei neuerdings gemäßigt, sich den Mittelschichten geöffnet und auf Verstaatlichungen und Bodenreform verzichtet. Sie ist für EG, NATO und USA. Die größte Partei Portugals unter Silva (50%) nennt sich sozialdemokratisch, ist aber rechtsliberal.

In *Griechenland* gründete A. Papandreou 1974 die Panhellenische Sozialistische Bewegung aus einer Anzahl von Linksgruppen. Ihr Stimmenanteil betrug 14%, dann wuchs sie schnell und erreichte 1981 rund 48% der Stimmen. Der Führungsstil Papandreous ist persönlich und autoritär, es gibt wenig innerparteiliche Demokratie. Die Partei lehnt Sozialdemokratie, Kommunismus und Eurokommunismus ab. Sie strebt einen sozialistischen Mehrparteienstaat an. Das ursprüngliche Programm sah die Verstaatlichung der Banken und Grundindustrien bei Selbstverwaltung der Arbeitnehmer vor. Als Ministerpräsident (1981) führte Papandreou das Programm aber nicht durch und beschränkte sich auf kleinere Reformen. Auch verzichtete er auf den früher geforderten Austritt aus EG und NATO. Die Partei ist nicht Mitglied der sozialistischen Internationale.

In *Japan* beträgt der sozialistische Stimmenanteil etwa 20%. Die sozialistische Partei (Schukaito) stand früher den Kommunisten nahe, hat aber seit 1981 ein reformistisches Programm.Von ihr hat sich ein rechter Flügel als Demokratisch-Sozialistische Partei (Minschato) abgespalten. Beide Fraktionen sind Mitglieder der Internationale.

In *Israel* gibt es neben der sozialdemokratischen Arbeiterpartei die etwas weiter links stehende Vereinigte Partei (Mapam), die beide der sozialistischen Internationale angehören. Ihr Stimmenanteil beträgt zusammen etwa die Hälfte aller Wähler. Die Politik ist pragmatisch; die besonders der Mapam nahestehenden sozialistischen Siedlungen (Kibbuze) haben nur einen kleinen Anteil an der Bevölkerung und Wirtschaft.

Chile ist in der sozialistischen Internationale nicht durch seine sozialistische Partei vertreten, sondern durch die liberale Radikale Partei, die 1970 in Allendes *Unidad Popular* war. Die sozialistische Partei wurde 1938 gegründet, nahm 1938-1940 an einer Volksfront teil und spaltete sich 1946 in eine sozialistische Volkspartei unter Allende mit Neigung zu den Kommunisten und die reformistischen Auténticos. Im Jahre 1957 kam es zur Wiedervereinigung und 1970 gemeinsam mit den Kommunisten zur Wahl Allendes zum Präsidenten. Das Programm war marxistisch-leninistisch und sah die Verstaatlichung der Wirtschaft vor. Nach dem Militärputsch von 1973, bei dem Allende erschossen wurde, wurde die Partei wie alle anderen Parteien von der Militärdiktatur verboten. In der Illegalität zeigten sich große innere Gegensätze in der Partei, die zuletzt über etwa 15% der Stimmen verfügte.

Die sozialistische Internationale

Die zweimal durch Krieg zerfallene Internationale wurde 1949 erneuert, diesmal in sehr lockerer Form, aber über alle Kontinente erweitert. Sie bezeichnet sich als Bund souveräner Parteien und hat kein Weisungsrecht gegenüber den Mitgliedsparteien. Insgesamt sind 43 Länder mit 16 Millionen Parteimitgliedern und 100 Millionen Wählern angeschlossen. Die Internationale hält alle zwei Jahre eine Tagung ab; das Büro tagt viermal jährlich. Unter den Mitgliedsparteien sind Länder wie Malta, Jamaika, Barbados, San Marino, Obervolta, Senegal und einige mittelamerikanische Staaten zu finden. Malta und Jamaika sind im Präsidium vertreten. Zu den Mitgliedern zählt die Republikanische Volkspartei der Türkei. Einige Länder sind durch zwei Parteien vertreten, so Israel, Japan und die Vereinigten Staaten. In den letzteren hat der Sozialismus nie Bedeutung erlangt; auch die amerikanischen Gewerkschaften sind nicht sozialistisch. Die beiden der Internationale angehörigen Parteien "Demokratische Sozialisten Amerikas" und "Sozialdemokraten Amerikas" sind Zwergparteien ohne Vertretung im Kongreß.

Die zahlreichen Mitgliedsparteien aus den lateinamerikanischen Staaten sind ihrem Wesen nach kaum mit europäischen sozialdemokratischen Parteien zu vergleichen. Sie haben wenig gemeinsame Merkmale, sehr verschiedene Programme von links bis ziemlich weit rechts, eine lockere Organisation mit mehr Personalismus als innerer Demokratie, eine sehr verschiedene soziale Basis und wenig Macht. Sie betonen einen gegen die USA gerichteten Anti-Imperialismus. Exilparteien und Parteien aus Ländern wie Peru, Puerto Rico und Grönland haben in der Internationale nur beratende Stimme.

Die Internationale hat nur nominelle Ähnlichkeit mit den früheren Internationalen, stellt auch geringere Ansprüche. Im wesentlichen dient sie nur Zusammenkünften und Diskussionen. Ein ernsthaftes politisches Gewicht ist ihr nicht zuzuschreiben. Der Vorsitzende der Internationale war bis 1987 Willy Brandt.

Nimmt man nur die Industrieländer mit echten sozialdemokratischen Parteien, so haben die Parteien der Internationale rund 4 Millionen persönliche Mitglieder, außerdem (hauptsächlich in England und Schweden) Gewerkschaften mit 8 Millionen Angehörigen als Kollektivmitglieder. Die Zahl ihrer Wähler summiert sich auf 40 bis 50 Millionen, der Stimmenanteil liegt meist zwischen 30 und 40%.

Die sozialdemokratischen Parteien der zur Europäischen Gemeinschaft gehörenden Länder bilden innerhalb der Internationale einen eigenen Bund.

In einigen arabischen Ländern nennen sich die Regierungen sozialistisch, doch beschränkt sich der Sozialismus dort auf die Verstaatlichung einiger ausländischer Unternehmen. Hier ist die in zwei verfeindete Fraktionen gespaltene Baath-Partei (Syrien und Irak) zu nennen.

Viele der neuen afrikanischen Staaten haben sich sozialistische Verfassungen gegeben. Die Praxis beschränkte sich auf Marktmonopole und Preiskontrollen. Auf Grund der verschlechterten Wirtschaftslage schritten die meisten Staaten 1986 zu marktwirtschaftlich orientierten Reformen und nahmen Abschied vom "afrikanischen Sozialismus".

16. KAPITEL

Wo der Kommunismus regiert

Die Gesamtzahl der kommunistischen Parteien in der Welt beträgt 100. Insgesamt haben sie 75 Millionen Mitglieder. Davon entfallen allerdings 70 Millionen auf die regierenden Parteien in den kommunistischen Ländern, 58 Millionen allein in der Sowjetunion und China, und nur 5 Millionen auf die nichtkommunistischen Staaten. In den kommunistischen Ländern ist die Parteimitgliedschaft Ehrensache und für ein Vorwärtskommen notwendig. Bei Widerstreben wird nachgeholfen; umgekehrt kommt es vereinzelt vor, daß die Parteimitgliedschaft elitär ist und nur auswahlweise verliehen wird. In den nichtkommunistischen Ländern ist die Parteimitgliedschaft freiwillig, ist Gesinnungssache und mitunter gefährlich.

Bei der Betrachtung der kommunistischen Parteien empfiehlt es sich, die regierenden und die nichtregierenden Parteien gesondert zu behandeln. Sie bilden längst nicht mehr Sektionen einer Weltpartei, sondern werden, soweit sie nicht unter russischer militärischer Besetzung stehen, immer selbständiger. Der während des Hitlerkriegs von Moskau geförderte Nationalismus ist geblieben; er hätte sich wohl auch sonst durchgesetzt, schon als Reaktion auf die russischen Vorherrschaftsbestrebungen.

Die Organisationsform ist immer noch allen kommunistischen Parteien gemeinsam. Ihre Basis bilden Betriebs- oder territoriale Einheiten. Die leitenden Gremien sind das Zentralkomitee und das Politbüro (bei manchen Parteien jetzt Präsidium genannt). Das Zentralkomitee wird nach von "oben" kommenden Vorschlägen gewählt und wählt seinerseits das Politbüro. Der Generalsekretär des ZK ist der eigentliche Führer der Partei. Das aus einigen hundert Delegierten bestehende Zentralkomitee hat verhältnismäßig wenig Macht; alle Macht liegt beim Politbüro und beim Generalsekretär. Innere Demokratie herrscht in den kommunistischen Parteien nicht; das Prinzip ist der "demokratische Zentralismus", der praktisch die Diktatur der Spitze bedeutet.

Im allgemeinen sind die kommunistischen Parteien durch die Herrschaft des Parteiapparats gekennzeichnet. Das ZK regierender Parteien pflegt soviele Abteilungen zu haben, wie es Ministerien gibt, und kontrolliert diese teils direkt, teils durch Personalunion. Somit besteht eine Art Doppelregierung. Die Partei beherrscht alle Bereiche des Staates, der Gesellschaft, der Wirtschaft, der Kultur und des Publikationswesens bis in jede Einzelheit hinein. Eine Politische Hauptverwaltung der Armee sorgt für die feste Bindung der Wehrmacht an die Partei.

Auch die Gewerkschaften sind in den kommunistischen Ländern nur Organe der Partei bzw. des Staates, nicht Interessenvertretungen der Arbeiter. Von 1946 bis 1948 waren die Gewerkschaften der kommunistischen Länder, die praktisch Zwangsgewerkschaften sind, mit den freien Gewerkschaften der übrigen Welt in einem Weltgewerkschaftsbund vereinigt. Er zerfiel dann wieder; der WGB ist heute rein kommunistisch und zählt 190 Millionen Mitglieder. Von Gewerkschaften außerhalb des kommunistischen Regierungsbereichs gehört ihm nur die französische CGT (*Confédération générale du travail*) an, die von den französischen Kommunisten beherrscht wird. Die freien Gewerkschaften der Welt sind dagegen im Internationalen freien Gewerkschaftsbund (IFGB) vereinigt, dessen Mitgliedsverbände meist der Sozialdemokratie nahestehen.

Das Parlament, das nur aus Abgeordneten der regierenden kommunistischen Partei besteht, ist nur eine Abstimmungsmaschine. Eine politische Willensbildung findet hier nicht statt. Nur die kommunistische Partei, manchmal mit abhängigen Scheinparteien koaliert, darf kandidieren und meldet regelmäßig 99% der Stimmen.

Der Marxismus-Leninismus ist in den kommunistisch regierten Ländern vorgeschriebene Weltanschauung. Andere Meinungen als die der herrschenden Partei bzw. Parteigruppe dürfen nicht geäußert werden. Es herrscht strenge Zensur. Eines der Dogmen ist, daß die kommunistischen Länder sich im Stadium des "entwickelten Sozialismus" befinden und den Weg zum Kommunismus angetreten haben. Der Kapitalismus hingegen befindet sich im Stadium des "Stamokap", des staatsmonopolistischen Kapitalismus, gekennzeichnet dadurch, daß die großen Monopole nur noch durch Staatsförderung existieren können. Dies wird als Zeichen des nahenden Zusammenbruchs gedeutet.

In allen kommunistisch regierten Ländern hat sich aus den höheren Parteifunktionären eine neue herrschende Klasse gebildet, die sich in Einkommen und Lebensweise stark vom Volk abhebt. Das widerspricht dem Marxschen Zukunftsbild einer klassenlosen Gesellschaft. Im sogenannten Arbeiterstaat hat die Arbeiterklasse die wenigsten Rechte. Sie darf nicht einmal Gewerkschaften bilden wie in den kapitalistischen Ländern. Die neue Oberklasse hat zahlreiche Privilegien, sie ist elegant gekleidet oder trägt goldbetreßte Uniformen. Auch wenn der Angehörige der neuen Klasse aus einer Arbeiterfamilie stammt, fühlt er sich nicht als Angehöriger der Arbeiterklasse oder wenigstens ihr Anwalt. Er steht dem Arbeiter nicht anders gegenüber als der gebildete und besitzende Angehörige der Oberklasse in der "bürgerlichen" Gesellschaft.

Gegenüber den regierenden kommunistischen Parteien besteht Moskau auf seinem Führungsanspruch, was ihm allerdings nur in den Ländern gelingt, die russische Besatzungen haben. Das sind fast alle Länder in Osteuropa. Die nichtbesetzten kommunistischen Länder wie China, Jugoslawien und Albanien haben sich von der Moskauer Vorherrschaft losgelöst. Kuba muß sie aus wirtschaftlichen Gründen akzeptieren, versucht aber daneben eine eigene Politik. Die nichtregierenden kommunistischen Parteien lehnen fast ausnahmslos die russische Hegemonie ab und erklären sich für selbständig. Die osteuropäischen Länder hält Moskau im Bedarfsfall mit militärischen Mitteln bei der Stange. Die "Breschnjew-Doktrin" von 1966 deutet den "proletarischen Internationalismus" dahin, daß die Sowjetunion einmarschieren darf, wenn in einem Land die "Revolution gefährdet" ist, d.h. die dortige kommunistische Partei andere Wege zu gehen versucht als die von Moskau vorgeschriebenen.

Nichtsdestoweniger werden besondere nationale Wege zum Sozialismus in einem gewissen Grade anerkannt. Bis 1935 war dagegen allen Ländern vorgeschrieben, den russischen Weg zur Revolution zu gehen (Bürgerkrieg, Rätesystem, Diktatur des Proletariats). Von 1919 bis 1945 hat diese Politik nirgends zu einem Erfolg geführt. Im Jahre 1935, als die kommunistische Internationale zum letzten Mal tagte, gab es 61 kommunistische Parteien mit 3,1 Millionen Mitgliedern, davon 2,3 Millionen in der Sowjetunion.

Die kommunistisch regierten Länder Europas bilden im Warschauer Pakt ein militärisches Bündnis und arbeiten im Rat für gegenseitige Wirtschaftshilfe (RGW) wirtschaftlich zusammen. Überall herrscht Planwirtschaft nach russischem Muster.

Die Entwicklung in der Sowjetunion

Die Entwicklung in der Sowjetunion bis zum Tode Stalins und die anschließende Periode ist schon früher dargestellt worden. Die KPSU zählt über 18 Millionen Mitglieder, davon 43% Arbeiter und 43% Angestellte, jedoch nur 13% Kolchosbauern. In der erwerbstätigen Bevölkerung machen nach der amtlichen Statistik (1984) die Personen, die "als Arbeiter zu betrachten sind", 70% aus. In der Industrie kommen 7 Mill. Angestellte auf 31 Mill. Arbeiter.

Eine Planwirtschaft braucht noch mehr Büropersonal als eine Marktwirtschaft. Etwa zwanzig Millionen Menschen sind in der Sowjetunion seit der Revolution aus dem Arbeiter- und Bauernstand in den Beamten- oder Angestelltenstand aufgestiegen; insbesondere haben sie alle Intelligenzberufe besetzt. Zwei Millionen Personen sind Beamte oder Parteifunktionäre geworden. Diese ungeheure soziale Umwälzung erklärt die Stabilität des Sowjetsystems. Der aus der Sowjetunion emigrierte Professor Alexander Sinowjew berichtet, daß seine Mutter, obwohl durch die Revolution um Haus und Hof gekommen, lebenslang ein Bild Stalins verehrte; von ihren vier Söhnen war unter Stalin einer Professor geworden, der zweite Oberst, der dritte Ingenieur, der vierte Direktor einer Fabrik. Man versteht, daß die Menschen auf der Straße weinten, als Stalin starb. Seine Untaten traten bei den Teilnehmern des sozialen Massenaufstiegs zurück.

Die Partei beruht auf Betriebs- und territorialen Grundorganisationen. Die Funktionäre werden nominell von den Mitgliedern gewählt, aber nur auf "Empfehlung" der höheren Stellen. Das gilt noch für jeden Kolchosvorsitzenden. Alle örtliche Macht liegt bei den Parteisekretären der jeweiligen Stufe, die ihrerseits den höheren Sekretären gehorchen. Eine Willensbildung an der Basis findet nicht statt. Die Parteimitglieder werden von den Beschlüssen der leitenden Gremien durch Befehle informiert.

Die Parteiorganisation ist in Orts-, Rayons- und Gebietssekretariate gegliedert. Über ihnen stehen die Gliederungen der Teilrepubliken. An der Spitze stehen die Bundesgremien. Das Zentralkomitee mit derzeit 319 Mitgliedern und 151 Kanidaten gilt als die oberste Stelle der Partei. Es geht aus indirekten Wahlen der unteren Parteigliederungen hervor. Das Zentralkomitee (ZK) hat soviel Abteilungen, wie es Ministerien gibt, und kontrolliert die Regierung, mit der es auch durch Personalunionen verbunden ist. Jede ZK-Abteilung wird von einem Sekretär geleitet, der mehr Macht hat als ein Minister.

Das ZK wählt das Politbüro, die eigentliche Zentrale der Macht. Der Generalsekretär des ZK bzw. der Partei ist der höchste Machtträger. Er wird vom ZK gewählt oder abgesetzt. Hier allein wird die Politik der Partei bestimmt.

Die Partei kontrolliert das Leben der Nation auf allen Gebieten. Es herrscht eine strenge Zensur. Die Regierung stützt sich auf das KGB (*Kommissariat gossudárstwennoi bezopasnosti*, Kommissariat für Staatssicherheit), früher GPU und noch früher Tscheka geheißen. Das KGB verfügt über Spezialtruppen. Die Oberaufsicht über das KGB hat der Generalsekretär der Partei, der auch Vorsitzender der Militärkommission ist. Es gibt auch eine Politische Hauptverwaltung der Armee, deren schon erwähnte Aufgabe es ist, die Herrschaft der Partei über die Wehrmacht zu sichern.

Die offizielle Staatsphilosophie ist der Marxismus-Leninismus, der jetzt als "Marxismus der Epoche des Imperialismus, der eingeleiteten Weltrevolution, des Aufbaues des Sozialismus und Kommunismus" definiert wird. Nach Aussage russischer Neuemigranten glaubt niemand mehr an den Marxismus, seine Kenntnis ist aber für Prüfungen und Karriere notwendig. Die Verantwortung für die erstere Behauptung muß den Berichtern überlassen bleiben. Dasselbe gilt für den polnischen Marxismusforscher Kolakowski, der den Marxismus als "lebloses Fossil" bezeichnet.

Die höheren Parteifunktionäre bilden die *Nomenklatura*, die neue herrschende Klasse des sozialistischen Staates. Sie heißt so, weil die Namen aller höheren Funktionäre und der für ihre Posten in Betracht kommenden Personen in eine Liste, die Nomenklatura, eingetragen sind, die nur wenige Spitzenfunktionäre kennen. Die Nomenklatura umfaßt 750.000 Personen, davon nur 250.000 mit wirklicher Macht. Mit Familien macht dieser neue Adel etwa 3 Millionen Menschen oder 1,5% der Bevölkerung aus. Die höchsten Nomenklaturisten werden von Politbüro und ZK bestellt; sie geben unteren Nomenklaturisten einen Teil der Macht sozusagen als Lehen weiter. Die höhere Nomenklatura genießt weitreichende Privilegien. Ihr stehen luxuriöse Villen, Sondergeschäfte und Sonderrestaurants zur Verfügung, die von gewöhnlichen Menschen nicht betreten werden dürfen.

Von den Parteimitgliedern sind 60% Russen und 16% Ukrainer. Die übrigen Nationalitäten sind schwach vertreten und unterliegen einer langsamen Russifizierung, die als "gegenseitige Annäherung der Völker" bezeichnet wird. Infolge der allgemeinen Unterwanderung durch Russen und Ukrainer sind die übrigen Völker der Sowjetunion heute meist Minderheiten im eigenen Lande.

Der 1985 gewählte Generalsekretär Gorbatschow kündigte umfangreiche Reformen an. Auf politischem Gebiet soll die *perestrojka* (Umbau) eine gewisse Lockerung der Zensur bringen; es wurden bisher verbotene Bücher und Theaterstücke zugelassen, ferner einige Dissidenten freigelassen, die bisher in Verbannungsorten oder psychiatrischen Kliniken festgehalten wurden. Bei Wahlen sollen zwei Kandidaten zugelassen sein, statt wie bisher nur einer, doch werden wohl beide von der Partei bestimmt werden. Tiefer greifen sollen die wirtschaftlichen Reformen. Die Wirtschaft soll dezentralisiert werden, die Betriebe sollen eine gewisse Selbstverwaltung bekommen, sich auch selbst finanzieren dürfen. Devisenbringende Betriebe sollen 30% der Devisen für Investitionen verwenden dürfen. Die Kolchose dürfen 30% ihrer Obst-, Gemüse- und Kartoffelproduktion auf dem freien Markt verkaufen. Die Arbeiter sollen ein Mitbestimmungsrecht erhalten. Direkte Beziehungen zwischen Produzenten und Verbrauchern sollen gestattet werden. Das Projekt erinnert an früher verworfene jugoslawische und ungarische Vorbilder, die allerdings nur begrenzten Erfolg gebracht haben.

Gorbatschow sprach von *glasnost* (Offenlegung) und "Demokratisierung". Doch wurde gleichzeitig davor gewarnt, in den Reformen einen Schritt zum Kapitalismus oder zu "westlichem Liberalismus" zu sehen. Der Reformplan war durch die geringe Leistung unter der zentralisierten Planwirtschaft bedingt. Die Wirtschaftsleistung des russischen Arbeiters lag 1987 um zwei Drittel unter jener des amerikanischen und um die Hälfte unter jener des bundesdeutschen. Das neue Programm sieht eine Bindung des Lohns an die Qualität des Produkts vor. Der russische Arbeiter ist nicht untüchtig, aber seine Motivation war unter dem bisherigen System gering. Gorbatschows Reformprogramm, obwohl nach westlichen Begriffen nicht sehr weitgehend, stieß bei der alten Nomenklatura auf Widerstand.

Ostdeutschland

In der sowjetisch besetzten Ostzone *Deutschlands* erzwang die Besatzungsmacht 1946 die Verschmelzung der Sozialdemokratie (680.000 Mitglieder) mit der kommunistischen Partei (600.000 Mitglieder) zur Sozialistischen Einheitspartei Deutschlands (SED). Es wurde die "Deutsche Demokratische Republik" (DDR) errichtet. Bis 1948 waren die Sozialdemokraten unter Grotewohl in den Parteifunktionen paritätisch vertreten, dann wurde die Partei bis 1953 nach dem Vorbild der kommunistischen Partei der Sowjetunion umgestaltet. Am 17. Juni 1953 kam es zu einem Arbeiteraufstand gegen das Regime, der von der russischen Besatzung unterdrückt wurde.

Die Industrie wurde verstaatlicht, die Landwirtschaft 1961 unter Zwang kollektiviert. In diesem Jahr erfolgte der Bau der Mauer in Berlin. Bis 1971 regierte Ulbricht, dann wurde er wegen vorsichtiger Selbstständigkeitsbestrebungen gegenüber Moskau abgesetzt. An seine Stelle trat der aus Saarbrücken stammende Honecker. Der Paragraph über die deutsche Wiedervereinigung wurde 1976 gestrichen. Die DDR ist international anerkannt (von der Bundesrepublik nur teilweise).

Die führenden Funktionäre Honecker (Vorsitzender des Staatsrats) und Stoph (Ministerpräsident) kommen aus dem Arbeiterstand, sind aber seit mehr als 40 Jahren Parteifunktionäre. Von den 2,2 Millionen Parteimitgliedern sind 58% Arbeiter und 22% Angestellte. Die Statistik gibt die 7,5 Mill. Arbeiter und Angestellten gemeinsam an. Nominell bestehen noch 4 Parteien (CDU, Liberale, Bauernpartei, Nationaldemokraten), die mit der SED gleichgeschaltet sind und mit ihr bei Wahlen eine Einheitsliste bilden. Diese Liste erhält stets über 99% der Stimmen. Gegenkandidaten sind nicht zugelassen. Die führende Rolle der SED ist verfassungsmäßig verankert. Die herrschende Funktionärklasse genießt die üblichen Privilegien. Die DDR gehört dem Warschauer Pakt und dem RGW an. In ihr sind starke russische Truppen stationiert.

Polen

Die Vereinigte Arbeiterpartei in *Polen* geht auf die 1892 gegründete sozialistische Partei und die 1922 entstandene kommunistische Partei zurück. Die letztere wurde 1938 von der III. Internationale aufgelöst. Ihre spätere Nachfolgepartei, die 1942 im Moskauer Exil gegründete Polnische Arbeiterpartei, wurde mit der sozialistischen Partei 1948 zwangsweise verschmolzen. Die Mitgliederzahl ging durch "Säuberungen" von 800.000 auf 500.000 zurück. Nominell bestehende andere Parteien bilden als Scheinparteien eine nationale Front mit der kommunistischen Partei. Die führende Rolle der kommunistischen Partei ist in der Verfassung verankert. Polen annektierte die deutschen Gebiete östlich der Oder-Neiße-Linie und vertrieb 10 Millionen Deutsche.

Die Partei machte wiederholt Führungskrisen durch. In der Führung folgte auf Gomulka (1933-1948) der in der Moskauer Exilzeit hervorgetretene Bierut (1948-1956), diesem wieder Gomulka (1956-1970), auf diesen Gierek (1970-1980) und Kania (1980-1981). Obwohl sich die Partei Arbeiterpartei nennt, steht ein Großteil der Arbeiter in Opposition zu ihr. Dies äußerte sich 1980 in der Gründung einer unabhängigen Gewerkschaft "Solidarität" unter Lech Walesa. Inzwischen übernahm unter russischer Bedrohung General Jaruzelski die Führung. Die "Solidarität" wurde verboten.

Die Partei hatte 1980 3,1 Millionen Mitglieder; die Zahl sank infolge der Unruhen 1983 auf 2,2 Millionen. Die Arbeiter machten 39% aus (gegen 45% im Jahre 1979), die Bauern, die in Polen nicht kollektiviert sind, etwa 9%. Die Parteikader bestehen größtenteils aus Angehörigen des Partei- und Staatsapparats. Im April 1987 wurde eine Politik der Reformen angekündigt. Die Wirtschaft müsse sich marktwirtschaftlichen Gesetzen anpassen, erklärte die Regierung in Parallele zu Gorbatschows Reformprogramm für die Sowjetunion. In Polen sollen private Investitionen gefördert, staatliche Betriebe veraktioniert werden. Privatpersonen sollen Aktien kaufen dürfen, "um den Unternehmersinn zu fördern". Die staatlichen Subventionen sollen gekürzt werden, um unrentable Betriebe in den Bankrott zu treiben. Es wird auch an eine Aktienbörse gedacht. So hofft man die schlechte Wirtschaftslage (geringer Export, hohe Auslandsverschuldung, geringe Arbeitsleistung, veraltete Fabriken) zu sanieren.

Tschechoslowakei

In der *Tschechoslowakei* ergriff die kommunistische Partei 1948 die Macht, nachdem sie sich in der Regierung des Präsidenten Benesch seit 1945 das Verteidigungsministerium gesichert hatte. Benesch weigerte sich, eine kommunistische Verfassung zu unterschreiben, mußte zurücktreten und starb bald darauf. An der von ihm angeordneten Vertreibung von 3 1/2 Millionen Sudetendeutschen hatten die Kommunisten teilgenommen. Die kommunistische Partei regiert im Rahmen einer "Nationalen Front" mit einigen Scheinparteien. Ihr Führungsanspruch ist verfassungsmäßig verankert. Die KPTsch entstand 1921 aus dem linken Flügel der Sozialdemokratie und hatte bis zum II. Weltkrieg nur 13% der Stimmen. Im Jahre 1946 erzielte sie 40%. Die Industrie wurde verstaatlicht, die Landwirtschaft kollektiviert.

Die Partei war unter dem Präsidenten Gottwald streng auf der Moskauer Linie. Von 1952 bis 1954 kam es zu den schon früher erwähnten Schauprozessen gegen "Abweichler". Nach Gottwalds Ableben (1954) übernahm Novotny die Führung und versuchte im Einklang mit dem damaligen russischen Parteichef Chruschtschow einige Reformen. Unter Chruschtschows Nachfolger Breschnjew kam es zu Differenzen zwischen Prag und Moskau. Der Slowake Dubček versuchte 1968 weitergehende Reformen (der "Prager Frühling"), worauf die Russen einmarschierten. Dubček wurde zum Verhör nach Moskau gebracht und bald durch den ebenfalls slowakischen Husak ersetzt, der die Partei durch 300.000 Ausschlüsse "säuberte". Die Partei hat jetzt 1,5 Millionen Mitglieder. Die slowakische Teilpartei genießt eine gewisse Autonomie, wie die Slowakei überhaupt. Die Tschechoslowakei gehört dem Warschauer Pakt und dem RGW an.

Ungarn

In *Ungarn* folgte auf die erste Räterepublik von 1919 die lange Regierung des Admirals Horthy, der an Hitlers Seite am Krieg gegen die Sowjetunion 1941 teilnahm. Nach dem Einmarsch der Russen 1945 ergriff die bis dahin verbotene kommunistische Partei die Macht und zwang die Reste der Sozialdemokratie zur Verschmelzung. Die Industrie wurde verstaatlicht, die Landwirtschaft kollektiviert. Die von Rákosi geleitete stalinistische Regierung, die durch Schauprozesse gegen frühere führende Kommunisten von sich reden gemacht hatte, wurde 1956 durch einen Volksaufstand beseitigt. Die Russen schlugen den Aufstand nieder. Der Ministerpräsident Nagy floh in die jugoslawische Botschaft, wurde durch das Versprechen freien Geleits herausgelockt, sofort verhaftet und später hingerichtet. Inzwischen hatte Kádár in einem von den Russen besetzten Ort Szolnok die Partei neugegründet. Er liquidierte den Aufstand und löste die inzwischen gebildeten Arbeiterräte auf. Die neue Partei hatte zunächst 300.000 Mitglieder und übernahm 85% der Funktionäre der alten Partei. Sie nahm den Namen Ungarische Sozialistische Arbeiterpartei an.

Kádár gebärdete sich moskautreu, beschritt aber nach einiger Zeit den Weg der Reformen. Die Partei hat jetzt 800.000 Mitglieder, von denen drei Viertel nach 1956 eingetreten sind. Nur 1% stammt aus der Zeit vor 1944. Nur 29% sind Arbeiter, 41% sind Angestellte und Freiberufler. Die Hälfte der Mitglieder des Zentralkomitees gehört dem Partei- oder Staatsapparat an. Der Parteiführer Kádár sprach sich gegen "Revisionismus" ebenso aus wie gegen "Dogmatismus". Die Partei hat weiter das Machtmonopol, doch können bei Wahlen zwei Kandidaten aufgestellt werden, die sich allerdings politisch kaum unterscheiden. Seit 1968 wird ein neuer "wirtschaftlicher Mechanismus" propagiert, der eine gewisse Dezentralisierung der Planung, ein neues Preissystem und mehr Rechte der Betriebsleitungen vorsieht. Von 1972 bis 1978 wurden die Reformen unter russischem Druck gestoppt, dann aber wieder aufgenommen. Sie enthalten Dezentralisierung der Staatsbetriebe, Verpachtung unrentabler Staatsbetriebe an den Meistbietenden (auch Ausländer) und eine Erweiterung des privaten Wirtschaftssektors (Kleinbetriebe, Handwerk, Einzelhandel und Genossenschaften). Es soll eine "gemischte Wirtschaft sozialistischen Typs" geschaffen werden. Weitere Reformen betreffen neue Unternehmensformen, privat aussehende Bankgründungen, Mitbestimmung der Arbeiter in den Betrieben und gewählte Betriebsleitungen. Der neue "Marktmechanismus" enthält allerdings die staatliche Marktaufsicht und den von der Partei kontrollierten Wirtschaftsplan.

Rumänien

Auch in *Rumänien* beteiligten sich die Kommunisten nach dem russischen Einmarsch 1944 zunächst an einer Koalitionsregierung, drängten die anderen Parteien aber bald hinaus. Erst 1947 wurde die Monarchie abgeschafft und Rumänien zur "Volksrepublik" erklärt. Die "Volksdemokratische Front" der Kommunisten erhielt 91% der Stimmen. Die Kommunisten und Sozialisten wurden zwangsweise zur Rumänischen Arbeiterpartei verschmolzen. Die Industrie wurde verstaatlicht, die Landwirtschaft kollektiviert. Die Verfassung wurde 1952 dem russischen Vorbild angenähert. In ihr ist die sozialistische Wirtschaftsform verankert, ebenso das "Bündnis zwischen der Arbeiterklasse und der Bauernschaft, wobei die führende Rolle der Arbeiterklasse zufällt". Nach Georghiu-Dej wurde 1967 Nicolae Ceausescu Erster Sekretär der Partei. Er ist seither der Machthaber in Rumänien und bekannt dafür, daß er möglichst viele Stellen mit Angehörigen seiner Familie besetzt. Gegenüber der Sowjetunion besteht er auf einer gewissen Selbständigkeit. Rumänien ist im Warschauer Pakt und im RGW. Der Mitgliederstand der Partei wird mit 3,5 Millionen angegeben. Das Land heißt jetzt Sozialistische Republik Rumänien. Die Wirtschaftslage ist schlecht.

Bulgarien

In *Bulgarien* übernahmen 1944 nach dem Einmarsch der Russen die Kommunisten die Macht, zunächst in Koalition mit anderen Parteien. Diese Parteien wurden 1947-1948 unterdrückt, der Bauernführer Petkoff hingerichtet. Seither regieren die Kommunisten im Rahmen einer aus Scheinparteien gebildeten "Vaterländischen Front". Die Landwirtschaft wurde kollektiviert, eine staatliche Industrialisierung eingeleitet. Die Partei hat 800.000 Mitglieder. Die führende Persönlichkeit ist Schiwkow. Bulgarien ist traditionell nach Rußland orientiert; auch jetzt ist es sehr moskautreu.

Jugoslawiens Eigenständigkeit

Die *jugoslawische* Partei war die erste, die aus der Moskauer Disziplin ausscherte. Die 1920 gegründete und alsbald verbotene Partei existierte bis zum Zweiten Weltkrieg illegal als Kaderpartei unter dem Generalsekretär Tito, einem kroatischen Kommunisten, dessen wirklicher Name Josef Broz war. Er war als österreichischer Kriegsgefangener in Rußland im Ersten Weltkrieg Kommunist geworden. Im Zweiten Weltkrieg entwickelte sich Titos Partei zur führenden Kraft des Widerstands gegen die deutsche Besetzung. Sie stand in Gegensatz zu der nach London emigrierten königlichen Regierung, deren Widerstandsgruppen in Jugoslawien General Mihailowitsch leitete. Die beiden Widerstandsgruppen lieferten einander blutige Kämpfe. Nach dem Einmarsch der Russen 1944 errichtete Tito die kommunistische Diktatur und ließ Mihailowitsch hinrichten.

Tito zeigte von Anfang an Selbständigkeitsneigungen und erreichte den baldigen Abzug der Russen. Deren Unterstützung für ihn hatte gegen Kriegsende nachgelassen. Tito führte ein kommunistisches Programm eigenen Stils durch. Die Industrie in dem aus sechs Teilrepubliken bestehenden Bund wurde verstaatlicht, die Landwirtschaft aber nur teilweise kollektiviert. Die Bauern durften 10 ha Boden behalten. Für die Industrie wurde Arbeiterselbstverwaltung vorgesehen. Moskau mißbilligte den Kurs Titos und schloß die jugoslawische Partei 1948 aus der "Kominform", der teilweisen kommunistischen Internationale, aus.

Titos Politik blieb nationalbetont, er suchte auch Kontakt mit dem Westen. Erst nach Stalins Tod fand 1955 eine Aussöhnung mit Moskau statt, doch blieb der Kurs Jugoslawiens selbständig. Es erklärte sich für blockfrei und trat weder dem Warschauer Pakt noch dem RGW bei. Die industriellen Betriebe genießen zumindest nominell eine gewisse Selbstverwaltung und können über ihre auf dem Markt realisierten Einkünfte verfügen. Es besteht eine "sozialistische Marktwirtschaft". Die jugoslawischen Methoden wurden auch von vielen Kommunisten des Auslands als Muster erklärt.

Hinter der liberalisierten Fassade besteht allerdings weiter die Diktatur der Partei, die sich jetzt Bund der Kommunisten Jugoslawiens nennt. Der Markt ist staatlich plangemäß reguliert, die Betriebsleiter sind meist Parteiangehörige, die der Partei zu gehorchen haben. Eine Geheimpolizei stützt die Diktatur. Titos enger Mitarbeiter Djilas war sieben Jahre im Gefängnis für sein Buch "Die neue Klasse", in dem er schilderte, wie aus den Funktionären der kommunistischen Partei eine neue herrschende Klasse entsteht.

Die liberalere Haltung kommt auch in der Entsendung von Gastarbeitern ins kapitalistische Ausland zum Ausdruck, die zugleich die Arbeitslosigkeit einschränkt, ferner in einem großzügigen, devisenbringenden Fremdenverkehr. Seit dem Tode Titos (1980) wird die Partei von einem kollektiven Präsidium geleitet. Theoretisch ist der Marxismus weiter Programm. Die Partei hat 2,1 Millionen Mitglieder, davon zwei Drittel Angestellte und Intellektuelle, nur 30% Arbeiter und 5% Bauern. Gegensätze zwischen den sechs nationalen Teilrepubliken machen sich auch in der Partei geltend. Wirtschaftliche Schwierigkeiten konnten in dem innerlich widerspruchsvollen System nicht vermieden werden. Es ist 1987 zu Streiks gekommen, als die Regierung den Lohn an die Produktivität knüpfen wollte. Die Inflation betrug in diesem Jahr 100 Prozent. Die Arbeitslosigkeit beträgt 1,6 Millionen. 7 000 Betriebe sind unrentabel. Die Löhne im Norden sind doppelt so hoch wie im Süden.

Albaniens Sonderkurs

Albanien wurde am Ende des Zweiten Weltkriegs unter Beteiligung jugoslawischer Partisanen kommunistisch. Nach dem Abzug der italienischen Besatzung übernahm Enver Hodscha die Regierung. Für eine im Dezember 1945 gewählte Konstituante durfte nur die kommunistisch geführte "Nationale demokratische Front" kandidieren. Zunächst arbeitete Albanien mit Titos Jugoslawien zusammen; nach dem Abfall Titos von Moskau kündigte Hodscha den Wirtschaftsvertrag mit Jugoslawien. Hodscha übergab 1954 das Ministerpräsidium an Schehu, blieb aber als Erster Sekretär der Partei der Arbeit (Kommunisten) der maßgebende Mann. Es kam zu "Säuberungen" und Hinrichtungen. Mit dem Auftauchen des russisch-chinesischen Konflikts nahm Albanien für China Partei. China entsandte 5000 "Helfer". Sie wurden später zurückgezogen. Hodscha starb 1981. Schehu war kurz vorher gestorben, angeblich durch Selbstmord. Ministerpräsident wurde Carcani. Er nahm Stellung gegen beide "imperialistische Supermächte" Amerika und Sowjetunion; die letztere bezeichnete er als "Sozialimperialismus". Die Partei hat 122.000 Mitglieder. Mit Fünfjahresplänen wird eine Industrialisierung des sehr rückständigen Landes versucht. Mit Jugoslawien bestehen Differenzen wegen der albanischen Volksgruppe in letzterem Land. Die Beziehungen zu China wurden gelöst. Albanien ist weder im Warschauer Pakt noch im RGW.

Die kubanische Revolution

Das kommunistische Regime in *Kuba* ist mit dem Namen von Dr. Fidel Castro Ruiz verknüpft. Die Anfänge der sozialistischen Bewegung auf der Zuckerinsel gehen bis 1905 zurück. Im Jahre 1925 wurde eine kommunistische Partei gegründet, die von Moskau bis 1930 als sektiererisch und vom Programm abweichend erklärt wurde. Seit 1930 folgte sie den Moskauer Wünschen. Sie unterstützte das Regime Batistas (1937-1944), der sich im Namen der Revolution vom Unteroffizier zum Staatspräsidenten emporgeschwungen hatte, und trat 1943 in dessen Regierung ein. Nach einer Wahlniederlage Batistas 1944 verblieben die Kommunisten in der liberalen Regierung Grau San Martin, aus der sie jedoch 1947 ausschieden. Sie hatten 1946 nur 10% der Stimmen erhalten. Dann kam Batista wieder und errichtete eine Diktatur. Er verbot 1953 die kommunistische Partei.

Unter Führung Castros entstand nun, unabhängig von der kommunistischen Partei, eine revolutionäre Armee in der Sierra Maestra, die Batista bekämpfte. Sie enthielt fast keine Arbeiter, sondern bestand hauptsächlich aus Studenten und Handwerkern. Die Kommunisten der Moskauer Richtung erklärten dieses militärische Unternehmen für "kleinbürgerlichen Putschismus" und "Blanquismus". Das Programm Castros war zunächst unklar. Erst als er

1959 Batista stürzte und die Regierung ergriff, schloß sich die kommunistische Partei seiner Bewegung an, die in Erinnerung an einen mißglückten früheren Putsch die "Bewegung des 26. Juli" genannt wurde. Seit 1965 ist die Bewegung mit der kommunistischen Partei und anderen Linksgruppen zur Kommunistischen Partei Kubas vereinigt. Seit 1975 ist sie die einzige Staatspartei. Die freien Wahlen, die Castro im "Manifest der Sierra" 1957 versprochen hatte, blieben aus. Castro ging auf einen eigenen kommunistischen Kurs. Als er 1962 einen russischen Raketenstützpunkt auf Kuba zuließ und der US-Präsident Kennedy mit Krieg drohte, wurden die russischen Raketen zurückgezogen. Ein von den USA unterstützter Landungsversuch der Gegner Castros scheiterte. Die USA unterhalten auf Kuba einen Flottenstützpunkt Guantanamo.

Eine wirtschaftliche Blockade seitens der USA trieb Castro in die Abhängigkeit von Moskau, das ihm die Abnahme der Zuckerernte zusicherte. Moskau mißbilligte jedoch die Versuche Castros, die Revolution durch weitere Guerilla auf ganz Südamerika auszudehnen. Castros Mitarbeiter "Che" Guevara ging mit einer kleinen Truppe nach Bolivien, fand aber keinen Anhang und fiel im Kampf gegen das dortige Militär. Er erließ 1967 eine "Botschaft an die Völker der Welt", in der es unter Bezugnahme auf den in Vietnam tobenden Krieg zwischen den Kommunisten und den USA hieß:

> Wie glänzend und nahe wäre die Zukunft, wenn zwei, drei, viele Vietnam auf der Welt blühen würden, mit ihren Todesernten und ihren unermeßlichen Tragödien! Wo immer uns der Tod auch überraschen mag, er sei willkommen, wenn unser Kriegsruf nur ein aufnahmebereites Ohr erreicht hat und eine andere Hand sich ausstreckt, um unsere Waffen zu ergreifen, und andere Menschen sich anschicken, die Todeslieder mit Maschinengewehrsalven und neuen Kriegs- und Siegesrufen anzustimmen.

Auch andere Guerilla-Versuche Castros in Lateinamerika scheiterten. Moskau verwies darauf, daß Castro durch diese Taktik dem von ihm offiziell anerkannten Marxismus-Leninismus widersprach. Castro setzte seine Taktik in Mittelamerika fort, besonders in Nicaragua, wo dieses Vorgehen allerdings mit den Absichten Moskaus zusammenfiel. Auch die Entsendung kubanischer Truppen nach Afrika zur Unterstützung der Aufstände in früheren portugiesischen

Kolonien fand die Billigung Moskaus, obwohl sie nicht von dort verlangt wurde, sondern Castros eigenem Kopf entsprang. Er betonte den afro-lateinischen Charakter Kubas und strebte die Vereinigung der revolutionären Parteien in Afrika, Lateinamerika und Asien zu einer eigenen Internationale an. Castros kubanische Verfassung macht Kuba die Hilfeleistung für Völker, die für ihre Befreiung kämpfen, zur Pflicht. Der Artikel steht, wie Castros ganze Politik, nicht im Verhältnis zu der Kleinheit des Inselstaats.

Während die Sowjetunion an der Gewinnung von Stützpunkten im amerikanischen Raum interessiert ist, lehnt sie die Guerillataktik aus prinzipiellen Gründen und auch im Hinblick auf die gegenwärtige Entspannungspolitik ab. Sie pflegt enge Beziehungen zu Castro, der entgegen seinen früheren Absichten praktisch ihr Vasall geworden ist. Die kommunistische Partei Kubas hat 400.000 Mitglieder. Die leitenden Gremien der Partei werden nicht gewählt, sondern von Castro ernannt oder kooptiert. Neben Castro spielt sein Bruder Raoul eine große Rolle. Fidel Castro ist gleichzeitig Präsident, Ministerpräsident, Erster Parteisekretär und Oberbefehlshaber. Er läßt sich "Lider maximo" nennen (von engl. *leader*, Führer). Sein Regierungsstil ist sehr persönlich. Die kubanische Industrie ist verstaatlicht, auch wurde eine Bodenreform durchgeführt. Durch "Komitees zur Verteidigung der Revolution" mit 5 Millionen Mitgliedern hat die elitär begrenzte Partei eine Massenbasis. Castro hat weitgehende sozialpolitische Reformen durchgeführt, der Lebensstandard ist aber niedrig geblieben. Kuba gehört dem kommunistischen RGW an, nicht jedoch dem Warschauer Pakt.

China unter und nach Mao

China wäre nach der Marxschen Theorie das letzte Land, in dem der Sozialismus siegen könnte. Als Bauernland mit geringen Ansätzen einer Industrie in einigen Hafenstädten schien es weltenweit von dem Zustand entfernt, in welchem Marxsche Grundsätze greifen konnten. Und doch ist China neben der Sowjetunion zu der zweiten kommunistischen Großmacht geworden. Das geschah nicht durch eine große Industriearbeiterschaft, die ähnlich wie in Rußland erst durch den kommunistischen Staat entwickelt wurde, sondern durch ein Bauernheer unter Führung eines großen Utopisten.

Die chinesische kommunistische Partei wurde 1921 von Studenten in Schanghai gegründet. Unter russischen Beratern arbeitete sie eng mit der Kuo Min Tang zusammen, der von Sun Yat Sen gegründeten chinesischen Nationalpartei, die nun unter der Führung des Generals Tschiang Kai Schek stand. Die Partei wuchs schnell an; als Tschiang mit ihr zusammen 1926 ganz China erobert hatte, zählte sie schon 50.000 Mitglieder. Dann kam es zum Bruch mit Tschiang und zum Zusammenbruch eines Arbeiteraufstands in Kanton, den Stalins Emissär, Heinz Neumann aus Berlin, angeführt hatte. Der Bauernsohn und Lehrer Mao Tse Tung (jetzt Mao Zedong geschrieben) organisierte ein Bauernheer, das vom Lande her die Eroberung der Macht anstrebte. Unter dem Druck Tschiangs kam es zu dem berühmten "Langen Marsch" nach Norden, wo sich Mao in der Provinz Yünan festsetzen konnte. Anfangs hatte er russische Unterstützung; bei der letzten Tagung der kommunistischen Internationale erhob sich Stalin persönlich, um die chinesischen Vertreter zu begrüßen. Der Saal raste vor Beifall.

Die wirkliche Unterstützung Maos durch die russischen Genossen ließ dann nach. Es gefiel Stalin nicht, daß Mao ein entschiedener Vertreter der chinesischen Unabhängigkeit war und auch im Sozialismus eigene Wege zu gehen geneigt war. Im Krieg gegen die japanische Besetzung, der schließlich mit dem Zweiten Weltkrieg zusammenfiel, verbündete sich Mao, der inzwischen über eine große Streitmacht gebot, erneut mit Tschiang; nach dem Sieg 1946 folgte ein neuer Bruch. Ein Feldzug Maos gegen Tschiang endete mit dem Einmarsch der Kommunisten in die großen Städte. Die Reste der Kuo Min Tang mußten nach Tai Wan (Formosa) fliehen.

Mao verstaatlichte die Industrie und kollektivierte die Landwirtschaft. Im Grunde war er ein bäuerlicher Utopist. Er gründete "Volkskommunen", die offensichtlich Varianten der Phalansterien Fouriers waren, große selbstversorgende Gemeinschaften von einigen tausend Mitgliedern. In Hinterhöfen ließ er winzige "Hochöfen" aufstellen, die Stahl erzeugen sollten. Bis 1957 wurden "patriotische Kapitalisten" unbehelligt gelassen. Mit Moskau, wo man über diese Politik den Kopf schüttelte, kam es zum Bruch. Mao betrieb eine egalitäre Politik mit gleichen Löhnen für die verschiedensten Arbeiten. Als der Parteiapparat, der lieber das russische Beispiel der Industrialisierung unter großen Opfern nachahmen wollte, sich gegen Mao auflehnte, inszenierte Mao den (gescheiterten) "Großen Sprung" von 1958-1960 und die ultralinke "Kulturrevolution", in der er Volk und Studenten als "Rote Garden" gegen den eigenen Parteiapparat mobilisierte. Mit Maos Person wurde ein ungeheurer Kult getrieben. Seine banalen Aussprüche wurden in Millionen Heftchen verteilt. Mit Hilfe der Armee konnte er schließlich die von ihm entfesselten Radikalen bändigen, aber seine Position war geschwächt.

Mao pries Bauerntum und körperliche Arbeit. Den Intellektuellen war er abgeneigt; er sagte, man solle nicht zuviele Bücher lesen, schließlich seien Analphabeten große Kaiser gewesen. Mit altchinesischer Weisheit meinte er, der Kommunismus werde nicht ewig dauern, denn nach der Dialektik wechsle ja doch alles. In Moskau hörte man diese Reden nicht gerne.

Mit dem industriegestützten Marxismus Europas wußte Mao, so oft er ihn zitierte, nicht viel anzufangen. Er entwickelte eine Theorie der "Dritten Welt", in der die armen Bauernmassen Asiens und Südamerikas statt der Industrieproletarier die Weltrevolution durchführen würden. Schließlich hatte ja auch Lenin auf die kolonialen Revolutionen gesetzt; seine Ideen wurden hier ein ganzes Stück weitergetrieben. Man kann sich zwar schwer vorstellen, daß Marx im ostasiatischen oder südamerikanischen Bauern das Instrument der Weltdialektik erblickt hätte, das er im europäischen Industriearbeiter sah; aber Mao hatte mit einem Bauernheer ein großes Reich erobert und dachte, man könne es anderswo ebenso machen.

Mao gab sich dennoch als Marxist-Leninist. Selbst die Russen waren für ihn "Revisionisten", die das marxistische Programm verraten hätten. Er versuchte die Führung des Weltkommunismus an sich zu ziehen, indem er überall maoistische Parteien errichtete, die mit den Moskauer Kommunisten in Fehde lagen. Großen Erfolg hatte er damit nicht. China war nun einmal als Musterland für eine europäische Arbeiterbewegung und einen marxistischen Sozialismus ungeeignet.

Nach Maos Tod 1976 kam es sofort zu inneren Kämpfen. Seine Witwe und drei andere Politiker wurden als "Viererbande" zum Tod verurteilt; die Hinrichtung der Witwe unterblieb jedoch. Auf Hua Gofeng folgte Hu Yaobang, dann 1980 der 80jährige Deng Xiaoping. Es folgte eine "Entmaoisierung" und eine Tendenz zu Industrialisierung und wirtschaftlichen Reformen. Die "Volkskommunen" wurden aufgelöst. Es kam zu Studentenunruhen mit Demonstrationen für bürgerliche Freiheiten. Hu mußte zurücktreten, weil er den Kampf gegen den "bürgerlichen Liberalismus" nicht energisch genug geführt hatte. Die Reformpolitik Dengs sah ein gemischtes sozialistisch-marktwirtschaftliches System vor mit größerer Selbständigkeit der Betriebsleitungen. Marktwirtschaftliche Gedanken und das lange verpönte Leistungsprinzip sollten wieder zur Geltung kommen. Deng erklärte, der Marxismus bleibe das Leitprinzip, aber über die Politik entscheide nicht das Dogma, sondern die Wirklichkeit. Generalsekretär wurde Zhao Ziyang. Deng gab 1987 die meisten seiner Ämter auf.

Das oberste Organ Chinas ist der Volkskongreß. Die kommunistische Partei zählt 40 Millionen Mitglieder, wovon 18 Millionen während Maos "Kulturrevolution" angeworben wurden.

Mit chinesischer, zum Teil auch russischer Hilfe wurden in den Nachbarländern Nordkorea und Vietnam kommunistische Systeme errichtet. Die kommunistische Partei der Demokratischen Volksrepublik *Korea*, wie Nordkorea genannt wird – wogegen Südkorea unter amerikanischem Einfluß steht und die kommunistische Partei verboten hat –, zählt 2 Millionen Mitglieder und wird vom Staatspräsidenten Kim Il Sung geführt. In *Vietnam* wurde zunächst im Kampf gegen die französische Kolonialmacht der Nordteil unter Ho Tschi Minh kommunistisch. In einem mehrjährigen Krieg gegen die amerikanische Intervention eroberten die Kommunisten Südvietnam und führten 1976 die Wiedervereinigung mit Nordvietnam durch. Die Zahl der Mitglieder der kommunistischen Partei wird mit 1,7 Millionen angegeben. Nach Hos Ableben folgte Le Duan als Parteichef; nach dessen Tod 1985 wurde Van Linh Generalsekretär der Partei. Vietnam ist auf der Moskauer Linie, während es mit China im Konflikt steht, namentlich wegen des vietnamesischen Einmarsches in Kambodscha. Vietnam liegt mit einer anderen kommunistischen Richtung, den "Roten Chmer" von Kambodscha, in ständigem militärischem Konflikt. Vietnamesische Truppen besetzten Kambodscha und vertrieben Pol Pot, den Führer der "Roten Chmer", dem zur Last gelegt wird, die Stadtbevölkerung aufs Land vertrieben und 2 Millionen ermordet zu haben.

17. KAPITEL

Die anderen kommunistischen Parteien

Eine kommunistische Weltbewegung wie zur Zeit Lenins und Stalins gibt es nicht mehr. Die kommunistische Internationale und ihr kurzlebiger Nachfolger "Kominform" wurden von den Russen wegen der Diversifizierung und Unbotmäßigkeit der einzelnen Landesparteien aufgelöst. Gelegentliche kommunistische Weltkonferenzen in Moskau (1957, 1960, 1967) führten nur zu stärkerer Betonung der Widersprüche. Die Parteien sind immer mehr national ausgerichtet und wollen (mit wenigen Ausnahmen) nicht mehr der russischen Führung gehorchen. Die Parteien Frankreichs, Italiens und Spaniens sind "eurokommunistisch", verkünden demokratische Programme und sehen nicht mehr alles Heil in der Verstaatlichung der Wirtschaft. Auch haben sie sich von der Doktrin des Leninismus-Marxismus abgekehrt, wollen nichts mehr von der Diktatur des Proletariats hören und sind zur Zusammenarbeit mit anderen Parteien bereit. Der Kommunismus "klassischen" Stils reicht nur so weit wie die russische bzw. chinesische Militärmacht.

Die Gründe für den faktischen Zerfall des Kommunismus im Westen liegen zunächst in der Entwicklung in Rußland, die den Modellwert dieses Landes abgeschwächt und vielfach in das Gegenteil verkehrt hat. Ein weiterer Grund ist die immer deutlichere Tendenz der Russen, die kommunistischen Parteien als Instrumente ihrer Außenpolitik zu gebrauchen. Die Einmarschpolitik der Russen in einigen der osteuropäischen Satellitenstaaten und in Afghanistan, die russische Unterstützung der Unterdrückung einer freien Gewerkschaftsbewegung in Polen haben dem Kommunismus im Westen auch bei seinen früheren Anhängern sehr geschadet.

Ein Blick auf die Sowjetunion zeigt nicht das soziale Paradies, das dort versprochen wurde. Wirtschaftliche Leistung und Versorgung der Bevölkerung sind ungenügend, es hat sich eine neue herrschende Klasse mit großen Privilegien gebildet, Unfreiheit und Polizeiterror sind zu Dauereinrichtungen geworden. Das gilt auch für die anderen kommunistischen Länder. Diese Länder sperren sich ab und hindern ihre Bewohner an der Ausreise. Die Sowjetunion ist ein Staat des Nationalismus, Militarismus und Imperialismus geworden. Man sieht die alten nationalen Gegensätze auch zwischen den kommunistischen Staaten fortbestehen. Der Kommunismus hatte versprochen, sie aus der Welt zu schaffen, zumal sie nur "Überbauten des Kapitalismus" gewesen seien. Mit anderen Worten: der Kommunismus hat die Menschen nicht verändert.

Ein weiterer Grund ist, daß es in der kapitalistischen Welt kein revolutionäres Proletariat mehr gibt. Die Theorien von Marx und Lenin stoßen ins Leere. Die Lage der Arbeiter hat sich so gebessert, daß sie keine Revolution mehr benötigen. Reformismus und Revisionismus haben längst gesiegt und neuerdings auch die eurokommunistischen Parteien ergriffen. Selbst bei zeitweisen wirtschaftlichen Schwierigkeiten hat der Kommunismus östlichen Typs in Westeuropa oder Nordamerika keine Aussichten mehr, die Massen zu gewinnen.

Eine Übersicht über die wichtigsten kommunistischen Parteien außerhalb des sowjetischen und chinesischen Machtbereichs ergibt das folgende Bild.

In *Deutschland* entstand die kommunistische Partei, wie schon beschrieben, aus dem Spartakusbund Ende 1919 und wuchs durch Übertritte aus der USP zu einer Massenpartei heran. Auf die Leitung Brandler-Thalheimer folgte 1924 die Leitung Ruth Fischer-Maslow. Zu dieser Zeit hatte die KPD 3,7 Millionen Wähler (12,6%) und 62 Abgeordnete im Reichstag. Infolge der inneren Kämpfe ging die Stimmenzahl 1925 auf 2,7 Millionen zurück. Im Jahre 1925 erhielt der damalige Parteiführer Ernst Thälmann als Präsidentschaftskandidat nur 1,8 Millionen Stimmen. Die anfangs durch die RGO (Rote Gewerkschaftsopposition) in den Gewerkschaften starken Kommunisten verloren dort an Einfluß. Das EKKI setzte 1925 die Leitung Maslow-Fischer ab, es kam zu zahlreichen kleineren Abspaltungen von der Partei. Im Jahre 1932 hatte die Partei 250.000 Mitglieder bei stark fluktuierendem Bestand. Etwa 70% waren Arbeiter. Bei den letzten freien Wahlen im November 1932 erhielten die Kommunisten 5,9 Millionen Stimmen (17%) bei einem Mitgliedstand von 360.000. Durch ihre von Moskau angeordnete ultralinke Politik förderte die Partei den Sieg der Nationalsozialisten. Erfolglose Widerstandsversuche führten zu schweren Blutopfern, die Konzentrationslager waren mit Kommunisten gefüllt.

In der Bundesrepublik Deutschland ist die wiedererstandene kommunistische Partei nur noch eine Sekte. Schon bei den Wahlen von 1953 erhielt sie nur 2,2% der Stimmen; die russische Rolle bei der Teilung Deutschlands und bei der Vertreibung von 15 Millionen Deutschen, die Ausschreitungen der Sowjetarmee bei der Besetzung Ostdeutschlands und das kommunistische Regime daselbst genügten. Die KPD wurde dann verboten und mußte sich auf eine illegale Existenz beschränken. Im Jahre 1968 wurde sie unter dem Namen DKP (Deutsche Kommunistische Partei) neugegründet. Bei den Wahlen pflegt sie nur etwa 0,2% der Stimmen zu erhalten. Ihren Kaderbestand gibt sie mit 50.000 Mitgliedern an. Nach dem Mannheimer Programm von 1978 ist ihre Hauptaufgabe, als "Schild des realen Sozialismus" zu dienen, d.h. die Sowjetunion zu verteidigen. Sie ist streng auf der Linie Moskaus und Ost-Berlins.

Der Eurokommunismus

Die *französische* kommunistische Partei spaltete sich auf dem sozialistischen Parteitag in Tours im Jahre 1920 von den Sozialisten ab. Es war der einzige Fall, daß die Kommunisten bei der Parteispaltung die Mehrheit bildeten. Der Führer der Partei ist Marchais, der 1964 dem früher erwähnten Thorez nachfolgte. Nach der Volksfrontperiode 1936-1938 folgte der Widerstand unter der deutschen Besetzung, bei dem die Kommunisten eine wesentliche Rolle spielten. Nach kurzer Regierungsteilnahme nach dem Kriege war die kommunistische Partei bis 1981 in der Opposition. Sie beherrscht den größten französischen Gewerkschaftsbund CGT. Ihr Stimmenanteil beträgt nur noch 10%, während er 1946 noch 26% betrug. Im Jahre 1981 bildete die Partei eine Koalitionsregierung mit den Sozialisten und wirkte bei der Verstaatlichung eines großen Teils der französischen Wirtschaft mit. Sie hatte aber nur einige weniger wichtige Ministerien. Im Jahre 1984 schied sie aus der Regierung aus. Die Mitgliederzahl beträgt 600.000, davon 49% Arbeiter und 28% Angestellte.

Auch der Übergang zum Eurokommunismus in den siebziger Jahren konnte den Rückgang der Partei nicht aufhalten. Die Parteiführung sorgte für den Ausschluß von Reformisten wie R. Garaudy, der das jugoslawische Muster befürwortete. Aus dem Programm wurde die "Diktatur des Proletariats" gestrichen und der Marxismus-Leninismus durch "wissenschaftlichen Sozialismus" ersetzt. Die Partei strebt einen "Sozialismus in den Farben Frankreichs" an, der auf demokratischem Wege erreicht werden soll. Demokratie und Parteienpluralismus sollen auch im Sozialismus erhalten bleiben. Die Partei ist nationalbetont. Die Moskauer Einmarschpolitik kritisiert sie nur teilweise. Unter den eurokommunistischen Parteien gilt sie als die sowjetfreundlichste.

Die *italienische* Kommunistische Partei ist in der Loslösung von Moskau am weitesten fortgeschritten. Sie ist mit 30% der Stimmen die zweitstärkste italienische Partei, fast gleich mit den Christdemokraten. Die kommunistische Partei entstand 1921 durch Abspaltung von den Sozialisten. Ihr Führer war 1926-1964 Togliatti. Die Partei trat im Widerstand gegen den Faschismus, unter dem sie verboten war, und im spanischen Bürgerkrieg hervor. Einer ihrer Theoretiker, Gramsci, entwickelte frühzeitig eine Lehre von einem von innen umzubauenden Staate entgegen der Theorie Lenins von der Staatsvernichtung. Nach Togliatti folgten Longo, Berlinguer und Natta. Schon 1956 kam die Partei in Konflikt mit der Moskauer "Kominform", dem Rumpf der kommunistischen Internationale, und trug zu deren Auflösung bei. Sie verwarf die Anerkennung eines führenden Staates und einer führenden Partei im Weltkommunismus. Togliatti forderte einen "Polyzentrismus". Berlinguer erklärte 1982 eine Anlehnung an die russische Außenpolitik für "selbstmörderisch". Die russische Einmarschpolitik wurde scharf kritisiert.

Der Marxismus-Leninismus wurde als Parteitheorie abgeschafft. Es wurde erklärt, daß der "Realsozialismus in seiner Triebkraft erschöpft" ist. Die Partei ging auf einen reformistischen Kurs und arbeitet mit den anderen großen Parteien, auch der DC, oft zusammen. In der Regierung war sie seit 1947 nicht mehr, stützte aber sozialistische und christdemokratische Kabinette. Sie öffnet sich zur Mitte und sucht einen demokratischen Weg zum Sozialismus. Sie spricht von Wirtschaftsdemokratie und fordert keine weiteren Verstaatlichungen. Wie alle Eurokommunisten bejaht sie die Landesverteidigung.

Die Partei hat 1,6 Millionen Mitglieder, davon 39% Arbeiter, 10% Angestellte und 9% Kleingewerbetreibende. Von den Wählern sind 48% Arbeiter. In den Führungsgremien dominieren Akademiker. Die Partei betont ihren "weltlichen und rationalen Charakter" gegenüber dem Marxismus. Sie ist westorientiert.

Die *spanische* Kommunistische Partei wurde 1921 gegründet und stieg erst im Bürgerkrieg 1936-1939 von einer Sekte zu einer Massenpartei empor, die bei der Verteidigung der Republik im Namen der Volksfront eine große Rolle spielte. Unter Franco war sie wie alle Parteien verboten. Nach der Wiederherstellung der Demokratie 1977 schnitt sie weniger gut ab, wobei Erinnerungen an den blutigen Terror mitspielten, den die Kommunisten während des Bürgerkriegs gegen "Trotzkisten", "Abweichler" und Syndikalisten ausgeübt hatten. Die in Spanien weit stärkeren Sozialisten lehnen ein Bündnis mit den Kommunisten ab. Diese erzielten 1982 nur 3,8% der Wählerstimmen mit 4 Abgeordneten im Parlament.

Das Programm von 1975 sieht in der Vollendung der bürgerlichen Demokratie den Weg zum Sozialismus. Sie soll auch im Sozialismus erhalten bleiben, einschließlich Mehrparteiensystem und Streikrecht. Nur die großen Kapitalkonzentrationen sollen verstaatlicht werden. Der Marxismus-Leninismus wurde aus dem Programm gestrichen. Die Monarchie wird akzeptiert.

Seit 1980 ist die Partei gespalten. Den rechten, eurokommunistischen Flügel führt Iglesias, den linken, moskautreuen der frühere Führer der Gesamtpartei Carillo. Die Fraktionen verhalten sich wie 55:45; die eurokommunistische ist die größere.

Die Frage, wie ein echtes Mehrparteiensystem mit einer sozialistischen Planwirtschaft zu vereinbaren ist, wird bisher nicht näher diskutiert.

Der Kommunismus in anderen Ländern

Die kommunistische Partei in *Portugal* wurde 1921 gegründet und verbrachte die Zeit von 1926-1974 in der Illegalität. Ihr Führer ist Cunhal. Nach dem Sturz der Diktatur wurde sie eine Zeit lang die drittstärkste Partei nach den Sozialisten und einer sich sozialdemokratisch nennenden, in Wirklichkeit rechtsliberalen Partei, und gewann Einfluß in dem größten Gewerkschaftsbund. Mit 20% der Stimmen beteiligte sie sich an einer Bodenreform und der Verstaatlichung einiger Industrien und Banken. Infolge ihres strengen Festhaltens am Marxismus-Leninismus und einer schwankenden Politik der Zusammenarbeit mit anderen Parteien ging ihr Stimmenanteil inzwischen auf 12% zurück. Die Reformen wurden zum Teil rückgängig gemacht. Den Eurokommunismus lehnt sie ab und verteidigt die Moskauer Linie, auch die russische Einmarschpolitik.

Die kommunistische Partei *Griechenlands* wurde 1918 gegründet und war bis 1974 die einzige griechische Partei, die den Sozialismus vertrat. Sie heißt KKE (*Kommunistiko Komma Elladas*). Im Jahre 1936 erzielten die Kommunisten 5% der Stimmen. Unter der Diktatur von Metaxas wurde die Partei verboten. Der Widerstand gegen die deutsche und italienische Besetzung, dessen Hauptträger sie war, brachte ihr einen Aufschwung. Ihre "nationale Befreiungsfront" zählte 1,5 Millionen Mitglieder. Die englische Intervention 1944 verhinderte die Machtergreifung der Kommunisten. Nach einem von 1946-1949 während Bürgerkrieg wurde die Partei verboten. Während der Militärdiktatur von 1968 spaltete sich die illegale Partei in eine moskautreue KKE und eine eurokommunistische KKE "Inland". Seit 1974 wieder legal, hat die KKE 30.000 Mitglieder, die KKE Inland nur 8000. Die KKE verfügt über 10% der Wählerstimmen, die "Inlands"partei nur über 1,4%. Die KKE verlangt den Austritt Griechenlands aus NATO und EG, vor allem Schließung der amerikanischen Stützpunkte. Die letztere Forderung teilt auch die kleinere Partei.

Die in *Japan* 1922 gegründete kommunistische Partei wurde bald verboten und erst 1945 von der amerikanischen Besatzungsmacht wieder zugelassen. Als sie 1950 einen revolutionären Kurs einschlug und Nordkorea begünstigte, wurde sie wieder verboten. Später wieder zugelassen, mäßigte sie sich mit der Zeit und gab sich nach 1970 ein dem Eurokommunismus ähnliches Programm, entsagte dem Marxismus-Leninismus und der Diktatur des Proletariats, akzeptierte für immer die bürgerliche Demokratie und verlangte nur noch die Verstaatlichung der Schlüsselindustrien. Sie ist nationalbetont und für japanische Neutralität. Bei Wahlen pflegt sie 10% der Stimmen zu erhalten (etwa 30 Abgeordnete). Sie hat wenig Einfluß. Ihre Mitgliedszahl gibt sie auf 480.000 an. Nach früherer Anlehnung an China tadelt sie die gleichartige "Großmachtpolitik" Moskaus und Pekings.

In *Finnland* war die 1918 in Moskau gegründete kommunistische Partei lange verboten; ihr Moskauer Führer Kuusinen (1881-1964) war auch Mitglied des Politbüros der KPdSU. Erst nach dem finnisch-russischen Krieg 1944 wurde die Partei in Finnland legal. Sie hatte 50.000 Mitglieder und etwa 20% der Stimmen. Etwa 70% der Mitglieder waren Arbeiter. Im Parlament sind die Kommunisten durch die mit ihnen nicht ganz identischen "Volksdemokraten" vertreten (36.000 Mitglieder, davon 22% Kommunisten). Die Volksdemokraten nahmen wiederholt mit Sozialisten und Agrariern an der Regierung teil, erhielten aber nur weniger wichtige Ministerien. Seit 1970 ist eine Schwächung der Partei zu bemerken; die Mitgliederzahl sank auf 33.000, der Stimmenanteil auf 14%. Einer der Gründe liegt darin, daß die Partei immer deutlicher zu einem Instrument der Sowjetunion für Eingriffe in innere Angelegenheiten Finnlands wurde. Die finnische Partei ist in zwei Fraktionen gespalten, von denen die größere reformistisch, die kleinere dogmatisch auf der russischen Linie ist. Die äußerlich noch einige Partei führt A. Aalto.

In den übrigen nichtkommunistischen Ländern Europas sind die kommunistischen Parteien klein. Einige Mitgliederzahlen: England 16.000, Österreich 16.000, Holland 27.000, Schweden 20.000 (überwiegend eurokommunistisch), Dänemark 10.000, Belgien 10.000, Schweiz (Partei der Arbeit) 5.000, Norwegen 2.000. Im Parlament sind diese Parteien nicht oder nur geringfügig vertreten. In Nordamerika sind die kommunistischen Parteien sektenhaft und unbedeutend. In USA und Kanada zusammen soll es 20.000 Mitglieder geben. Größere Ziffern werden aus Lateinamerika gemeldet, wo die Parteien meist nicht ohne weiteres mit den europäischen zu vergleichen sind und an inneren Streitigkeiten leiden: Argentinien 300.000, Uruguay 50.000, Mexiko 45.000. Die bedeutendste Partei in Südamerika ist die chilenische, obwohl ihre Mitgliederzahl nicht die größte ist.

In *Chile* entstand die kommunistische Partei 1922 durch Umbenennung der 1912 gegründeten Sozialistischen Arbeiterpartei. Die Partei wurde wiederholt verboten. Zwischendurch war sie an der Regierung beteiligt (1946-1947 und 1970-1973). Sie verfolgt seit 1935 eine Volksfrontpolitik und tritt für einen friedlichen Weg zum Sozialismus ein. Sie lehnte im Gegensatz zu der chilenischen sozialistischen Partei die Guerillataktik Castros ab. Die Partei hatte 1970 etwa 120.000 Mitglieder, davon 46% Arbeiter und 16% Bauern. Sie beherrschte mehrere große Gewerkschaften. Ihr Stimmenanteil bei den Wahlen lag um 15%. Im Jahre 1969 gründete sie mit den Sozialisten, den liberalen Radikalen und einigen anderen Linksgruppen die *Unidad Popular*, die eine Regierung bildete. Diese verstaatlichte einige in US-Besitz befindliche Industrien und leitete eine Bodenreform ein. Sozialisten und Kommunisten verfügten zusammen nur über 40% der Stimmen. Radikale Aktionen kleinerer Gruppen führten 1973 zu dem Militärputsch des Generals Pinochet, der die kommunistische wie die sozialistische Partei verbot. Der sozialistische Präsident Allende wurde bei dem Putsch erschossen. Man vermutet, daß die USA den Umsturz begünstigten, nicht nur wegen der Verstaatlichungen, sondern weil sie die Errichtung von Sowjetstützpunkten in Südamerika befürchteten.

In *Indien* gibt es zwei kommunistische Parteien; die eine nennt sich marxistisch und meldet 270.000 Mitglieder, die andere ist mehr national orientiert und hat 470.000 Mitglieder. Der Einfluß beider Parteien ist gering.

In Ostafrika haben sich *Äthiopien* und *Zimbabwe* (Rhodesien) als "marxistisch-leninistisch" erklärt. Hier kommt eher der sowjetische Einfluß zur Geltung als eine innere Entwicklung, für die hier die Voraussetzungen fehlen. Zu dem neuen russischen Imperialismus gehört das Bestreben, in Afrika Fuß zu fassen. Auch in den von inneren Kämpfen zerrissenen früheren portugiesischen Kolonien in Afrika sind die von Moskau (und Kuba) unterstützten Parteien kommunistisch orientiert.

Kleinere kommunistische Parteien existieren legal oder illegal in zahlreichen Ländern, namentlich in zur Selbständigkeit gelangten früheren Kolonien. Im allgemeinen sind diese Parteien zur Zeit ohne Bedeutung. Burma hat ein halbkommunistisches Regime.

Wenden wir den Blick zurück zu den Industrieländern Westeuropas, so beträgt die Zahl der kommunistischen Parteimitglieder dort insgesamt 3,5 Millionen, davon mehr als 2,9 Millionen Eurokommunisten. Von den letzteren entfallen 1,6 Millionen auf Italien, wo sich die Eurokommunisten nur noch wenig von den Sozialdemokraten unterscheiden. Streng auf der Moskauer Linie sind nur noch die Parteien Portugals und Griechenlands.

18. KAPITEL

Der Neomarxismus

Der Neomarxismus, der seit dem letzten Krieg eine erhebliche Literatur hervorgebracht hat, wird meist von abgefallenen Kommunisten getragen. Er wurzelt in der Enttäuschung über die Entwicklung des Kommunismus im Osten und über das Ausbleiben der Revolution im Westen. Er knüpft mehr an den jüngeren Marx und dessen idealistische Periode an als an den "klassischen" Marx, der allerdings von sich selbst zu sagen pflegte: "*Moi, je ne suis pas marxiste.*" Der Neomarxismus betont freiheitliche, subjektive und voluntaristische Elemente; am offiziellen östlichen Marxismus lehnt er vor allem die Unfreiheit und den geschichtlichen Determinismus ab. Zum Teil geht er so weit, die revolutionäre Rolle des Proletariats in Frage zu stellen. Ungeachtet des fortgesetzten Gebrauchs der marxistischen Phraseologie bleibt vom eigentlichen Marxismus nicht viel übrig. Der Neomarxismus ist ausschließlich das Produkt "bürgerlicher" Intellektueller. Ihre Anschauungen werden selbstredend vom offiziellen Marxismus als "idealistisch", "kleinbürgerlich" und "utopistisch" abgelehnt.

Der Neomarxismus enthält Elemente der Kritik an der gegebenen Gesellschaft, die deren wirklichen Problemen näher kommen als die marxistische Schablone. Er ist jedenfalls bedeutend intelligenter als der längst formelhaft erstarrte offizielle Marxismus. Die Massen kann diese Intellektuellenbewegung nicht erreichen; es gibt etwa ebensoviel Neomarxismen wie Neomarxisten. Im Jahre 1967 hielten nicht weniger als 100 neomarxistische Sekten einen Kongreß in Chicago ab; es kam nicht zu einer Parteigründung. Die einzelnen Richtungen des Neomarxismus liegen ständig miteinander in Fehde. Dennoch ist eine geistige Ausstrahlung des Neomarxismus nicht zu leugnen. In Frankreich, wo er besonders blüht, hat er zweifellos Einfluß auf die Entwicklung des "Eurokommunismus" gehabt. Einer seiner Vertreter ist dort R. Garaudy.

Ernst Bloch

Ein typischer Vertreter des Neomarxismus war Ernst Bloch (1885-1977), dessen Werk "Das Prinzip Hoffnung" sehr bekannt geworden ist. Bloch war von 1933 bis 1948 in der Emigration, stand dem Kommunismus nahe und nahm dann einen Ruf an die Universität Leipzig an. Dort geriet er bald in Konflikt mit der kommunistischen Partei. Im Jahre 1957 wurde ihm der Lehrstuhl entzogen. Er ging 1961 in die Bundesrepublik, wo er eine Gastprofessur in Tübingen erhielt.

Alle Geschichte, sagt Bloch, ist von der Hoffnung auf eine bessere Gesellschaft bestimmt. Die Hoffnung ist die letzte Ursache menschlichen Handelns. Auch der Sozialismus ist eine Hoffnung. Eine historische Garantie für sein Kommen besteht nicht, auch nicht durch das proletarische Klassenbewußtsein. Der Mensch hat Entscheidungsfreiheit, er hat nie Gewißheit, sondern immer nur Hoffnung. Bloch hält die Geschichte nicht für determiniert, sondern für "offen". Er will den historischen Materialismus durch religiöse Ideen vertiefen und vertritt einen warmen, menschlichen und freiheitlichen Sozialismus. Der Marxismus erscheint ihm nicht als "Wissenschaft", sondern als "tröstendes Weltverständnis", als die "Einheit von Vernunft und Hoffnung".

Sartre und der Existenzialismus

Die Hausphilosophie der Neomarxisten ist nicht der Materialismus, sondern der Existenzialismus. Die Entfremdungslehre in den Marxschen Frühschriften, an die er anknüpft, ist in der Tat eine Art Existenzphilosophie; sie hält die menschliche "Existenz" nur unter bestimmten humanistischen Bedingungen für gegeben, deren Erreichung für Marx der Sinn des Sozialismus war. Der führende Existenzialist Sartre (1905-1980) war lange moskautreuer Kommunist. Er konnte es nicht dauernd bleiben. Er glaubt an keine Geschichtsgesetze, an keine historische Garantie für den Sozialismus. Alle realen Prozesse, sagt Sartre, enthalten immer Wirklichkeit und Möglichkeit nebeneinander. Der Mensch ist ein "Projekt"; das ist das einzige Geschichtsgesetz. Man erkennt die Verwandtschaft mit Blochs "Prinzip Hoffnung". Subjektive Ideale des Menschen setzen die Realität; die "Dialektik" kommt nur insofern zu ihrem Recht, als der handelnde Mensch Nein zu der Nein-Setzung eines anderen sagt. Die materiellen Faktoren sind einer Prüfung darauf zu unterziehen, welchen *Sinn* sie haben. Der Marxsche Heilsplan für die Welt wird von Sartre abgelehnt; es kommt alles auf die menschliche Entscheidung an. Er wünscht sie in der Richtung des Sozialismus zu sehen, aber eine Garantie dafür besteht nicht.

Lukács: Orthodoxie und Ketzerei

Der eigentliche Vater des Neomarxismus ist Georg Lukács (1885-1971), der schon frühzeitig ketzerte, sich aber in den Reihen der marxistischen Orthodoxie halten konnte. Er sprach viel vom "Menschen" und seiner "Entfremdung". Lenin erklärte ihn für einen "Idealisten" und "Revisionisten". Lukács war Volkskommissar für Bildung in der ersten ungarischen Räterepublik von 1919 und wurde wieder Bildungsminister in der zweiten kommunistischen Republik Ungarn nach 1945. Zwischendurch hatte er in der Sowjetunion gelebt und sich durch reuige Abbitten für seine Abweichungen behaupten können. Von seinen Schriften ist am bekanntesten "Geschichte und Klassenbewußtsein", ein 1970 in West-Berlin wieder erschienenes Werk, dem der Autor fünfzig Seiten Selbstanklagen voraussandte, ohne allerdings an dem auf den ersten Blick orthodox marxistisch klingenden Inhalt viel zu ändern. Um diese Zeit war Lukács schon Privatmann. Um sich zu salvieren, erklärte er, seinem Frühwerk längst fernzustehen. Er habe folgende Sünden begangen:

Er betonte zu sehr die menschliche Entscheidungsfreiheit und zu wenig die wirtschaftliche Automatik. Er steht auf einem utopischmessianischen Standpunkt. Er verletzt die Philosophie des Marxismus, an dem er nur die soziale Seite sieht. Er begeht die Ketzerei des Existenzialismus und denkt "abstrakt". Er bringt geistige Resultate in Gegensatz zur Ökonomie, die Vorrang haben muß. Das Proletariat ist für ihn ein "identisches Subjekt-Objekt der Geschichte", eine idealistisch-metaphysische Konstruktion. Die Entfremdung sieht er zu philosophisch und leugnet die Abbildlichkeit der Erkenntnis. Er arbeitet mit bürgerlich entstellten Begriffen.

Leider hätten gerade seine falschen Gedanken das Buch populär gemacht und anderen Ketzern Modeparolen gegeben, sagt Lukács.

Er spricht aber unentwegt von der "Überwindung der Problematik des verdinglichten Daseins", ein idealistisches Motiv aus den Marxschen Frühschriften. Damit hat er einer anderen, höchstens noch halbmarxistisch zu nennenden Schule das Stichwort gegeben.

Die Kritische Theorie

Die sogenannte Kritische Theorie ist das Produkt der Frankfurter Soziologenschule, deren Vertreter (Adorno, Horkheimer, Marcuse und andere) 1933 nach Amerika emigrieren mußten. Die meisten standen der Sozialdemokratie nahe. Die Schule redete in marxistischer Sprache und knüpfte an Lukács an, natürlich den Ketzer, nicht den linientreuen Funktionär. Die Kritische Theorie kritisiert alle Formen der Herrschaft in kapitalistischen wie staatssozialistischen Industriegesellschaften. Im Gegensatz zum Marxismus, der von Technik und Wissenschaft das Heil erhofft, vertritt die Frankfurter Schule einen generellen Kulturpessimismus. Die Rationalisierung in Technik, Wirtschaft und Politik, der Konsumkult und die ganze Massenkultur werden als Verfallserscheinung gesehen. Die Herrschaft der Vernunft führt zu Zwängen, die Herrschaft des Menschen über die Natur zum Freiheitsverlust.

Mit dem Marxismus hängt diese Richtung hauptsächlich dadurch zusammen, daß sie sich auf die Marxschen Frühschriften beruft und auf einen Marx, der immer Kritik verlangt hat. Mit der praktischen Politik hat sie, abgesehen von ihrer Sympathie für die Sozialdemokratie, wenig zu tun. Am weitesten geht in der Kulturkritik H. Marcuse (1898-1979), der in Amerika blieb. Er verwarf die "Gesellschaft des Überflusses" als inhuman; in neomarxistischer Terminologie sagte er, daß sie sich "zu einer ungeheuren repressiven Totalität" zusammenschließe, womit sich "auch der gesellschaftliche Ort der Negation verlagert". Er sieht überall "Repression" und redet stark antiautoritär. Nach Marcuse saugt der "Spätkapitalismus" das revolutionäre Potential auf, weshalb die von Marx vorausgesagte Revolution nicht eintritt. Mit anderen Worten: die Arbeiter machen keine Revolution, weil es ihnen immer besser geht. Marcuse hielt das für bedauerlich und eine Revolution dennoch für notwendig. Den Menschen müsse es "vor der Prosperität ekeln" und er müsse eine einfachere Lebensform suchen. Marcuses seltsame Predigten hatten Einfluß auf die Studentenunruhen von 1968.

Wenn auch vielfach abstrakte, der praktischen Politik fernstehende Theorien vertreten werden, ist dieser interessanten akademischen Schule doch zuzugestehen, daß sie mit den anderen Neomarxisten und gar vielen Altsozialisten eines gemeinsam hat: die Sorge um die Freiheit.

Bibliographie (Auswahl)

Adler, M.: Wegweiser. Studien zur Geistesgeschichte des Sozialismus. Stuttgart 1914, [2]Wien 1965. – Die Bedeutung des Sozialismus. Wien 1917.

Adorno, Th. W.: Der Positivismusstreit in der deutschen Soziologie. Neuwied 1969. – Dialektik der Aufklärung (mit M. Horkheimer). Frankfurt 1947, [2]1969.

Babeuf, F.N.: Ausgewählte Texte. Berlin 1956.

Bakunin, M.: Ges. Werke. Dt. Berlin 1921-1924.

Bebel, A.: Die Frau und der Sozialismus. Berlin 1883. Neuausg. Hannover 1973. – Fourier. Sein Leben und seine Theorien. Berlin 1888. Neuausg. Berlin 1921, Leipzig 1978. – Schriften 1862-1913. Neuausg. Frankfurt 1981.

Beer, M.: A History of British Socialism. London 1919, [5]1940. – Allgemeine Geschichte des Sozialismus. Berlin 1921, [7]1931.

Bernstein, E.: Die Voraussetzungen des Sozialismus und die Aufgaben der Sozialdemokratie. Berlin 1897.

Blanc, L.: Organisation du travail. Paris 1838. Dt. München 1919.

Blanqui, L.: Critique sociale. Paris 1885. Dt. Berlin 1886.

Bloch, E.: Über Karl Marx. Frankfurt 1968. – Das Prinzip Hoffnung. Frankfurt 1973.

Bluntschli, J. C.: Die Kommunisten in der Schweiz. Zürich 1843. Neuausg. Zürich 1915.

Bochenski, J. M.: Marxismus-Leninismus. München 1973. – Der sowjetrussische dialektische Materialismus. München 1950, Bern [3]1960.

Borkenau, F.: Der europäische Kommunismus. München 1952.

Buber, M.: Pfade in Utopia. Heidelberg 1950.

Buonarroti, Ph.: Babeuf und die Verschwörung für die Gleichheit. Paris 1829. – Dt. Berlin 1909.

Cabet, E.: Voyage en Icarie. Paris 1847. Dt. München 1919, Berlin 1977.

Cole, G. D. H.: Robert Owen. London 1925, [3]1965.

Considérant, V.: Principes du socialisme. Paris 1847. – Fouriers System der sozialen Reform. Dt. Berlin 1906.

Deutscher, I.: Stalin. London 1950. Dt. Berlin 1979. – Trotzki. Oxford 1954. Dt. Stuttgart 1962, [2]1972.

Dezamy, Th.: Code de la communauté. Paris 1842.
Djilas, M.: Die neue Klasse. New York 1957. Dt. München 1958.

Engels, F.: Die Lage der arbeitenden Klasse in England. Barmen 1845. – Herrn Eugen Dührings Umwälzung der Wissenschaft. Berlin 1878. – Die Entwicklung des Sozialismus von der Utopie zur Wissenschaft. Berlin 1893. – Karl Marx und Friedrich Engels, Werke. Gesamtausg. d. Inst. für Marxismus-Leninismus beim ZK der SED. Berlin 1956-1968.

Fetscher, I.: Von Marx zur Sowjetideologie. Frankfurt 1977. – Der Marxismus. München 1983. – Karl Marx und der Marxismus. München 1984.
Fichte, J. G.: Der geschlossene Handelsstaat. Leipzig 1800. Neuausg. Hamburg 1979.
Fourier, Charles: Œuvres complètes. Paris 1845.

Garaudy, R.: Der Marxismus des 20. Jahrhunderts. Dt. Hamburg 1970. – Die große Wende des Sozialismus. Dt. Wien 1972.
Grebing, H.: Der Revisionismus. München 1977.
Grün, K.: Die soziale Bewegung in Frankreich und Belgien. Leipzig 1845.

Hess, M.: Ausgewählte Schriften (Hrsg. Lademacher). Köln 1962.
Hobson, J.A.: Imperialism. London 1902.
Hofmann, W.: Ideengeschichte der sozialen Bewegung des 19. und 20. Jahrhunderts. Berlin 1962, [6]1979.
Holzach, M.: Das vergessene Volk (Hutterer). München 1980.
Horkheimer, M.: Dialektik der Aufklärung (mit Adorno). Frankfurt 1947.

Kautsky, K.: Karl Marx' ökonomische Lehren. Stuttgart 1922. [26]Berlin 1980. – Texte zu den Programmen der deutschen Sozialdemokratie 1891-1925. Köln 1968. – Ethik und materialistische Geschichtsauffassung. Stuttgart 1910. Neuausg. Berlin 1980. – Gegen die Diktatur. Berlin 1919. – Grenzen der Gewalt. Karlsbad 1934.
Kolakowski, L.: Die Hauptströmungen des Marxismus. Dt. München 1977.
Kropotkin, P.: Memoiren eines Revolutionärs. London 1889, Dt. [13]Stuttgart 1932. Neuausg. Frankfurt 1969, [21]1973. – Die Eroberung des Brotes. Paris 1892. – Landwirtschaft, Fabrik und Werkstatt. Paris 1899. – Gegenseitige Hilfe in der Tier- und Menschenwelt. Paris 1902. Dt. Leipzig 1910.
Kumpmann, W.: Franz Mehring als Vertreter des historischen Materialismus. Wiesbaden 1965.

Landauer, G.: Die Revolution. Leipzig 1912. Neuausg. Berlin 1974.
Aufruf zum Sozialismus. Leipzig 1919.

Lassalle, F.: Gesamtausgabe der Werke (Hrsg. Bernstein). Berlin
1919. – Ausgewählte Texte (Hrsg. Ramm). Stuttgart 1962. –
Reden und Schriften. München 1970.

Lenin, W. I.: Werke. Gesamtausg. des Inst. für Marxismus-Leninismus beim ZK der SED. Berlin 1960f.

Lukács, G.: Geschichte und Klassenbewußtsein. Berlin 1970.

Marcuse, H.: Ideen zu einer kritischen Theorie der Gesellschaft.
Frankfurt 1963.

Marx, K.: Gesamtausgabe der Werke von Marx und Engels, Inst. für
Marxismus-Leninismus beim ZK der SED. Berlin 1975f.

Meyer, Th.: Lexikon des Sozialismus (Hrsg. Meyer u.a.), Köln
1986.

Michels, R.: Zur Soziologie des Parteiwesens. Leipzig 1911.

Morus, Th.: Utopia. Löwen 1516. Dt. Neuausg. Basel 1947.

Nelson, L.: Ges. Schriften. Hamburg 1970f.

Owen, R.: A New View of Society and Other Writings (ed. Cole).
London 1963.

Pirker, Th.: Die Moskauer Schauprozesse. München 1963. – Utopie
und Mythos der Weltrevolution. München 1964.

Platon: Der Staat. Dt. von R. Rufener. Zürich 1950.

Proudhon, P. J.: Les contradictions économiques. Paris 1846. – De
la capacité politique des classes ouvrières. Paris 1865.

Ramm, Th.: Ferdinand Lassalle als Rechts- und Staatsphilosoph.
Wien 1953. – Die großen Sozialisten als Rechts- und Staatsphilo-
sophen. Stuttgart 1955. – Der Frühsozialismus. Ausgew. Texte.
Stuttgart 1956.

Rocker, R.: Absolutistische Gedankengänge im Sozialismus. Darmstadt 1954.

Rodbertus, K.: Ges. Werke (Hrsg. Ramm). Osnabrück 1971.

Rousseau, J. J.: Ausgew. Schriften. Berlin 1977. – Sozialphiloso-
phische und politische Schriften. München 1981.

Saint-Simon, C. H.: Œuvres. Paris 1964.

Shaw, B.: Wegweiser für die intelligente Frau zum Sozialismus und
Kommunismus. Dt. Berlin 1931.

Sinowjew, A.: Kommunismus als Realität. Zürich 1980.

Solschenizyn, A.: Archipel Gulag. München 1973. – Lenin in
Zürich. München 1982.

Sorel, G.: Réflexions sur la violence. Paris 1908. Dt. Innsbruck 1928.

Souvarine, B.: Stalin. Paris 1977. Dt. München 1980.

Sombart, W.: Sozialismus und soziale Bewegung. Berlin 1922.

Stalin, J.W.: Probleme des Leninismus. Dt. Berlin 1925. – Kurze Geschichte der KPSU(B). Moskau 1938.

Stein, L. v.: Der Sozialismus und Kommunismus des heutigen Frankreichs. Wien 1842.

Theimer, W.: Der Marxismus. Bern 1950, [8]Tübingen 1985. – Lexikon der Politik. Bern 1947, [9]Tübingen 1985. – Geschichte der politischen Ideen. Bern 1956, [4]1973.

Trotzki, L. D.: Geschichte der russischen Revolution. Berlin 1931, Neuausg. Frankfurt 1960. – Die verratene Revolution. Zürich 1958. – Stalin. Hamburg 1971.

Utopisten: Der Traum vom besten Staat. Texte (Hrsg. Swoboda). München 1972. – Die frühen Sozialisten. Texte (Hrsg. Kool u. Krause). München 1972. – Der Frühsozialismus (Hrsg. Ramm). Stuttgart 1956.

Voslensky, M.: Nomenklatura. München 1980.

Weitling, W.: Die Menschheit, wie sie ist und wie sie sein sollte. Paris 1838. Neuausg. Hamburg 1971. – Garantien der Harmonie und Freiheit. Zürich 1842. Neuausg. Berlin 1955.

Register

Achtstundentag 135
Adler, Friedrich 165
Adler, Max 125
Adler, Viktor 125
Adorno, Th. W. 230
Albanien 212
Allende, S. 197
Anarchismus 96ff.
Anarchosyndikalisten 113
Andropow, J. W. 185
Angestellte 67
Arbeiterbörsen 42, 113
Arbeitermarseillaise 80f.
Arbeiter-Programm Lassalles 82
Arbeiter- und
Angestelltenstatistik 68
Arbeiter- und Soldatenräte 135
Arbeiterverbrüderung, Deutsche
76
Arbeiterverein, Allg. Deutscher
77ff.
Arbeitnehmerfonds 194f.
Arbeitsertrag, Recht auf den
vollen 69
Arbeitsfront, Deutsche 156
Arbeitslager 172, 183
Arbeitswerttheorie 64
Aristophanes 9
Äthiopien 226
Ausbeuter,-ung 24f., 37, 66
Australien 190
Austromarxismus 125
Automatisierung 67
Axelrod, P. B. 124

Baath-Parteien 199
Babeuf, F. N. 17
Bacon, F. 40
Bakunin, Michail 99

Bazard, S. A. 23
Bebel, August 84ff.
Becher, J. R. 184
Becker, August 49
Belgien 126, 194
Benesch, E. 171, 208
Bentham, J. 22, 107
Berija, L. 173, 184
Berlinguer, E. 222
Bernstein, E. 89, 107ff.
Berufsrevolutionäre 100, 140
Betriebsräte 149
Bismarck, O. v. 51, 78, 81,
86, 88, 90, 106f.
Blanc, L. 31
Blanqui, L.-A. 33
Blanquismus 34
Bloch, Ernst 228
Blum, L. 161f.
Bluntschli, J. C. 49
Boissel, F. 15
Bolschewiki 124
Bourgeois,-ie 25, 31, 61, 63
Brandt, Willy 155, 188, 198
Breschnjew, L. I. 185
Breschnjew-Doktrin 202
Brest-Litowsk, Frieden von 133
Brissot 19
Brüning, H. 150, 152
Bucharin, N. 171
Bulgarien 210
Bund der Gerechten 48, 55
Bund der Kommunisten 48, 55
Buonarroti, F. 19

Cabet, E. 29
Campanella, T. 40
Carbonaria 19
Charbonnerie 19, 29

Carcani, A. 213
Carillo 223
Castro, Fidel 213ff.
Castro, Raoul 214
Ceausescu, N. 210
Chamberlain, N. 161
Chartismus 45f.
Chile 197, 226
China 215ff.
Chirac, J. 192
Chruschtschow, N. 184
Churchill, W. 161
Considérant, V. 27
Comte, Auguste 21
Craxi, B. 193

Daladier, E. 161
Dänemark 194
Deng, Xiaoping 217
Despotismus 50, 52, 98, 104, 116
Determinismus, historischer 70, 88
Deutschland
    Sozialismus 75ff., 128ff., 149ff., 187ff.
    Kommunismus 134, 206, 220f.
Deutschnationale 153, 155
Dezamy, Th. 30
Dialektik 60, 109, 141
Dialektischer Materialismus 141
Diktatur 30
Diktatur des Proletariats 133, 139, 219, 222, 224
Direkte Aktion 114
Djilas, M. 212
DKP 221
"Dritte Welt" (Mao) 217
Dubček, A. 208
Durruti 115
Dzierzynski 134

Ebert, Fr. 109, 128, 134

Ehernes Lohngesetz 31, 65, 78, 83
Eichler 160
Eisenacher 85
Eiserne Front 151
EKKI 175
Emigration 158
Enfantin, B. P. 23
Engels, Friedrich (s. auch Marx) 54, passim
England 120ff.
    Sozialdemokraten 190
Entfremdung 15, 59, 61
Entmaoisierung 217
Entstalinisierung 185
Erbrecht 17, 24, 27, 50
Erfurter Programm 108
Erler, F. 159
Ermächtigungsgesetz 155
Euhemeros 9
Eurokommunismus 193, 219ff.

Fabier 107ff., 121
Faschismus 147f.
Fichte, J. G. 47
Finnland 195
    Kommunisten 225
Fourier, Ch. 26
Franco, F. 162
Frankreich
    Sozialisten 122, 161, 191
    Kommunisten 193, 219ff.
Französische Revolution 16, 23, 30
Frauenemanzipation 24, 106, 135
Frauenstimmrecht 135
Freund, Ludwig 183
Fünfjahrespläne 169, 176f.
Funktionärklasse 202, 212

Gandhi, M. K. 105
Garaudy, R. 222, 227
Gemeineigentum 9f., 14
Genossenschaften 36, 92

Geschichtsauffassung, materialistische 60
Geschichtsmetaphysik 61
Gesetz der fallenden Lohnquote 83
Gesetz der fallenden Profitrate 66, 139
Gewerkschaften 42, 91, 110, 120, 156, 191, 201
Gide, André 173
Gildensozialismus 117
Glasnost 205
Godin, J. H. 28
Godwin, W. 40
González, F. 196
Gorbatschow, M. 205
Gosplan 144
Gothaer Partei-Einigung 87
Gottwald, Kl. 208
GPU 171
Griechenland 197
    Kommunismus 224
Grotewohl, O. 106
Grün, K. 51
Guerillataktik 214
Guevara, "Che" 214
Gulag 171

Haase, H. 128f., 135
Hatzfeld, Gräfin 79
Hegel, G. W. F. 35, 59
Herwegh, G. 80
Hesiod 10
Hess, Moses 52
Hilferding, R. 139
Hindenburg, Paul v. 135, 137, 152f., 156f.
Hitler, Adolf 150f., 157f.
Hobson, J. A. 138
Hodscha, E. 212
Hofgängerei 111
Honecker, E. 206
Horkheimer, M. 230
Horthy, N. v. 137, 209
Ho Tschi Minh 218

Hu Yaobang 217
Hua Gofeng 217
Hugenberg, Alfred 153
Husak, G. 208
Hutterer 11
Hyndman, H. M. 121

Ideen, feudale und kapitalistische 62
Iglesias, G. 223
Ikarien 29
Imperialismus 138
Indien 226
Industrielle Reservearmee 66
Internationale
    erste 35, 91
    zweite 120ff., 165, 198
    zweieinhalb 136
    dritte 143, 174f., 180
    vierte 182
Internationale (Lied) 94, 177
Internationale Brigaden 163
Internationalismus, proletarischer 146, 202
Isidor, St. 10
ISK 159
Israel 197
Italien
    Sozialisten 125, 193
    Kommunisten 222
I. W. W. 115

Jagoda, G. G. 173
Jakobiner 16
Jambulos 9
Japan 197, 224
Jaruzelsky, W. 207
Jaurès, J. 109, 123
Jeschow 173
Jugoslawien 211
Jungsozialisten 189

Kádár, J. 209
Kalinin, M. 145
Kamenew, L. 171

238

Kanada 190
Kapital, konstantes und variables 66
Kapitalismus, Widersprüche des 63
Kaplan, Dora 144
Katastrophentheorie 66, 109
Kathedersozialisten 83, 121
Kautsky, Karl 109, 112, 136
Kerenski, A. 132
KGB 204
Kinderarbeit 41, 107
Klassenkampf 12, 23, 63
Kleinbürger 67, 98
Kolakowski, L. 204
Kolchos 169
Kollektivierung 169
Kolonienbefreiung 140
Kominform 182
Komintern 174f.
Kommunismus 12, 27, 44, passim
    regierender 200f.
    in der Sowjetunion 167ff.
Kommunistisches Manifest 71ff.
Konsumvereine 43, 78
Konzentration des Kapitals 31, 67
Korea 218
Koestler, A. 173
KPD 220f.
Kreisky, B. 193
Kriegskredite
    1870 86
    1914 130f.
Krisen, wirtschaftliche 66
Kritische Theorie 230
Kronstädter Aufstand 145
Kropotkin, Fürst P. 102
Kuba 213
Kulturrevolution (China) 216
Kun, B. 172
Kuusinen, O. 225

Labour Party 120, 122, 160
Landauer, G. 105
Langer Marsch (Mao) 216
Lansbury, G. 161
Largo Caballero, F. 162
Lassalle, Ferdinand 53, 77ff.
Leipziger Hochverratsprozeß 87
Leistungsprinzip 25, 27, 218
Lenin, W. I. 124, 129, 131, 138ff., 167ff.
Leon, G. de 114
Leroux, P. 25
Leveller 40
Liberale 76f., 84, 120, 122
Liebknecht, Karl 128f., 135
Liebknecht, Wilh. 53, 84
Lukács, G. 229
Luxemburg, Rosa 109, 135

Mably, G. B. 15
Macaulay, Th. 46
MacDonald, R. 122, 160
Malenkow, G. M. 184
Mao Tse Tung (Mao Zedong) 216f.
Marcuse, H. 230f.
Maréchal, S. 18
Martow, L. 124
Marx, Karl 54, passim
Marxismus 58, 158, passim
Marxismus-Leninismus 140, 201, 204, 219, 222, 224
Materialismus 59f.
    historischer 60
Max, Prinz v. Baden 134
Maximalisten 147
Mazdak 10
Mehrwert 66, 69
Mennoniten 11
Menschenrechte 62
Menschewiki 124
Messlier, J. 15
Militärfrage 110, 188
Millerand, A. 123

Ministerialismus 123, 146
Mitbestimmung 117, 189
Mitterand, F. 191
Montseny, Federica 116
Morelly 15f.
Morus, Thomas 38
Müller, Hermann 149
Mussolini, Benito 119, 147f., 157
Mustersiedlungen 13
Mutualismus 36

Nagy, Imre 209
Napoleon I. 21
Napoleon III. 19, 25, 27, 32f., 36, 86
Narodniki 123
Nationalsozialismus 150f., 157
Nationalversammlung, russische 132
Nationalversammlung, Weimarer 135
Nationalwerkstätten 32
Naturrecht 11, 63
Negrín 162
Nelson, Leonard 159
Nenni, P. 163, 193
Neomarxismus 227
NEP 144, 169
"Neu beginnen" 158
Neumann, Heinz 172, 216
Neuseeland 190
Niederlande 126, 164, 194
Nietzsche, Fr. 98
Nomenklatura 204
Norwegen 195
Noske, G. 135
Novotny, A. 208

Offenes Antwortschreiben 77
Oktoberrevolution 132
Ollenhauer, E. 188
Ostdeutschland (DDR) 206
Österreich 125, 163f.
Owen, R. 41

Panzerkreuzer-Streit 149f.
Papandreou, A. 197
Papen, F. v. 153
Pariser Kommune 33, 87, 94
Parvus (Helphand) 131
Perestrojka 205
Pétain, H. Ph. 162
Phalansterien 26
Pius IX., XI. 10
Pjatakow 171
Platon 9
Plechanow, G. W. 123
Politbüro 200
Pol Pot 218
Polen 207
Portugal 196, 223
POUM 163
Prieto 162
Privateigentum 11, 14, 16, 22, 30, 35
Privatwirtschaft 11
Produktionsgenossenschaften 78
Produktionsverhältnisse 62
Profit 65
Proletariat 22, 25, 32, 61, 63, passim
Propaganda der Tat 100, 102
Proudhon, P. J. 19, 34
Püttmann, H. 49

Radek, Karl 171
Rákosi, M. 209
Räterepublik
    Bremen, München 135
    Rußland 132
    Ungarn 137
Rätesystem 139f., 176
Ravenstone, P. 44
Realsozialismus 186, 222
Recht auf den vollen Arbeits-ertrag 69
Reclus, J. E. 104
Reformismus 109, 146
Reformpolitik 205, 210

Reichsbanner Schwarz-Rot-Gold 151
Reichstagsbrand 155
Renaud, H. 28
Renner, Karl 125, 136
Reprivatisierung 190, 192
Revisionismus 106
Revolution 17f., 36, 131, 135
Reynaud, J. 25
RGW (Rat für gegenseitige Wirtschaftshilfe) 203
Ricardo, D. 64
Rocker, R. 116
Rodbertus, J. K. 82
Rote Chmer 218
Rousseau, J. J. 14
Rumänien 210
Rykow, A. I. 145

Saint-Simon, C. H., Graf von 20ff.
Saint-Simonisten 23f.
Saragat, G. 193
Sartre, J. P. 98, 228
"Säuberungen" 170
Schauprozesse 170, 183
Schehu, M. 213
Scheidemann, Ph. 134
Schiwkow, T. 211
Schleicher, K. v. 153
Schmidt, Helmut 189
Schule, sozietäre 26f.
Schulze-Delitzsch, H. 78
Schumacher, Kurt 150, 187
Schutzbund, republikanischer 163f.
Schweden 126, 194
Schweiz 125, 164, 196
Schweitzer, J. B. v. 81
SED 187, 206
Seneca 10
Shaw, G. B. 121
Silone, I. 173
Sinowatz, F. 193
Sinowjew, Alexander 203

Sinowjew, G. J. 171
Skandinavien 165
Slánský, R. 183
Smith, Adam 64
"Solidarität" (Polen) 207
Solschenizyn, A. 172
Sonnenstaat 40
Sorel, G. 114, 117f.
Sowchos 169
Sowjet 125, 131, 140
Sowjetunion 144, 167 passim
"Sozialdemokrat" 87
SPD 89, 107ff.
SPD-Programme
    Erfurt 108
    Görlitz 137
    Heidelberg 137
    Kiel 149
    Godesberg 188
"Sozialfaschisten" 176
"Sozialismus in einem Lande" 167, 169
Sozialistengesetz 88f.
Sozialistische Deutsche Arbeiterpartei 85
"Sozialpatrioten" 129
Sozialrevolutionäre 123
Sozialwerkstätten 32
Sozietäre Schule 26f.
Spanien 126, 162, 196, 223
Spanischer Bürgerkrieg 162f.
Spartakusbund 130, 135
Staatsgewalt 12
Staatssozialismus 37, 50, 78, 99, 101, 113
Stalin, J. W. 96, 145, 154, 167, passim
Stamokap 201
Stein, L. v. 34
Stirner, Max 97
Stoph, W. 206
Studentenunruhen 1968 102, 231
Syndikalisten 162ff.

Terroristen 102
Thälmann, E. 178, 220
Thierry, A. 21
Thompson, W. 44
Thorez, M. 162, 178
Tito 211
Togliatti, P. 222
Tolerierungspolitik 151
Tolstoj, Graf L. 105
Trotzki, L. D. 125, 131, 145, 167f., 181f.
Tschechoslowakei 208
Tscheka 134
Tschernenko, K. U. 185
Tschiang Kai Schek 216
Tuchatschewsky, M. N. 171
Teilung Polens (1939) 178

Überbau 62
Ulbricht, W. 206
Ungarn 164, 209
Unterbau 62
Urchristentum 10
Urkommunismus 10, 57
USP 130
Utopia 38f.
Utopisten 14 bis 47

Vereinigte Staaten 198
Verelendungstheorie 66

Versailles 146
Verstaatlichungen 189, 191
Vietnam 218
Vogel, H. J. 189
Volksbanken 34
Volksdemokraten (Finnland) 225
Volksfront 154, 161, 174
Volkskommunen 28, 216
Vollmar, G. v. 109
Volonté générale 14
Vranitzky, F. 193

Wahlrecht 46, 76f., 86, 93, 120
Walesa, Lech 207
Warschauer Pakt 203
Webb, S. und B. 121
Wehner, H. 189
Weitling, W. 47f.
Wels, O. 155, 187
Weltrevolution 133, 168, 175
Wertgesetz 66f.
Wiedertäufer 11
Wilhelm II. 106, 134

Zehnstundentag 107
Zimbabwe 226
Zimmerwalder Konferenz 130
Zusammenbruchstheorie 142

UTB FÜR WISSENSCHAFT

Auswahl Fachbereich
Politische Wissenschaft

35 Abendroth/Lenk (Hrsg.):
Einführung in die politische
Wissenschaft
(Francke). 6. Aufl. 1982. DM 19,80

431 Theimer: Lexikon der Politik
(Francke). 9. Aufl. 1981. DM 22,80

577 Staritz (Hrsg.): Das Parteien-
system der Bundesrepublik
(Leske). 2. Aufl. 1980. DM 16,80

702 Woyke (Hrsg.): Handwörterbuch
der Internationalen Politik
(Leske). 3. Aufl. 1986. DM 24,80

723 Oelmüller/Dölle-Oelmüller/
Piepmeier:
Philosophische Arbeitsbücher 1
Diskurs: Politik
(Schöningh). 3. Aufl. 1983. DM 19,80

735 Löw: Die Grundrechte
(K. G. Saur). 2. Aufl. 1982. DM 24,80

854 Becker/Stammen/Waldmann
(Hrsg.): Vorgeschichte der
Bundesrepublik Deutschland
(W. Fink). 2. Aufl. 1987.
Ca. DM 24,80

1032 Schoeps/Knoll/Bärsch:
Konservativismus, Liberalismus,
Sozialismus
(W. Fink). 1981. DM 19,80

1037 Reichel: Politische Kultur
in der Bundesrepublik
(Leske). 1981. DM 24,80

1067 Czempiel: Internationale
Politik
(Schöningh). 1981. DM 19,80

1114 Pfetsch: Die Außenpolitik
der Bundesrepublik 1949–1980
(W. Fink). 1981. DM 24,80

1200 Görlitz: Politikwissenschaft-
liche Propädeutik
(Leske). 2. Aufl. 1983. DM 24,80

1205 Mewes: Einführung in das
politische System der USA
(C. F. Müller). 1986. DM 29,80

1215/1216 Veen (Hrsg.): Christlich-
demokratische Parteien in
Westeuropa
(Schöningh). 1983. Je DM 24,80

1280 Rudzio: Das politische System
der Bundesrepublik Deutschland
(Leske). 2. Aufl. 1987. Ca. DM 24,80

1299 Andersen/Woyke (Hrsg.):
Handwörterbuch Internationale
Organisationen
(Leske). 1985. DM 22,80

1339 Grosser (Hrsg.): Der Staat in
der Wirtschaft der Bundesrepublik
(Leske). 1985. DM 29,80

1354 Bellers (Hrsg.): Woyke (Hrsg.):
Analyse internationaler
Beziehungen
(Leske). 1987. Ca. DM 19,80

1358 Lieber: Ideologie
(Schöningh). 1985. DM 19,80

1384 Pawelka: Herrschaft und Entwicklung im Nahen Osten: Ägypten
(C. F. Müller). 1985. DM 34,80

1391 Berg-Schlosser/
Müller-Rommel:
Vergleichende Politikwissenschaft
(Leske). 1987. Ca. DM 24,80

1397 Czempiel: Friedensstrategien
(Schöningh). 1986. 24,80

Preisänderungen vorbehalten.

Das UTB-Gesamtverzeichnis erhalten Sie bei Ihrem Buchhändler oder
direkt von UTB, 7000 Stuttgart 80,
Postfach 80 11 24.